Fiktionen
Adlerianischer Psychologie

Ronald Wiegand

Verlag: tredition GmbH, Mittelweg 177, 20148 Hamburg
Printed in Germany
ISBN: 978-3-8491-1763-4

Bibliografische Information der Deutschen Nationalbibliothek:
Die Deutsche Nationalbibliothek verzeichnet diese Publikation in der Deutschen Nationalbibliografie; detaillierte bibliografische Daten sind im Internet über http://dnb.d-nb.de abrufbar.

Inhalt

Vorrede

Der Begriff Fiktion wird oft leicht abschätzig benutzt, im Sinne von "bloße Fiktion". Als jedoch Alfred Adler ihn um 1911 in seine Psychologie übernahm, da leitete ihn der auf Kant und Nietzsche zurückgehende Gedanke, dass alle unsere Vorstellungen von Welt und Mensch Fiktionen sind, die wir erfinden oder die andere vor uns erfunden haben, um uns überhaupt orientieren zu können und dem Leben gewachsen zu sein. Fiktionen sind dann keine Fälschungen, wenn es eine "Wahrheit an sich" nicht gibt oder nicht mehr gibt. Der Philosoph Hans Vaihinger, auf den Adler sich dankbar berief, ersetzte die Differenz von wahr und falsch vielmehr durch die Unterscheidung zwischen nützlichen und weniger nützlichen Vorstellungen, durch die Suche nach dem "kleineren" Irrtum. Geschichtliche Erfahrung und der Vergleich von Lebensläufen sollen hierfür Anhaltspunkte liefern, wenn doch keine "wahre Natur" menschliche Lebensform vorschreibt.

Adler hat aus solchem Blickwinkel heraus die Trieblehre Freuds und seine "analytische" Zerlegung der Patientenseele nicht akzeptieren mögen. Weil der Mensch, mit Herder gesprochen, "der erste Freigelassene der Schöpfung" ist, muß er sein Leben selbst verantworten. Deshalb hielt Adler es nicht für redlich, wenn der Therapeut der erwachsenen Person des Patienten mithilfe eines konstruierten "Unbewussten" die Verantwortung für das eigene Tun und Lassen erspart. Seine ganzheitliche Auffassung der Person hat freilich ihre Schwachstelle dort, wo sie den schwachen Einzelnen mit der Eigenverantwortung überfordert oder wo sie den allzu Eigenwilligen in die Normen friedlichen Zusammenlebens einbinden müsste. Wie also zwischen der Charybdis konformistischen Selbstverzichts und der Scylla antisozialen Übermenschentums zu steuern sei, das wirft Fragen von sehr allgemeinem Belang auf.

Nun sind aber die verschiedenen Psychotherapieschulen meistens in Vereinen organisiert. Zwischen ihnen gab es nicht selten feindselige Konkurrenz, die einerseits dem Führungsanspruch ihrer geistigen Stifterfiguren geschuldet war, andererseits aber auch weltanschaulich unvereinbaren Standorten. Beides scheint den Anspruch auf wissenschaftliche "Objektivität" zu vereiteln. Letztere zu fordern fällt allerdings schwer, wenn man den Fiktionsgedanken im Sinne Kants und Nietzsches ernstnimmt. Der deutschen Gesellschaft für Individualpsychologie (DGIP) bin ich 1980 unter anderem beigetreten, weil hier, auch rund 70 Jahre nach Adlers Gründungsakt, das innere Reglement vergleichsweise wenig autoritär schien. Und in der Tat gab die Kollegenschaft meinen oft wenig "linientreuen" Erwägungen Raum. Seit 2008 geniesse ich als Ehrenmitglied sogar fast Narrenfreiheit, oder wie das Sprichwort weiß: "Ein Narr gibt und ein Gescheiter nimmt".

Berlin, im Sommer 2012   Ronald Wiegand

Die Idee der unvollendeten Gesellschaft
Rede zum Alfred Adler-Preis 1988

Die Deutsche Gesellschaft für Individualpsychologie hat durch ihren Bundesvorstand 1986 beschlossen, einen *Alfred-Adler-Preis* zur Förderung der wissenschaftlichen Arbeit in der Individualpsychologie zu stiften. Der Preis ist mit 5000 DM dotiert. Er kann und soll alle zwei Jahre für eine hervorragende Arbeit zur Theorie oder zur Praxis der Individualpsychologie vergeben werden. Der Preis wurde Anfang 1987 erstmals ausgeschrieben, und bis Ende September war rund ein Dutzend Arbeiten eingetroffen. Eine fünfköpfige Jury gutachtete, und auf ihre Empfehlung beschloß der Bundesvorstand, zwei als gleichrangig eingestufte Arbeiten zu prämieren. Wohl auch in der Meinung, dass geteilte Freude doppelte Freude sei, wurde der Preis halbiert und wird heute zu gleichen Teilen an die Autoren Rolf Kühn (Singen) und Gregor Winkler (Augsburg) verliehen.

Förderung der Wissenschaft in der Individualpsychologie ist der Gedanke, aus dem heraus der *Alfred-Adler-Preis* gestiftet wurde. Der äußere Anlaß hierfür waren vor allem Klagen aus der Redaktion unserer Zeitschrift über ein zu geringes Angebot an Manuskripten und besonders an wissenschaftlich gehaltvollen Manuskripten. Dem äußeren Anlaß liegt jedoch ein Problem zugrunde, das sich ebenso in den uns benachbarten Schulen der Tiefenpsychologie finden läßt. Auch dort gibt es Klagen über den Verfall und das niedrige Niveau wissenschaftlicher Produktion, über mangelnde wissenschaftliche Kreativität und einen zu geringen Strom neuartiger Erkenntnisse. Lassen Sie mich ein paar wenige Bemerkungen zu diesem Problem vorausschicken, bevor ich Ihnen unsere heutigen Preisträger vorstelle.

Die Tiefenpsychologien unterschiedlicher Richtung begreifen sich selbst als Teil der Wissenschaft. Soweit sie den Begriff der Neurose verwenden, lehnen sie sich in ihrem Selbstverständnis an medizinische Auffassungen an. Sie teilen deshalb auch mit der Medizin den Doppelaspekt, einerseits dem naturwissenschaftlichen Fortschrittsbegriff verpflichtet zu sein und andererseits unter der Idee von Krankheit und Heilung zu stehen. Das Wort "heil" ist vermutlich aus dem kultischen Bereich in die Profansprache gedrungen. Neben der Bedeutung von gesund und unversehrt hat es den Nebensinn von "ganz" oder "gerettet sein" und besitzt Zusammenhänge mit dem Wort "Vorzeichen".

Als Naturwissenschaft verstanden, nimmt die Medizin teil an jenem unaufhörlichen Überbietungs- und Veränderungsprozeß, der sich in der Neuzeit in Gestalt von Wissenschaft und Technik entwickelt und inzwischen praktisch über die ganze Welt ausgebreitet hat. Seine anfänglichen Erfolge haben sich zu der Erwartung verdichtet, dass das jeweils Neue auch das Bessere sei. In der Übertragung auf zwischenmenschliche, geschichtlich-gesellschaftliche Zusammenhänge hat diese Haltung die Form einer permanenten Kulturkritik angenommen. Ihr zentrales Anliegen heisst Emanzipation, und wie die Naturwissenschaften ist sie weniger auf einzelne Inhalte festgelegt als auf das methodische Moment einer immer weiter vorangetriebenen Kritik des jeweils Erreichten.

Der Gedanke der Heilung hat demgegenüber eine eher bewahrende oder wiederherstellende Tendenz in sich.

Die ärztliche Kunst hat einer Natur beizuspringen, die vom richtigen Wege abgekommen ist und ohne helfendes Zutun nicht wieder zurückfinden könnte. Soweit der Kranke durch eigenes Verschulden vom Pfade der Gesundheit abgeirrt ist, muß ihm der Arzt nicht nur Helfer, sondern auch Lehrer sein. Seine Kenntnis der menschlichen Natur und ihrer Bedürfnisse ist zugleich Wissen über den wahren Sinn des Daseins. In der Psychotherapie ist dieses Wissen ebenfalls Grundlage der Beziehung, nur über die Sphäre des Leibes ins noch Allgemeinere ausgespannt. Die Person des Lehrenden wird dabei selber zum Vorbild, und die große Persönlichkeit erwirkt auf diese Weise Nachfolge und stiftet Tradition.

Tradition aber kann erstarren. Ebenso kann Veränderung sinnlos werden, wo sie zum Selbstzweck pervertiert. Das gute Alte zu bewahren, kann ebenso wichtig sein, wie dem besseren Neuen in die Wirklichkeit zu helfen. Prinzipien leisten hier wenig Beistand, denn sie widersprechen einander. Es bleibt der Mensch, welcher zu entscheiden und die getroffene Wahl zu verantworten hat. Freilich ist er dabei unwillig, denn die Verantwortung drückt und die Entscheidung macht uns schuldig. Wir suchen nach Ausflüchten und wir finden hundertfältige Ent–Schuldigungen, in denen unser Tun als von höheren Mächten oder von elementaren Gewalten bedingt erscheint. Und wir können hierbei sogar auf psychologische Theorien zurückgreifen, die unsere Rationalisierungen mit wissenschaftlicher Reputation umkleiden.

* * * * *

Gregor Winkler hat in seiner Preisschrift an diesem Problem gearbeitet. Im Rückgriff auf die Erstauflagen der Adlerschen Schriften zeichnet er dessen Entwicklung in den Jahren 1904 bis 1911 nach. Gegen die verbreitete Meinung, dass die Organminderwertigkeitslehre nurmehr eine Episode darstellt, die durch die Übernahme der Vaihingerschen Fiktionslehre überwunden wird, arbeitet er heraus, dass der Paradigmawechsel von Freud zu Adler bereits hierin vollzogen ist. Indem Adler die nervöse Aktivität, welche organische Benachteiligungen kompensieren soll, nicht länger als Aggressionstrieb faßt und die Psyche entsprechend als Aggressionsorgan bestimmt, leitet er den Übergang vom biologischen Triebkonzept zum psychologischen Personbegriff ein. Indem er die *Auffassung* des Neurotikers als wesentliches Moment des neurotischen Verhaltensmusters einbezieht, vollzieht er den "Sichtwechsel von einem biologischen Konstrukt zur psychischen Eigensprache".

Winklers Untersuchung hat die menschliche Verantwortung zum Thema, weil sie am Paradigmawechsel von Freud zu Adler herausbringt, dass für Freud (trotz Ausdehnung der Ich-Funktionen in der späteren Strukturtheorie) der Träger der psychischen Energie der Trieb bleibt und nicht das Ich. Hieraus ergeben sich die Schwierigkeiten der Sublimierungstheorie. Adler fasste die Psyche als ein zwar biologisch unterbautes, aber in seiner schöpferischen Kraft über die biologische Determination hinausreichendes Zentrum auf. Er konnte deshalb auch die biologisch nicht zu haltende Entwicklungstheorie Lamarcks plausibel verwenden. Es reicht aus, die menschliche Spezies als embryonal gebliebene, insofern unspezialisierte, aber hochgradig lernfähige Evolutionslaune zu verstehen, um die geschichtliche Entwicklung derselben als ihre eigene Schöpfung zu deuten.

* * * * *

Die Lehre von der schöpferischen Kraft des embryonal
bleibenden Menschen paßt gut zu der Philosophie des
Als-ob, die Vaihinger 1911 vorgelegt hat. Adler hat
bekanntlich die Lehre von den nützlichen Fiktionen,
durch die der Mensch sich in der Welt Orientierung
verschafft, gern aufgenommen und benutzt, um die Bedeutung der inneren Vorstellungswelt für die menschliche Verhaltenssteuerung herauszuarbeiten. Rolf Kühn
wiederum ist es gelungen, in seiner Preisschrift anhand
einer genauen Vaihingerlektüre zu demonstrieren, dass
Adler sich von Vaihinger zwar die Sprache als Be-
schreibungsinstrument geliehen hat, dass aber die philosophischen Fundamente seiner Entwicklungslehre viel
eher bei Kant und bei Hegel zu finden sind. Vaihinger,
so zeigt Kühn auf, ist über die inhärente Beliebigkeit
menschlicher Vorstellungs- und Glaubenswelten erschrocken, die bei konsequenter Durchführung des Fik-
tionsgedankens sichtbar wird. Deshalb will er die fiktio-
nalen Erkenntnisgebilde schließlich doch an eine objektive evolutionäre Zweckmäßigkeit rückbinden. Sein
Wirklichkeitsverständnis wird auf diese Weise schwan-
kend und zweideutig.

Adler hat nach Kühns Interpretation mit dem Gedanken
ernst gemacht, dass die Fiktionen wirklich menschliche
und nicht sachhafte Weltorientierungen darstellen. Auch
das Soziale oder die Gemeinschaft bleiben personale
Wirklichkeiten. Die Gegenfiktion ist zu verstehen als
die einzubeziehenden Interessen anderer. Soziale Realität ist als Austauschgeschehen zwischen Personen zu
begreifen. Nicht unter kosmischem Diktat, sondern aus
kultivierter Natürlichkeit hat der Mensch sein Leben zu
führen. Ermutigung zur Tat heißt Ermutigung zur Frei-

heit. Größtmögliche Freiheit und Sicherheit für jeden ist durch vernünftige Kooperation im Gemeinwesen Staat zu erreichen. Kultur ist als Kompensationsvorgang zu verstehen, durch den die Mensch-Werdung aller angezielt und je auftauchende Hindernisse in gemeinsamer Anstrengung zu überwinden sind.

Die Gefahr des Relativismus und des Abgleitens in nihilistischen Dezisionismus vermeidet Adler, indem er kantianisch anstrebt, die Erdenbürger durch fortschreitende Organisation zur Gattung zu verbinden und in einem kosmopolitischen System zu vereinen. Von Hegel übernimmt Adler die Subjekttheorie und die Idee der Lebensganzheit. Aber er vermeidet es, diese Momente zu totalen Prinzipien zu erheben und entweder die absolute Eigenmächtigkeit des Einzelnen zu proklamieren oder aber die Totalität des Ganzen, dem sich der Einzelne dann nur noch in blindem Geschichtsvertrauen unterwerfen kann. Kühn spricht von einer Werdens-Philosophie Adlers, die von Hegel den Gedanken einer Mangelhaftigkeit des isolierten Einzelnen übernimmt, diesen Mangel aber nicht durch die abstrakte Behauptung einer existierenden Weltvernunft beseitigen, sondern durch kompensierende Vermittlungsarbeit allmählich wegarbeiten will. In der Idee von der unvollendeten Gesellschaft liegt für Kühn auch ein Stück Hoffnung, weil sie dem Individuum Bedeutung für die Gestaltung der Zukunft zumißt; und weil im Kompensationsgedanken auch die Überwindung der ökologischen Bedrohungen neuer Art möglich scheint.

* * * * *

Es ist sicherlich kein Zufall, dass beide Preisträger unter anderem theologische Studien betrieben haben. Wie Sie wissen, hat Freud die psychotherapeutische Arbeit einmal als weltliche Seelsorge bezeichnet. Und Adler hat im Blick auf den schwindenden Einfluß der Kirchen gemeint, die Individualpsychologie solle in die entstehenden Lücken drängen und die Sache der Allmenschlichkeit vertreten. Zur Theologie im älteren Sinne wollen wir sicherlich nicht zurück. Aber die neue, menschlichere Gesellschaft wird sich auch nicht als das ganz Andere, von jeder Tradition und Überlieferung Abgeschnittene verwirklichen lassen. Deshalb müssen wir unterscheiden lernen, um das gute Alte bewahren zu können und dem besseren Neuen voranzuhelfen. Die beiden Autoren haben zu dieser Unterscheidungsarbeit wichtige Beiträge geleistet. Ihr Beispiel möge leuchten!

Sexuelle Leitlinien
Zu einem Vortrag Günter Heisterkamps über den "Sexuellen Handlungsdialog"

Zu Konstanz am Bodensee hat Günter Heisterkamp im Sommer 1990 einen munteren Vortrag gehalten und darin für eine muntere Sexualität plädiert[*] Die unmittelbare Wirkung war erheiternd, und die Heiterkeit hielt während der ganzen Tagung an. Mehrfach und immer wieder wurde in Gesprächen, an denen ich teilnahm, flachsend auf den Vortrag Bezug genommen. Die erzeugte Fröhlichkeit sollte indes nicht über den Ernst der Absicht hinwegtäuschen, individualpsychologische Theoriearbeit dadurch in eine bestimmte Richtung zu lenken. Darauf will ich hier, auch wenn mir bislang keine schriftliche Fassung des Vortrags vorliegt, eine Antwort skizzieren.

Zunächst einmal stimme ich Heisterkamp zu, wenn er - sich selbst ausdrücklich wiederholend - die traditionelle Vernachlässigung des Themas innerhalb der Individualpsychologie namhaft macht. Adler selbst leistete solcher theoretischen Unterbelichtung der Sexualität überall dort Vorschub, wo er das "bloß" Metaphorische des Sexualjargons betonte. Zwar hat Ansbacher (1978) vor einiger Zeit zusammengetragen, was Adler darüber hinaus doch alles über Sexualität gesagt und geschrieben hat, und er bemühte sich zu zeigen, dass das meiste

---

[*] "Zur prototypischen Bedeutung des sexuellen Handlungsdialogs für das Beziehungsgeschehen zwischen Mann und Frau." - Jahrestagung 1990 im Landesverband Baden-Württemberg der DGIP - 25.-27.5.1990 in Konstanz.

davon trotz der sexuellen Revolution der sechziger und siebziger Jahre nicht überholt ist. Festgesetzt hat sich gleichwohl eher die Meinung, dass es Adlers arbeitsorientierter Pflichtethik entsprach, von der Sexualität weniger Aufhebens zu machen und die Lust daran in fast katholischer Manier dem Gattungszweck unterzuordnen.

Für fraglich halte ich allerdings, ob eine elaboriertere individualpsychologische Theorie der Sexualität aus einem bloßen Vorzeichenwechsel gewonnen werden kann und soll. Sie geriete dann nämlich in die Nähe Herbert Marcuses und der Kritik, welche dieser im Namen des Lustprinzips am Realitätsprinzip übte. Sein "Eros und Kultur" von 1955 wurde in den sechziger Jahren bekanntlich zum Kultbuch der Studentenbewegung. Marcusesche Töne aber hörte ich in Heisterkamps Vortrag zum Beispiel dort, wo die Haut als Organ und die daran sich abspielenden sexuellen Kontakte zur Sprache kamen. Da gab es zunächst fast gymnastisch klingende und Heiterkeit erregende Aufforderungen zum "Rollen und Tollen". Undeutlich erinnere ich, dass auch von "Schmatzen und Saugen" die Rede war. Nicht dies jedoch machte mich stutzig, sondern der dann folgende - und hier aus der Erinnerung wiederholte - Hinweis, ein nicht-neurotisches ungehemmtes Sexualspiel werde auch Praktiken "am Rande des Erlaubten entlang" nicht aus dem Wege gehen, sondern um des Lustgewinns willen suchen.

Dieser Gedanke nun scheint mir eine - vielleicht ja ungewollte - Variation der von Marcuse (1955) geübten, surrealistisch inspirierten Kritik an der genitalen Sexualität. Gegen sie, welche ihm als Widerschein und Symbol des industriellen Leistungsprinzips galt, brachte er die promesse de bonheur in Anschlag, welche in den sexuellen Perversionen aufscheint. Weil Zeugung auf Leistung verweist und darin Entfremdung bedeutet, deshalb stehen die Perversionen - als "Zweck an sich" - für Phantasie und Freiheit ein, werden sie zu Urbildern von Erfüllung und Glück. Nimmt man hinzu, dass die Grenzen des Erlaubten heute vieles einschließen, was zu Adlers Zeiten noch unter die Perversionen gerechnet wurde, so drängt sich für mein Empfinden die Frage auf, ob das von Heisterkamp nahegelegte Modell einer Sexualität "am Rande des Erlaubten entlang" nicht in sehr ähnlicher Weise wie bei Marcuse zum Symbol des Ausbruchs und zum Versprechen des Außeralltäglichen wird.

Der Begriff des Außeralltäglichen, das wissen wir seit Max Weber, verweist auf die Welt der Religion. Sie war denn auch in der dem Vortrag folgenden Diskussion sozusagen 'mit Händen zu greifen', als Heisterkamp in bezug auf den gelingenden und "mehr-als-nur-männlich-ejakulativen" Orgasmus von kosmischem Erleben und von kosmischer Harmonie sprach. Durchaus angebracht schien mir da die sich anschließende Frage einer Diskussionsteilnehmerin, warum im Vortrag eigentlich Wilhelm Reich nicht erwähnt wurde. Die Rede vom Kontakt mit dem Kosmischen - funktional nur ein anderes Wort für das Transzendente - beinhaltet bei Reich und seinen Nachfolgern das Versprechen einer Heilung durch Aufhebung von Entfremdung, der Wiedergewinnung eines Eigentlichen, das verloren ward.

Im Werk Helmuth Plessners (1935, 1960) ist allerdings nachzulesen, dass die im Entfremdungstheorem gemeinte Unterscheidung von Eigentlichem und Uneigentlichem lutherisch-protestantisches Erbe darstellt, über Hegel und Marx auf uns gekommen, indessen manchem heutigen Anhänger dieser geistigen Traditionslinie nurmehr als Lebensgefühl gegenwärtig. Die daraus resultierende Unschärfe der Rede nötigt den Kritiker zu Vermutungen und setzt ihn dem Einwand aus, dies oder das sei gar nicht gemeint gewesen. Auf Vermutung blieb man im Vortrag auch angewiesen, wo von Sexualität als Verschmelzen gesprochen wurde und im Zusammenhang damit vom "Schwinden der Sinne". Dies läßt eher an Schopenhauer und dessen Epigonen denken, die das Glück in den aus östlicher Richtung nach Europa importierten Techniken der Welt-ent-wirklichung suchten und suchen.

"Rollen und Tollen" andererseits, als Ausdruck unverfälschter sexueller Freude angepriesen, klang für meine Ohren nach einem Versprechen zurückgewonnener oder zurückzugewinnender Natürlichkeit. "Natur" bietet nun in der Tat, philosophisch genommen, den weitesten Abstand zur Gesellschaft und zur Geschichte mit all ihren Greueln, Entfremdungszumutungen und eschatologischen Enttäuschungen (Marquard 1968). Ob dies so gemeint war, läßt sich immerhin indirekt, im Rückgriff auf eine frühere Veröffentlichung schliessen. Heisterkamp (1988) spricht dort vom Verlust der "originären Lebendigkeit", aus dem heraus sexuelle Störungen entstehen - und er drückt seine Sympathie aus für die Bioenergetik als ein für den "regredienten Prozeß der Wiederbelebung" besonders geeignetes Verfahren.

Wilhelm Reich wurde demnach in der Diskussion mit innerer Konsequenz angemahnt. Er und ebenso sein

Lehranalysand Alexander Lowen, der Begründer der Bioenergetik, sind - nach meinem bisherigen Kenntnisstand jedenfalls - zu den Naturromantikern zu rechnen. An Lowens mehr körperzentrierten theoretischen Äußerungen läßt es sich nur nicht mehr so deutlich ablesen wie an Reichs Auffassung. Wo bei diesem die sexuelle Energie als menschliche Manifestation der fundamentalen Energie des Universums gilt, bedeutet "Wiederbelebung" ebenso wie das Zurück zum "Kreatürlich-Archaischen" einen Weg des Heils.

Seit Ludwig Klages gehört zu diesem Komplex übrigens notorisch noch die Annahme, der Geist "als Widersacher der Seele" sei auf jener Pilgerreise ein Störenfried. Schon vorher hieß es beim christlichen Romantiker Novalis: "Der Poet versteht die Natur besser wie der wissenschaftliche Kopf" (zit. n. Marquard 1963, 57). Bei Heisterkamp (1988, 45) finden wir, ohne Bezugnahme zwar, aber in geistigem Einklang, den Satz: "Es gibt im Seelischen Erfahrungen, die man mit Denken nie erreicht und die man einfach gemacht haben muß, um sie anderen ermöglichen zu können".

Bekannter und vertrauter als Novalis ist uns als Ahnherr zivilisationskritischer Natursehnsucht Rousseau. Er verstand Natur vor allem als Organismus, als schöne, jedenfalls aber heile außergeschichtliche Lebendigkeit, als Feld der Innerlichkeit, des Fühlens und Sehnens (Marquard, aaO.). In seinem Geiste agieren und reagieren noch heute - philosophisch freilich meist ahnungslos - die "Bio"-Bewegten, welche sich durch Flucht in die Romantiknatur zu sanieren suchen und die nicht sehen wollen, wieviel Geist - im Sinne von Wissenschaft und *verbalisierten* Erfahrungen - erfordert ist, um die reale

Natur mit technischen Mitteln zu rekultivieren und zu retten.

"Originäre Lebendigkeit" wiederzugewinnen kann auch beim Menschen selbst, diesem "Freigelassenen der Schöpfung" (Herder), keine Rückkehr zu irgendeiner unbeschädigten Natur bedeuten, auch nicht in der Sexualität. Zu unserer Natur gehört es, nur *kulturell überformt* existieren zu können. Ohne Künstlichkeit sind wir weniger als die Tiere und gelangen nicht an die natürlichsten Ziele. Freilich birgt unsere (bedingt) freie Schöpferkraft auch die Gefahr des Irrtums, der Verstiegenheit und der Kümmerform in sich - und die Sexualität nimmt an diesen Gefährdungen teil. Wo dies der Fall ist, heilt kein Zurück zur Natur, sondern wir müssen Adlers Aufforderung gemäß danach streben, den grösseren Irrtum durch den geringeren zu ersetzen.

Als Menschen müssen wir das "richtige" Verhalten im Seelischen ebenso einüben, wie wir unsere körperlichen Fähigkeiten trainieren müssen, um das Zusammenspiel von Bedürfnis und Befriedigung zu organisieren. "ZEN oder die Kunst des Bogenschießens" bedeutet dabei, dass das Objekt der Bewegung besser erreicht wird, wenn nicht die Bewegung zum Objekt des Bewußtseins wird. Helmuth Plessner (1928) warf deshalb mit Recht die nachdenkliche Frage auf, ob die Evolution wohl wegen dieser Interferenz erst so spät auf ein Wesen verfiel, das zur Wahrnehmung der eigenen Wahrnehmungen fähig ist. Vielleicht hat ja das Wort vom "Schwinden der Sinne" als Begleiterscheinung seelisch-sexuellen Verschmelzens auf *diesen* Zusammenhang gezielt.

Hinzu kommt in unserem Kulturkreis noch - wenn auch im "sexuellen Handlungsdialog" historisch spät und deshalb erst jüngst und bisher auch mehr idealiter denn wirklich - die Person des, genauer: *der* anderen. Dass der einst selbstherrliche Mann die Frau nunmehr als Person anzuerkennen habe und dass der Liebesakt in seinem Gelingen daran gebunden wird, diese Komplikation steigert einerseits die Glücksmöglichkeiten, sie verlangt andererseits den Beteiligten ein komplexeres Verhalten ab. Sich-Hingeben oder Sich-überlassen-Können ist seither und deshalb nicht mehr allein eine Frage körperlicher Selbstwahrnehmungsfähigkeit.

Darüber bin ich wohl mit Heisterkamp auch nicht auseinander. Einem anderen möglichen Mißverständnis indes möchte ich zum Schluß noch vorbeugen. Es geht mir nicht darum, Sexualität aus irgendwelchen natürlichen oder "originären" Lebendigkeiten herauszudefinieren, nur um sie moralisch desto besser dem postmodernen Dekonstruktionseifer überlassen zu können. Dessen weitreichende Erfolge lesen sich in einem Philosophie-Lexikon, Auflage 1991, zum Beispiel so: "In der modernen Entwicklung, die zur Beseitigung aller moralischen Tabus des Sexuallebens geführt hat, sieht sich die Sexualethik . . dazu gezwungen, ihre Normen und Methoden neuzufassen, was ihr bisher noch nicht gelungen ist."

Das "post"-moderne Prinzip des *anything goes* gehört zu der massenhaften Ex-und-hopp-Mentalität, die das Funktionieren der industriellen Gesellschaften bisher vorantreibt. Der Sinn des Fortschrittsglaubens, wie ihm Adler noch anhing, schrumpft dabei auf das Moment des Übertrumpfens zusammen: "Man tritt jetzt gegen die Moderne nicht mehr im Namen einer bestimmten heilen Zukunft an, man tritt nur noch gegen die Moderne an, so dass der wichtigste Erfolg schon darin gesehen wird, die Moderne hinter sich zu haben oder sie hinter sich haben zu wollen" (Marquard 1986, 53). Ziel des Übertrumpfens ist vor allem die Beseitigung aller Verbote, die der Instrumentalisierung, Kombinierbarkeit und Käuflichkeit noch im Wege stehen (Lohmann 1991).

Dass diese Spielmöglichkeit zur anthropologisch gegebenen Kultürlichkeit des Menschen gehört, macht sie nicht schon zur Emanzipation. Und auch das "Am Rande des Erlaubten entlang", das der *Kunst* vor ihrer Banalisierung und Vermarktung als Leitfaden ihres Freiheitsstrebens diente, taugt für die Sexualität nicht unbedingt als heilende Leitlinie. Das konsumsteigernde *anything goes* bildet sich im Sexuellen in einer als Aufgeklärtheit drapierten Beliebigkeit ab, in der die Beteiligten als Personen austauschbar werden. Will oder kann der Therapeut hiergegen nicht mit dem Konzept einer imaginären "Natürlichkeit" hantieren, so befindet er sich in einer schwierigen Lage.

Welche Leitlinie "gesunder" Sexualität soll er zum Beispiel der Konkurrenz eines Fernsehens entgegensetzen, das uns auf immer zahlreicheren Kanälen "sexuelle Handlungsdialoge" in nahezu allen Varianten in die Wohnstuben flimmert? In diesen vom "blue movie" längst zur Familienunterhaltung avancierten Streifen werden scheinbar soziale Wirklichkeiten intimen Geschehens abgeschildert. Faktisch jedoch liefern diese gewollt-originellen Vorführungen "originärer" Sexualität längst den Leistungsmaßstab der privat bloß noch nachgeahmten Lust. Sexualität gewinnt dabei zunehmend den Charakter sportlicher Höchstleistungen.

Gegen den mutprobenartigen Wettlauf unter TV-Sendern und Sexfilmproduzenten, "am Rande des Erlaubten entlang" das noch Gewagtere zu zeigen, gelingt individuelle Selbstbestimmung im Intimbereich gelebter Sexualität allenfalls noch durch eine Art Konsumentenstreik-Haltung. Eine Abwehr in diesem Sinne nun, aus einem ganz altmodern-bürgerlichen Interesse an sexueller Privatsphäre - und ohne dabei den Volkssport-Gedanken zu diskriminieren - wirkt ja vielleicht auch psychotherapeutisch entlastend und lebendigkeitsfördernd. Eigentlich genügt dazu schon, Heisterkamps (1988, 44) Bemerkung ernstzunehmen, dass man als individualpsychologisch-ganzheitlicher Therapeut sexuelle Störungen "immer schon mitbehandelt, selbst wenn sie überhaupt noch nicht thematisiert wurden oder nicht einmal zu den ausdrücklichen Konsultationsgründen gehören".

Literatur

Ansbacher, Heinz L. (1978): Alfred Adlers Sexualtheorien., Frankf.a.M.: Fischer 1989

Heisterkamp, Günter (1988): Individualpsychologische Prinzipien der Behandlung sexueller Störungen. - In: Zs.f.Individualpsych., 13.Jg., 1988, 41-53.

Lohmann, Hans-Martin (1991): Ich kaufe, also bin ich. - In: Die Zeit, Nr. 50, 6.12.91, 21.

Marquard, Odo (1968): Zur Bedeutung der Theorie des Unbewußten für eine Theorie der nicht mehr schönen Kunst. - In: H.R. Jauß (Hg.), Die nicht mehr schönen Künste. München: Fink 1968, S.375-392.

Marquard, Odo (1986): Nach der Postmoderne. Bemerkungen über die Futurisierung des Antimodernismus und die Usance Modernität.

- In: Koslowski/Spaemann/Löw (Hg.), Moderne oder Postmoderne? Weinheim: VCH, Acta humaniora 1986, 45-62.

Plessner, Helmuth (1935): Die religiöse Funktion der deutschen Kultur. Lutherischer Geist und die Widerstände gegen Aufklärung und Katholizismus. In: ders., Die verspätete Nation. Über die Verführbarkeit bürgerlichen Geistes. Frankf.a.M.: Suhrkamp 1982, 82-90.

Plessner, Helmuth (1960): Soziale Rolle und menschliche Natur. In: Schriften zur Soziologie und Sozialphilosophie. Frankf.a.M.: Suhrkamp 1985, 227-240.

Über Fortschritt in der Psychologie.
Stellungnahme zu Dieter Tenbrink: Betrachtungen zum Spannungsfeld zwischen individualpsychologischer Identität und psychoanalytischem Selbstverständnis in der Individualpsychologie.

Als Alfred Adler nach einer gruppendynamisch konflikthaften Zuspitzung im Jahre 1911 aus der Mittwoch-Gesellschaft ausschied, hatte er die gegenüber Freud modernere Position bezogen. Seiner 1912 ausformulierten Charakterlehre zufolge ist das Individuum *selbst* der Akteur seines kindheitsbiographischen Werdegangs. Demgegenüber hielt Freud mit dem Trieb-Kultur-Konfliktmodell am cartesianischen Dualismus von Geist und Natur fest und ließ durch das Individuum hindurch einen kategorialen Antagonismus verlaufen: Im Zuge der Persönlichkeitsentwicklung muß die "innere" Natur durch kulturell auferlegten (und dann verinnerlichten) äußeren Zwang unter Kontrolle gebracht werden. Im Gefolge der beiden Weltkriege jedoch kam es zwischen Individualpsychologie und Psychoanalyse zu einem Paradigmatausch: Adler kehrte nach dem Ende des Ersten Weltkriegs erschrocken zu einer Theorie kultureller Fremdsteuerung zurück, wurde moralpädagogisch und die Individualpsychologie mit ihm. Die dadurch freigegebene Theorieposition eines liberalen Individualismus wurde nach dem Zweiten Weltkrieg vom britischen Zweig der Psychoanalyse mit dem Konzept der Selbst-Regulation besetzt.

Epochal betrachtet stehen diese Vorgänge in Zusammenhang mit den "großen Kränkungen der Menschheit", von denen Freud 1917 sprach, als er "seine" Entdeckung des Unbewußten zum dritten Akt dieses Dramas der Neuzeit hochstilisierte. Neuzeit ist unter diesem Blickwinkel die schockartige Desillusionierung kindlich-naiver Weltvorstellungen: dass die Erde der Mittelpunkt des Universums sei (Kopernikus); dass der Mensch sich prinzipiell, nämlich durch Gottesebenbildlichkeit, von den Tieren unterscheide (Darwin); dass er sein Leben, mithin auch seine Sünden, durch bewußten Willen bestimme (Freud). Der Verlust dieser religiösen Glaubensgewißheiten wird als Prozeß der Verweltlichung (Säkularisierung) gesehen, und er geht historisch parallel mit der Trennung von Religion und Politik, von Kirche und Staat. Meist wird diese Sicht jedoch irrtümlich von der Annahme begleitet, Säkularisierung bringe als Entpolitisierung der religiösen Sphäre diese überhaupt zum Verschwinden. Bestätigend verweisen jedenfalls Zeitdiagnostiker auf den schwindenden Glauben an einen transzendenten Gott.

Unbestechlich hat indessen Hannah Arendt darauf hingewiesen, dass die Trennung der Sphären keineswegs nur reine Weltlichkeit übrigläßt, sondern dass das Schwinden des Gottesglaubens durch eine gesteigerte Innerlichkeit kompensiert wird (Arendt 1971, 324 ff.; Marramao 1994, 104-108). Aus ihr erklärt sich das außerordentliche Interesse Descartes' und der neuzeitlichen Philosophie daran, alle Erfahrungen von Mensch und Welt auf Bewußtseinserlebnisse zurückzuführen, die in einem Selbst verlaufen. Peter L. Berger (1967, 158) hat diesen Vorgang in dem Satz beschrieben: "Aus Kosmologie wird Psychologie, aus Geschichte Biographie". Für das Seelenheil des Menschen werden im Zuge dieses Überganges immer weniger die Priester und immer mehr die Ärzte zuständig (Marquard 1962).

Heilserwartung mutiert zu Heilungserwartung, die Ärzte werden zu Seelenärzten. Die Psychoanalyse als solche Seelenwissenschaft bietet Ersatz für Heilsgeschichte unter dem Schema von Vorgeschichte, Umkehr und seelischer Neugeburt. Der Cartesianismus aber ist dabei hinderlich, weil er mit dem Determinismus und Kausalitätsdenken des mechanistischen Weltbilds verquickt ist.

Freud transzendiert diese Wirklichkeitsauffassung denn auch, indem er das Unbewußte in einem Jenseits von Raum und Zeit ansiedelt (Borkenau 1957) und ihm dadurch Freiheitsgrade einräumt. Adler überwindet den Kausalismus, indem er die Person als selbstregulatives System bestimmt, in Konkordanz mit der seit den 1840er Jahren aufkommenden biologischen Forschung. Freud sucht diesen biologischen Anschluß zwar ebenfalls in Gestalt der Triebtheorie. Jedoch ist diese seit Einführung der Todestriebhypothese im Jahr 1920 deutlich pessimistisch gefärbt, ja von fast gnostischer Düsternis. In der psychoanalytischen Bewegung führte diese Kehre Freuds denn auch zu "Glaubens"-Zweifeln. Die revisionistische Linke verweigerte die todestriebliche Weltentsagung und formierte sich als Neo-Psychoanaylse (vgl. Kaufmann 1970, 21ff.). Gegen sie wiederum richtet Adorno seine Strafpredigt, als er 1946 in der Psychoanalytischen Gesellschaft zu San Francisco gegen Karen Horney wettert, kein gutes Haar an ihr läßt - und für die derart "Kritische Theorie" damit zugleich einen Führungsanspruch im Felde prinzipieller Weltentfremdung erhebt.

Die Dominanz der Frankfurter Schule unter der westdeutschen Nachkriegsintelligenz läßt sich deshalb, berücksichtigt man mit Hannah Arendt den Zusammenhang von Weltentfremdung und Innerlichkeit, als kulturelles Traditionsphänomen verstehen. Andererseits leuchtet wiederum ein, dass in dem pragmatischen und auf technische Machbarkeit ausgerichteten Klima der Vereinigten Staaten behavioristisch-lerntheoretisch "konditionierende" Versionen von Psychotherapie Anklang fanden und dass nach dem Zweiten Weltkrieg die Amerikanisierung im deutschsprachigen Raum einen Buchtitel wie "Am Schaltbrett der Erziehung" (O. Spiel 1947) möglich machte. Kulturelle Tradition dürfte ebenso in Großbritannien, dem Land der "balance of powers", bei der psychoanalytischen Theoriebildung mitgespielt haben (Dehio 1948). Denn das dort entwickelte Paradigma der Selbst-Regulation beruht in behandlungstaktischer Hinsicht auf einem Gleichgewichtskonzept und dem Gedanken der Umgruppierung von Bündnissen. Jedenfalls wäre es lohnend, die auf der Objektbeziehungstheorie basierende Praxeologie einmal unter dem Aspekt des heilsam-stärkenden Bündniswechsels (samt zugehöriger Loyalitätsgefühle) zu betrachten.

In Deutschland schließlich hat Traditionslosigkeit Tradition, kompensatorisch begleitet von einer faustischen Selbstsuche auf verschiedenen Wegen und Abwegen. Unsicherheit über die eigene Identität motiviert hier zu mancherlei Nachahmung und Anlehnungsversuchen, abzulesen übrigens auch daran, dass die Deutschen so eifrig fremde Sprachen lernen und in Gesprächen die eigene so bereitwillig hintanstellen. Man frage sich umgekehrt, warum wohl Englisch zur Weltsprache wurde. Nun sind aber psychoanalytische Theorien in gewissem Sinne auch Sprachen oder zumindest Sprechweisen, und sie enthalten mindestens implizit die jeweilige philosophische Selbstauffassung (Marquard 1985). Deutschland jedoch besitzt in dieser Hinsicht weiterhin kein maßgebliches Zentrum. Stattdessen stehen einander, nachdem der politische Erotizismus Marcusescher Prägung abgeklungen scheint, mindestens zwei Positionen gegenüber. Die eine wird durch den Namen Habermas bezeichnet. Dessen konsensfixierte und letztlich an Gesprächssituationen gebundene Position tradiert, gewollt oder ungewollt, den Gemeinschaftsgedanken und die Idee der Konfliktfreiheit.

Die systemtheoretische Perspektive andererseits, mit dem Namen Luhmanns verbunden und von ihm seit einiger Zeit auf "Autopoiese" umgestellt, dürfte auf einem (homöostatischen) Gleichgewichtskonzept basieren und läßt sich als "konservativ" einschätzen, weil sie Wiederholbarkeit betont und eher gegenregulativ denn zielstrebig fokussiert. Andererseits aber ist sie nicht konsensorientiert, sondern differenz- und konsensoffen und huldigt mit dem Prinzip der Selbstregulation einer unabdingbaren Freiheitsvorstellung. Ganz ähnlich wie Adler in seiner vor-moralpädagogischen Periode sieht sie nämlich das "System" Individuum trotz seiner Einbettung in soziale Bedingungen als ein "immer schon autonomes, immer schon individuiertes" (Luhmann 1985, 57). Da aus dieser Sicht alle Sozialisation Selbstsozialisation ist, erfolgt die Charakterbildung nicht durch Übernahme von personalen Umweltimpulsen, sondern durch Selbstfestlegungen in - konformer oder abweichender - Reaktion auf jene. Diese Selbstfestlegungen werden sodann zu einer Selbstbeschreibung gebündelt, mit dem Trend zur sich selbst erfüllenden Prophezeiung (Schimank 1988, 62; Nassehi 1993).

Korrekturen an diesen stets nur retrospektiv zu gewinnenden Selbstbeschreibungen nimmt die Person vor, wenn sie sich prospektiv nicht bewährt. Diese Korrekturen müssen sich jedoch in einem Gleichgewichtskorridor halten, weil nicht nur zu starkes Festhalten (neurotische Fixierung) ungünstig wirkt, sondern ebenso allzu selbstlose Flexibilität (überkonformes, mimetisches Verhalten). Eine Verschiebung biographischer Verlaufsmuster ergibt sich dabei in geschichtlicher Hinsicht durch die zunehmende Dynamisierung aller Lebensverhältnisse in modernen Gesellschaften. Zur psychischen "Gesundheit" gehört hier zunehmend nicht mehr die durchgehaltene Laufbahn, sondern vielmehr die Fähigkeit, sich auf wechselnde Problemlagen jeweils problemlösend einstellen zu können. "Ich weiß niemals, was ich will - aber ich weiß manchmal, was ich *nicht* will." (Schimank 1988, 67). Personen begreifen unter diesen Lebensumständen ihre Biographie als ein chronisches Provisorium und formen sich als ständig reflektierende Subjekte zu einem "mutable self".

Die noch bei Karen Horney zu findende Rede vom "wahren Selbst" ist gegenüber diesem Stand der Angelegenheit ein veralteter Rousseauismus. Wohl hat die Romantik diese Idee aufgegriffen und zur Suche nach der Einzigartigkeit der selbstbestimmten Person fortentwickelt (a.a.O., 56). Als Autopoiese verstanden, gehört zu dieser Auffassung heute indes "die Einsicht in die Inkommunikabilität der Selbsterfahrung" (Luhmann 1985, 79). Inkommunikabilität galt lange Zeit als eines der Attribute Gottes. In säkularisierter Form steht sie dem Individuum in Form des (Menschen-)Rechtes zu, sich restloser Erschließung durch andere zu verweigern. Auf der Erkennbarkeit einer "Wahrheit" des Seelischen zu bestehen, heißt demgegenüber zumindest tendenziell, sich in die Nähe totalitären Denkens begeben (Lübbe 1984, 296). Solch politische Absicht werden freilich diejenigen Autoren mit subjektiver Entrüstung von sich weisen, die neuerdings bemüht sind, im Rückgriff auf Schelling eine Naturverankerung des Individuums zu rekonstruieren (Heuser-Keßler 1994; vgl. Plessner 1954). Indessen zeigen derlei Bemühungen nichtsdestotrotz das fortwährende Rumoren einer Gemeinschafts- und Geborgenheitssehnsucht in der deutschen Bildungsoberschicht an (Kaufmann 1970, 225).

Wo statt dieser rousseauistischen Option in sympathischer Weise eine "autopoietische", "selbst-regulative" und das heißt auf individuelle Freiheitsgrade abstellende Optik gewählt oder empfohlen wird, sollte von "Weiterentwicklungen" oder von "empirischer Untermauerung und Praxisrelevanz" (Tenbrink 1998) nur in aufgeklärter Weise gesprochen werden, nämlich bezogen auf *Verfahrensweisen*. Über sie kann in der psychotherapist's community beziehungsweise in Teilgruppen derselben Einigkeit erzielt werden oder man kann sich einer solchen Richtung anschließen oder sie produktiv rezipieren. Solche Empfehlung stellt aber die Erklärung einer professions*politischen* Beitrittsabsicht dar. Und sie wird mit Opposition von der Traditionslinie des späten Adler her zu rechnen haben, die unterm Banner des Gemeinschaftsgefühls die "Zerknirschung des Ichs" (Böhringer 1985, 119) verlangt. "Weiterentwicklungen" sind da keine zwingende Widerlegung, denn für sie gilt das ironische Wort des alten Hofstätter (1984, 167): "Ihr [der Psychotherapie] sozialer Auftrag geht nämlich dahin, jeweils neue Formulierungen anzubieten, um dem Individuum zu versichern, der 'wissenschaftliche

Mensch' sei 'objektiv' geworden. Hier ist kein Ende abzusehen."

Literatur

Adorno, Theodor W. (1946): Die revidierte Psychoanalyse. In: Max Horkheimer & Theodor W. Adorno, Sociologica II. EVA, Frankf.a.M. 1962, 94-112.

Arendt, Hannah (1971): Vita activa oder Vom tätigen Leben. [The Human Condition]. 9.A., Piper, München 1997.

Berger, Peter L. (1967): Säkularisierung und Legitimierungsproblem. In: ders., Zur Dialektik von Religion und Gesellschaft. [The Sacred Canopy]. Fischer, Frankf.a.M. 1973, 147-162.

Böhringer, Hannes (1985): Das Streben nach Vollkommenheit. - In: ders., Kompensation und Common Sense. Zur Lebensphilosophie Alfred Adlers. Athenäum, Königstein/Ts. 1985, 109-121.

Borkenau, Franz (1957): Jenseits von Raum und Zeit. In: ders., Ende und Anfang. Von den Generationen der Hochkulturen und von der Entstehung des Abendlandes. Klett-Cotta, Stuttgart 1984, 148-163.

Dehio, Ludwig (1948): Gleichgewicht oder Hegemonie. Betrachtungen über ein Grundproblem der neueren Staatengeschichte. Manesse, Zürich ²1996.

Freud, Sigmund (1917): Über eine Schwierigkeit der Psychoanalyse. In: Werke aus den Jahren 1917-1920. Ges.W. XII, 3.Aufl., Fischer, Frankf.a.M. 1966, 1-12.

Heuser-Keßler, Marie-Luise (1994): Schelling und die Selbstorganisation. Jüngste Rezeptionsgeschichte und Forschungstrends. In: M.-L.Heuser-Keßler/W.G.Jacobs (Hg.), Selbstorganisation, Jb.f.Komplexität. Band 5, Duncker & Humblot, Berlin 1994, 231-255.

Hofstätter, Peter R. (1984): Fortschritt in der Psychologie? In: ders., Psychologie zwischen Kenntnis und Kult. Oldenbourg, München 1984, 137-167.

Kaufmann, Franz-Xaver (1970): Sicherheit als soziologisches und sozialpolitisches Problem. Untersuchungen zu einer Wertidee hochdifferenzierter Gesellschaften. 2. Aufl., Enke, Stuttgart 1973.

Lübbe, Hermann (1984): Die Politik, die Wahrheit und die Moral. In: Gesch. u. Gegenw., 3.Jg., 1984, 288-304.

Luhmann, Niklas (1985): Die Autopoiesis des Bewußtseins. - In: A.Hahn & V.Kapp (Hg.), Selbstthematisierung und Selbstzeugnis - Bekenntnis und Geständnis. Suhrkamp (stw 643), Frankf.a.M. 1987, 25-94.

Marquard, Odo (1962): Über einige Beziehungen zwischen Ästhetik und Therapeutik in der Philosophie des 19. Jahrhunderts. In: ders., Schwierigkeiten mit der Geschichtsphilosophie. Aufsätze. Suhrkamp, Frankf.a.M. 1973, 85-106.

Marquard, Odo (1985): Wirklichkeitshunger und Alibibedarf. Psychologisierung zwischen Psychologismus und Psychologie. In: H.Gumin & A.Mohler (Hg.), Schriften der C.F.v.Siemens-Stiftung Bd.9: Psychologie etc. Oldenbourg, München 1985, 2-16.

Marramao, Giacomo (1994): Die Säkularisierung der westlichen Welt. Insel, Frankf.a.M. 1996.

Nassehi, Armin (1993): Das Identische "ist" das Nicht-Identische. Bemerkungen zu einer theoretischen Diskussion um Identität und Differenz. - In: Zs. f. Soziol., 22.Jg., 1993, 477-481.

Plessner, Helmuth (1954): Das Identitätssystem. In: ders., Schriften zur Philosophie. Ges.Schr. IX, Suhrkamp, Frankf.a.M. 1985, 300-319.

Schimank, Uwe (1988): Biographie als Autopoiesis. Eine systemtheoretische Rekonstruktion von Individualität. - In: H.-G. Brose & B. Hildenbrand (Hg.): Vom Ende des Individuums zur Individualität ohne Ende. Leske + Budrich, Opladen 1988, 55-72.

Tenbrink, Dieter: Betrachtungen zum Spannungsfeld zwischen individualpsychologischer Identität und psychoanalytischem Selbstverständnis in der Individualpsychologie. In: Zs.f.Individualpsychol., 1998, im Druck.

Die Nietzsche-Connection
Kommentar zu *Ethel Spector Person (1999): Über das Versäumnis, das Machtkonzept in die Theorie zu integrieren. Ziel und Konflikt in der psychoanalytischen Bewegung.*[1]

Den Weg zur Stellungnahme will ich bahnen, indem ich den Gedankengang Ethel Spector Persons (im folgenden E.P.) in eigenen Worten kurz zusammenfasse, damit sichtbar wird, worauf ich mich beziehe. - E.P. beginnt mit der Feststellung, das Thema Macht sei in der Psychoanalyse unterbelichtet, obwohl Macht doch untrennbar verbunden ist mit der Therapiesituation und mit den psychoanalytischen Organisationen. Gründe für diese theoretische Unterbelichtung, so meint sie, können erstens in der Persönlichkeit Freuds liegen, zweitens in der Machtkonkurrenz seiner frühen Schüler und drittens in Freuds Diktum, dass Theorien der Macht der Psychoanalyse schaden würden. Freuds persönliche Aversion gegen das Machtthema könnte wiederum in seiner unbewußten Verachtung des Vaters wurzeln, der sich dem Antisemitismus gegenüber ängstlich unterwürfig verhielt. Ein weiteres Moment mag in Freuds Weigerung gründen, sich näher mit Nietzsche zu befassen, vielleicht als Reaktion auf die Auseinandersetzung mit Alfred Adler, der dem "Willen zur Macht" den zentralen Platz in der Psyche zuwies. Die ausführliche Behandlung des lang hingezogenen Konflikts zwischen Freud und Adler läßt E.P. in die Einschätzung münden, es habe sich dabei um einen "Kirchenkampf" und bei

---

[1] Typoskript, Vortrag an der DGPT-Tagung, Hamburg 1999, 22 S.

Freuds Behandlung Adlers um einen päpstlichen "Bann-fluch" gehandelt.

Freud hat sich 1921 dann doch mit dem Machtthema theoretisch und ausführlich auseinandergesetzt, wovon die Schrift *Massenpsychologie und Ich-Analyse* zeugt. Das dort entworfene Bild des willensstarken Führers und der willenlos sich unterwerfenden Masse hält E.P. für eine ganz gute Selbstbeschreibung Freuds. Nach seinem Tod haben einige Biographen seine Machtpolitik zum Schutze der "zentralen Entdeckung" verteidigt. Während Roazen (mit Erikson) aber den zentralen Aspekt in der Theorie der Psychosexualität sah, betonte Rollo May die Bedeutung des Unbewußten. Groddeck hatte als erster darauf hingewiesen, dass jeder Mensch "vom Unbewußten gelebt wird", Freud griff das auf, und Rollo May unterstreicht, wie genau damit das Kon-zept der "Willensmacht" konterkariert wurde, von dem die Viktorianische Ära - die Epoche der Weltmachtstel-lung Englands! - durchdrungen war. Der Gebrauch des Begriffs "Willensmacht" galt fortan unter (psychoanaly-tisch inspirierten) Intellektuellen als Naivitätsmerkmal. Für die Psychoanalyse war der Mensch einer, der nicht trieb, sondern getrieben wurde. Der Primat des Unbe-wußten hatte Gegenrichtung zu Adler, der unentwegt den Willen zur Macht betonte. Er vertrat damit zwar Nietzsche, doch stempelte Freuds Bannfluch ihn, Adler, zum Abweichler, zum "Oberflächlichen", zum Gering-geschätzten.

Zugleich aber, so füge ich hinzu, verkörperte Adler - vielleicht nicht bewußt, aber doch faktisch - durch sein Festhalten am Konzept der "Willensmacht" das "innere Albion". Auch darin lag ein Gegensatz, verfolgt man die weiteren Darlegungen E.P.s zur Rivalitäts-, Gefolgschafts- und Machtstruktur in der organisierten Psychoanalyse. Denn in ihr herrschte, wie E.P. als Parallele herausarbeitet, der Geist der Kirche, ihr autoritäres Führerprinzip und ihr Anspruch auf absoluten Gehorsam. Und diese Parallele sieht sie in der Struktur psychoanalytischer Einrichtungen bis heute überall dort fortdauern, wo das Gefolgschaftsmodell in der Gruppe der Lehranalytiker gilt und diese die einzelnen Ausbildungsinstitute dominieren. Korrekturen der Theorie gibt es unter solch konservativen Bedingungen, so referiert sie Webster, nur in Gestalt neugegründeter religiöser Bewegungen, "die in Opposition zur Amtskirche treten". Roustang hat das gleiche Machtmuster auch unter Lacanianern beobachtet. Es stellt Analytiker vor die Wahl lebenslänglicher Unterwürfigkeit oder ressentimentvoller Rebellion. Um das zu ändern, meint E.P., müssten die religiösen Momente der Psychoanalyse verringert und durch wissenschaftliche Spielregeln ersetzt werden, worunter sie wohl eine Art naturwissenschaftlicher Falsifikation von Hypothesen versteht. Doch habe ich Zweifel, ob sie das wirklich meint.

Denn indem sie dies am Beispiel der Geschlechtsrollendiskussion erläutert, wird deutlich, dass sie eigentlich die psychoanalytische, sprich: die philosophisch-anthropologische Debatte zwischen "Triebtheoretikern" und "Kulturalisten" im Auge hat. Bei diesem Streit geht es um das relative Gewicht der "frühen" und der späteren Einflüsse und Lernprozesse. Je früher dieses "früh" angesetzt wird, desto mehr liegt es noch im Bereich biologischer und damit unbeeinflußbarer Entwicklung. Entsprechend trägt die dort ansetzende Triebtheorie eher tragisch-pessimistische Züge. Je späteren Entwicklungen jedoch psychisch Bedeutung eingeräumt wird, desto größer die Möglichkeiten kulturellen und pädagogischen Einflusses und "Fortschritts". In der psychoanalytischen Theorie war das Machtthema lange nur implizit vorhanden, nämlich im rivalisierenden Machtanspruch des ödipalen Sohnes gegen den Vater. Adlers Beschäftigung mit dem Willen zur Macht fand expliziten Eingang in die psychoanalytische Theorie erst, nachdem Freud dem Sexualtrieb ab 1920 einen Aggressionstrieb zur Seite stellte. Die Beschränkung auf diesen Dualismus findet E.P. jedoch nicht befriedigend, weil Macht noch andere Aspekte umfaßt, insbesondere auch das Streben nach "Selbstbestimmtheit". Deshalb will sie Machtstreben als elementare Form auf gleicher Höhe ansetzen wie den Sexual-, Bindungs- und Aggressionstrieb.

E.P. fügt gleich hinzu, dass sie Macht wertmäßig neutral sieht. Ihre Ausübung kann ebensowohl Gutes wie Böses bewirken. In der Entwicklung des Individuums bedeutet jeder Machtgewinn im Sinne von "Selbstbestimmtheit" ein Stück Unabhängigkeit von der Mutter, einen Kompetenzgewinn im Umgang mit sich selbst und mit anderen. Und dann formuliert E.P. den mir wichtigen Satz: "Ein gesundes Gespür für die eigene Selbstbestimmtheit und die Achtung vor der Selbstbestimmtheit anderer Menschen können schließlich als Gegengewicht zu Dominanzversuchen dienen." Als elementarer Trieb ist das Machtstreben ein angeborener Impuls, der lernend geformt wird. Und wie E.P. dabei den Zusammenhang zwischen verstärktem Minderwertigkeitsgefühl und gesteigertem Dominanzstreben formuliert, das liegt erfreulich nah bei der Adlerschen Argumentation. Freilich greift sie nicht auf Adler, sondern nochmals auf Freud zurück und auf die von ihm in *Massenpsychologie und*

Ich-Analyse geäußerte Ansicht, die Stärke des Führers hänge vom Unterwerfungsbedürfnis der Geführten ab. Das Bedürfnis nach "freiwilliger Knechtschaft" (Etienne de LaBoëtie, 1577) phantasiert der Macht des Führers magische Kräfte an. Sie sollen die existentielle Schwäche und Machtlosigkeit überwinden, und die so gewonnene Illusion verschafft der Masse ihr Gefühl von Wichtigkeit.

Diese Übertragung auf den Führer einer Gruppe aber, "oder auf einen religiösen Führer oder einen Gott", wie sie ergänzt, sieht E.P. nun auch im Verhältnis von Analytikern zu älteren und erfahrenen Analytikern und Theoretikern wirken. Diese Übertragung bildet für sie "keine Ausnahme zum Phänomen der Massenpsychologie" - und das ist eine schlimme Diagnose, wie mir scheint. Noch dazu läßt E.P. ihre Hörer und Leser mit ihr sozusagen "stehen", sieht man von den vagen zwei Schlußzeilen ab, die "unser kritisches Denkvermögen" anrufen. Der Abbruch an dieser Stelle ist verwunderlich, denn es würde doch naheliegen, auf den "ewigen" Gegensatz zwischen Freud und Adler zurückzukommen und zu fragen, wie dieser auf der Theorieebene aussieht. Adler betont mit Nietzsche den Willen zur Macht, verneint aber seine Lehre vom Übermenschen, vom großen Einzelnen, und setzt ihr das Ideal einer Gemeinschaft von Gleichwertigen entgegen. Und Freud? Wenn E.P. in Freuds Bild des willensstarken Führers und der willenlos sich unterwerfenden Masse eine ganz gute Selbstbeschreibung sieht, dann bejaht er Nietzsche, indem er Adler verneint. Die vielfach berichteten Größenphantasien Freuds, seine Identifikation mit herrscherlichen Gestalten der Geschichte sind Beleg genug. Dabei verschweigt - oder verdrängt? - er aber, dass die Größe des

Führers mit der Nichtigkeit derer wächst, über die er gebietet.

Freud und Adler polarisierten ihre Standpunkte wahrscheinlich unter dem Druck der zwischen ihnen spielenden Dynamik. Wo der eine die Organisationsmacht der Kirche bewundert und die päpstliche Position erstrebt, da setzt der andere eine nicht minder extreme Verneinung jedes persönlichen Ehrgeizes dagegen und will die Welt zur pädagogischen Provinz machen. So hat Adler überall neurotisches Machtstreben gewittert und ließ als gesunde Selbstbestimmung nur die Anstrengung der solidarisch handelnden Gruppe gelten. Deren Gemeinschaftsgefühl mußte er jedoch, um seine Lehre gegen Bolschewismus und Nationalsozialismus abzugrenzen, entweder unterstaatlich oder menschheitsweit fassen, die zukünftige Menschheit inbegriffen. Als Folge davon klafft zwischen der kleinen, als spontane Nachbarschaft und Genossenschaft gedachten Gruppe und der ganzen Menschheit ein Loch, in dem allein antisoziale Machtneurotiker hausen. Theoretisch wird es mit guten pädagogischen Absichten zugeschüttet. Freuds Kontraposition zur "Willensmacht" der Viktorianischen Ära hingegen ist pessimistische Absage an den Fortschrittsglauben. Das Unbewusste als Schicksalsmacht, gegen die der bewußte Wille nichts ausrichtet, mochte wohl eine Projektion der eigenen Lage sein. Aber natürlich diente die Theorie auch dazu, Kräfte der Selbstbehauptung anzustacheln und den Winkel der eigenen Lebensbahn umso steiler nach oben auszurichten.

Mit der Psychologie ihrer Stifterfiguren ist freilich die erfolgreiche Ausbreitung der Psychoanalyse samt ihrer internen Machtmuster nicht erklärt und ebensowenig der etwas weniger sichtbare Erfolg der Individualpsychologie. Weiter kommen wir hingegen, wenn wir nochmals die Optionen Freuds und Adlers für beziehungsweise gegen Nietzsche betrachten. Versteht man Nietzsche nämlich als Antipoden von Marx, so gilt unverändert Helmuth Plessners Diagnose aus dem Jahre 1924: Beide verneinen, wenn auch aus verschiedener Richtung, die bürgerliche Gesellschaft. Während Nietzsche den bürgerlichen Egalitarismus im Namen des großen Individuums bekämpfte, befehdete Marx den bürgerlichen Individualismus im Namen der großen Gemeinschaft. Was beide aber bekriegen, ist die Gesellschaft als Inbegriff des zivilen Zusammenlebens von Rangungleichen und Glaubensverschiedenen. In Deutschland hat diese doppelte Ablehnung als verheerendes Bündnis von Großem Individuum und Großer Gemeinschaft gewütet und sich im Namen völkischer Besonderheit in Feindseligkeit nach beiden Seiten ergangen, gegen den westlichen Individualismus ebenso wie gegen den östlichen Egalitarismus. Adler, der gegen Nietzsches Lehre vom Übermenschen resistent war, hat sich gegen die konkrete Gemeinschaft roter und brauner Couleur deutlich abgegrenzt.

Die Psychoanalyse hingegen hat 1946 Adornos Verteidigung der Trieblehre gegen jede "kulturalistische" Verwässerung ohne deutlichen Widerspruch hingenommen. Der Kulturalismus Horneys, Fromms und anderer aber stand für die Fortschrittsidee, wie sie Adler pädagogisch propagiert hatte, der ja auch hie und da zur Neo-Psychoanalyse gerechnet wird. Diese Position hielt Korrekturen durch "späte" Lernprozesse für möglich und tendierte dazu, die Gegenwart aufzuwerten und das Hier und Jetzt zu betonen, zu Lasten der Rekonstruktion früher

Traumata. Gegen sie wertete Adorno den Holocaust als Zeichen einer unverbesserlich schlechten und bösen Triebnatur des Menschen und lobte deshalb Freud als einen der Denker, die aus solch pessimistischem Realismus heraus die Notwendigkeit der Autorität rechtfertigten. Wer aber so gegen die Naivität jedes pädagogischen Optimismus anredet, kann freilich nicht sagen, wie eigentlich die Autoritäten herangebildet werden, die da dem Bösen der menschlichen Triebnatur wehren sollen. Er muß wohl, wenn auch unausgesprochen, zurückgreifen auf die Idee des "geborenen" Führers und damit auf Freuds Lehre von den zweierlei Psychologien. Peinlicherweise bleibt so aber dunkel, wie diese Autoritätsanrufung mit der Wertschätzung des "genuinen Liberalen" zusammenpaßt, die als Lippenbekenntnis wohl auch Lehranalytikern leichtfällt.

Die Polarisierung trieb Freud verleugneterweise zu Nietzsche, Adler in entgegengesetzter Richtung zu einem gefühlshaften Gemeinschaftsideal. Die Psychoanalyse bekam dadurch konservativen Einschlag, insofern ihr Zentraldogma, das Unbewusste, in die Vergangenheit verweist. Die Individualpsychologie richtete ihr Augenmerk unter dem Banner der Finalität zwar nach vorn, übertrieb aber die Willensmächtigkeit des Neurotikers und sie vernachlässigt die konflikthaft fortwirkende Vergangenheit. Der heroisch einsame Übermensch als große Führergestalt und das gute Volk als Gemeinschaft selbstloser Menschen sind die beiden illusionsreichen Metaphern, die jeweils als Ideal darüber prangen. Gegen beide Positionen plädiere ich für einen Revisionismus, der die Ideen der individuellen Selbststeigerung und der Solidarität miteinander verbindet. Die Psychoanalytiker werden ihr inneres Machtmuster nur überwinden können, wenn sie die Zentralstellung des Konzepts des Unbewußten zugunsten eines Kompromisses zwischen Vergangenheits- und Gegenwartsorientierung schwächen. Und die Individualpsychologen müssen akzeptieren, dass ein halbwegs geordnetes Zusammenleben in Freiheit ohne Machtfundament nicht zu haben ist, weil eine Demokratie, die nicht auch wehrhaft ist, stirbt. Der Kompromiß als Kulturtechnik wurde freilich nicht in Deutschland erfunden.

Regressionstheorie und Fortschrittsglaube

> Die Vergangenheit als Rolle. Es gibt wenig in
> unserem Bewußtseins- oder Benehmenshaus-
> halt, was so sehr Rollencharakter hat wie die
> Vergangenheit... Wir müssen gut wegkommen.
> Aber nicht so lügen, dass wir es selber merken.
>
> Martin Walser, Ein springender Brunnen, 1998.
>
> It's never too late for a happy childhood! - Auf
> einem T-Shirt, verkauft vor der Uni Berkeley.

Die psychoanalytische Begriffswelt ist philosophisch. Diese Selbstsicht wurde indessen in der Gründergeneration heftig abgewehrt, weil sie ihren Anspruch gefährdet hätte, Psychoanalyse sei als Wissenschaft den konkurrierenden Welt- und Selbstdeutungen überlegen. Dennoch sind auch die in der Folge entstandenen tiefenpsychologischen Schulen und Richtungen jeweils um einen philosophischen Entwurf des Menschseins gruppiert. Bis heute aber findet sich im Schrifttum der Anspruch verbreitet, die theoretischen Befunde aus "klinischer Erfahrung" gewonnen zu haben. Auf ihr soll auch die professionelle Autorität in der psychotherapeutischen Praxis beruhen. Offenbar war die Abwehr des Philosophieverdachts noch 1963 so heftig, dass sie den jungen Habilitanden Odo Marquard über zwanzig Jahre lang abhielt, seine große Studie über die philosophischen Hintergründe der von Freud, Adler und Jung begründeten Kulturbewegung zu veröffentlichen. Von 1986 rückblickend nannte er jedenfalls die seinerzeit im Bannkreis der Frankfurter Schule aufkommende Freud-Welle als Grund seiner Zurückhaltung. Und selbst in jüngster Zeit noch reflektieren Analytiker den philosophischen

Charakter ihres Metiers nur mit erheblichem Zögern
(Gödde 1999[2]), obwohl doch die "Entlarvung" der Psychoanalyse als Philosophie nichts Sensationelles zutage-
bringt. Sie pflegt lediglich die bekannten Glaubenssätze
einer Neuzeit, die sich von den theologischen Weltauslegungen abwendet und göttliche Ursprünge durch natürliche zu ersetzen sucht. Wie andere Denkrichtungen
auch, versucht sie Naturphilosophie anstelle von Theologie zu betreiben.

Dabei wird die christliche Hoffnung auf eine außergeschichtliche Erlösung am Ende aller Zeiten ersetzt durch
einen optimistischeren und selbstbewußteren Fortschrittsglauben. Als Evolutionstheorie formuliert, findet
die Wende von den himmlischen Mächten "oben" zu
den materialistisch gedachten Kräften der Erde "unten"
ihren Autor in der Jahrhundertgestalt Charles Darwins.
Dessen Vater hatte für ihn eigentlich die geistliche
Laufbahn vorgesehen. Der Sohn aber sieht die Welt des
Lebendigen unter dem Regiment ganz zufälliger Muta-
tionen, recht eigentlich sogar Irrtümern, die bei der Er-
zeugung neuer Individuen auftreten. Die "Absichten
Gottes" und ihre "grenzenlose Weisheit" tauscht er aus
gegen ein System absichtsfreier Dynamik. So entbehrt
das Reich des Lebendigen in seiner Entwicklung zunächst jeglichen Sinns und auch jeglicher Moral. "Zunächst", weil Darwin die Radikalität des Sinnverzichts
in einem zweiten Schritt abmilderte und dem Mutati-
onsvorgang einen Ausleseprozeß nachschaltete, der die
Novitäten wie ein Zensor in "richtige" und "falsche"

---

[2] Vgl. die Rezension in Zs. f. Individualpsychologie 27.Jg., 2002,
68-69.

auseinandersortiert. In der natürlichen Selektion, so der amerikanische Evolutionstheoretiker Stephen Jay Gould (1980, 199), steckt eine schöpferische Kraft. Sie hat nicht allein die Aufgabe, unangepaßte und unfähige Lebewesen auszumerzen, sondern sorgt ebenso dafür, dass die bestangepaßten überleben können. Die natürliche Entwicklung erhält dadurch Richtung und Kontinuität. Reduziert zwar aufs bloße Überleben, enthält sie so doch auch Antworten auf die religiösen Grundfragen: *Woher wir kommen, wohin wir gehen* und *wozu wir leben.*

Die Beziehung von Geist und Körper legt Darwin in einer neuen Ursprungserzählung aus, und er vergißt dabei nicht, auch die vielen nichtrationalen Seiten der menschlichen Wirklichkeit zu deuten. Freud ist hier später keineswegs originell, er hat das Unbewußte nicht entdeckt, Darwins Notizbücher legen davon Zeugnis ab. In ihnen hat er über Neurosen und Psychosen und über die Psychopathologien des Alltagslebens nachgedacht, seine eigene Traumtätigkeit analysiert, hat dem Verhältnis zwischen Liebe und Sexualität nachgegrübelt und ist zu den Fragen der Moral und des religiösen Glaubens vorgestoßen. Im Unterschied zur statischen Welt- und Lebensauffassung des Mittelalters folgte er dabei dem dynamischen Geist der Neuzeit und faßte die psychischen Aktivitäten als Werdensprozesse auf. Und er folgte diesem Geist ebenso, wo er das Individuum nicht mehr streng eingebunden sah in das größere Ganze der biologischen Art, sondern es zum Ort schicksalhafter Veränderungen erklärte. Aber wenn auch jedes Individuum seinen eigenen Werdegang hinter sich bringt, soll die Antwort auf die alte Frage *Woher kommen wir?* gleichwohl der kindlichen Entwicklung abgelauscht, soll aus ihr rekonstruiert werden. Und deshalb hat nicht erst Piaget, sondern hat vor ihm Darwin und noch vorher bereits Hippolyte Taine die eigenen Kinder beobachtet und über ihre Fortschritte tägliche Aufzeichnungen angefertigt, die "Stufen der Moralentwicklung" inbegriffen.

Neben den eigenen Kindern fanden auch andere Formen von "Primitiven" Aufmerksamkeit; man hieß sie damals noch Idioten, Wilde und höhere Tiere. Es machte allerdings Skandal, sie in den Kreis der Betrachtung einzuziehen, weil dadurch die Unterschiede zwischen Tier und Mensch verwischt wurden oder zumindest nur noch graduell galten. Gegen alles herkömmlich ständische Denken verneinte Evolutionstheorie damit die absolute Ungleichheit zwischen Mensch und übriger Kreatur und bedrohte so die "gottgewollten" ewigen Unterschiede. Durch die Rippen dieser Theorie schimmerte die Gleichheitsidee der bürgerlichen Revolutionen ebenso hindurch wie ihre Schwester, die Liberté. Die Natur bot jetzt freie Aufstiegsmöglichkeiten für die Tüchtigen. Auch die stufenweise "Höherentwicklung" vom Kind zum Erwachsenen ließ sich als Wiederholung eines vorgeschichtlichen Geschehens deuten. Ebenso eröffnete die Theorie den sog. "Primitiven" die Hoffnung, versäumte Entwicklung nachholen zu können. Sollte nicht außerdem die Artenvielfalt in der Natur Vorbild sein für eine innere Vielfalt auch der menschlichen Gesellschaften? Konnte diese Vielfalt nicht, unter das Prinzip des Wettbewerbs gebracht, den Aufstieg der Tüchtigsten auch im Gesellschaftlichen ermöglichen? Wenn der Mensch das biologische Spitzenprodukt der Natur ist, so könnte doch auch in der Gesellschaft eine Ethik des Wettbewerbs der menschlichen Entwicklung durchaus

förderlich sein! Solche Naturphilosophie als Muster
einer Philosophie der Gesellschaft war freilich besser
gegen Kritik geschützt, wenn sie ihren philosophischen
Charakter verleugnete.

Deshalb strebte die Evolutionstheorie im 19. Jahrhundert von der Philosophie weg und trat als Biologie und
damit als Naturwissenschaft auf. Das hat Sulloway
(1979) in seiner großen Freudstudie beschrieben, und er
sieht das analoge Bemühen in der medizinischen Psychologie. Sie orientierte sich ebenfalls am biologischen
Entwicklungsbegriff. In dessen Rahmen war der
Mensch das modernste Produkt der Natur. Eben unter
dieser Voraussetzung aber irritierte es Darwin, bei höheren Lebewesen und auch beim Menschen funktionslose
Organe oder Organreste vorzufinden. In Verteidigung
der Prämisse von der Fortschrittlichkeit des Menschen
war er deshalb bemüht, sie als Überbleibsel früherer und
damit primitiver Stufen der Entwicklung zu erklären
und auf diese Weise abzutun. Freud übernahm das Er-
klärungsmuster, als er die seelischen Anomalien zu Re-
sten früherer und somit primitiver Vorstufen der seelischen Entwicklung erklärte. Freilich wurde diese Übernahme erst möglich, nachdem die anatomisch denkenden Psychiater verdrängt worden waren, welche zur
Erklärung psychischer Störungen nach lokalisierbaren
Gehirnschäden suchten. Ihre Entmachtung brachten darwinistisch gesinnte Psychotherapeuten durch ein Modell
von Trieben und Triebschicksalen zustande, bei dem der
Trieb nicht mehr an bestimmte Organzonen gebunden
war. So machten sie den Weg frei für Darwins Lehre
von den zwei Grundtrieben, dem Überlebenswillen und
dem Fortpflanzungstrieb. Zu erklären blieb dann allerdings noch, warum und wie das "Überleben der Tüch-

tigsten" durch die Fortpflanzung als Kriterium des biologischen Erfolges überlagert wird.

Alles Sex

Aus diesem Grund hatte die geschlechtliche "Zuchtwahl" schon Darwin so sehr beschäftigt. Jahrzehnte vor Freud schrieb er dem Fortpflanzungstrieb einen besonderen Einfluß zu, indem er auf die bei vielen Tierarten zu beobachtende buntere Ausstattung des einen Geschlechts verwies und auf all die zum Teil unglaublichen Schmuckausrüstungen, die die Natur hervorzaubert. Weil der sekundäre Geschlechtsaufwand oft sogar die Überlebenstauglichkeit des Individuums schmälert, erscheint der Sexualtrieb mächtiger als der Überlebenswille. Vermutlich hat diese Ansicht Darwins auch Schopenhauers späte Anerkennung gefördert. Denn auch in Schopenhauers Philosophie galt ja der Geschlechtstrieb als die schöpferische Kraft, welche skurrile Sonderbarkeiten hervortreibt, galt er als Widersacher des Überlebenswillens und seiner Vernunft. Ergo muß, wo Unvernünftiges auftaucht - in den psychischen Störungen und den Geisteskrankheiten - und wo dualistische Beschränkung nur zwei Grundtriebe zuläßt, der Geschlechtstrieb am Werk sein, gegen alle Verdrängungsbemühung. Mit weiterer Ausbreitung der Schopenhauer-Darwinschen Sichtweise kam es schließlich zu modischen Übertreibungen bis hin zu einem Pansexualismus, der im Seelischen nur noch Sexuelles wirken sah. Natürlich rief so ein Extrem einen extremen Widerpart auf die Bühne. Diese Gegenposition besetzten Alfred Adler, G. Stanley Hall und andere. Sie sahen in der Neurose den Selbsterhaltungstrieb toben - und nur ihn. Von den Zinnen dieser Theorieburgen aus bekämpften Adler und Freud einander über viele Jahre als treue Feinde.

Darwin und Freud gehen naturphilosophisch von zwei Grundtrieben - Selbsterhaltungsstreben und Fortpflanzungstrieb - aus, weil die Ratio des Überlebens allein nicht ausreicht, um biologische und seelische Prozesse zu erklären. In ihrer naturwissenschaftlich-messenden Gestalt übt sie die Demokratie der Tatsachen, der Zählungen, in denen Qualität und Qualitätsunterschiede ausgeblendet sind. Gerade das qualitative Sichunterscheiden von den Mitbewerbern indes wird im sexuellen Balzverhalten selektionsentscheidend. Der hier getriebene Aufwand ist deshalb "unvernünftig", weil das Nützliche der Feind des Überflüssigen ist und für alle nur das gleiche vernünftige Maß kennt. Das Unmaß freier Variation, die Verrücktheiten eines Spieltriebs der Natur ebenso wie das Mitschleppen unnützer Erbschaft bedurften deshalb der Erklärung. Weisheitszähne, Blinddarm, Kiemenspalten und Schwanz im embryonalen Frühstadium irritierten Darwin, und so rationalisierte er sie durch Zuschreibung einer früheren Funktion, einer vormaligen Nützlichkeit. Ihren Schwundzustand nahm er gerade als hoffnungsvolles Zeichen ihrer in Gang befindlichen Abschaffung. Analog dazu und im ausdrücklichen Rückgriff auf Darwins *Ausdruck der Gemütsbewegungen bei dem Menschen und den Tieren* deutete Freud später Fehlleistungen und dysfunktionale Symptome als ursprünglich sinnvolle Anpassungen. Für alte Zöpfe in Religion, Moralsystem und sozialen Institutionen galt entsprechend die Formel: Das Frühere kann noch anwesend sein, befindet sich jedoch bereits im Prozeß der Abschaffung.

So sorgt die Natur, in langsamer Gangart zwar, jedoch in vernünftiger Richtung, selbst dafür, dass sich im Konflikt des Neuen und des Alten das Bessere, das Modernere durchsetzt. Freud machte daraus einen innerseelisch konflikthaften Ablauf. Nach dem biogenetischen Grundgesetz, in Deutschland von Ernst Haeckel propagiert, wiederholt die embryonale Entwicklung in abgekürzter Weise die abgelegten Stufen früherer Organisation. Analog soll also in der seelischen Entwicklungsabfolge die als wild gedachte sexuelle Frühzeit der Menschheit vorkommen. Prompt fand Freud beim Säugling polymorph-perverse Neigungen, die dann im Erziehungsschicksal - dem Menschheitsmuster folgend - fortschreitender Kultivierung unterliegen. Wird diese Geschichte indes nicht vollständig rekapituliert, dann weist noch der nach Jahren Erwachsene menschheitliche Frühformen, seelische Primitivismen auf. "Fixierung", "Regression" und das besondere "Haften der frühesten Lebenseindrücke" lauten die bezeichnenden Metaphern. Biologisch untermauert werden sie durch Beispiele aus der Tierwelt. Dort entdeckte man frühe Prägungen und fand heraus, dass sie innerhalb eines zeitlich begrenzten Fensters erfolgen müssen, sonst treten später Verhaltensfehler mit Wiederholungszwang auf. Zum Beispiel ziehen Küken ohne eigene Muttererfahrung als Hennen artblind kleine Enten, Pfauen oder sogar verwaiste Frettchen groß. Die Analogie wiederum lautet, dass starke homosexuelle Eindrücke in früher Jugend zur "Hemmung" der psychosexuellen Entwicklung und später zu einer "invertierten Objektwahl" führen.

Metaphorische Rückgriffe auf niedere Organismen unternahm nicht nur Freud. Krafft-Ebing etwa schrieb über einen Schwachsinnigen, es äußerten sich dessen Sexualimpulse *zeitweise und brunstartig wie beim Tier*. Das Steckenbleiben in der Natur oder die "Regression" zu ihr bedeutete moralisch: Niedrigkeit oder Absinken. Andererseits war die Natur Experimentierfeld, dem es moralische Lehren abzugewinnen galt. Aus Embyonalexperimenten hatte man gelernt, dass ein Nadelstich in die in Zellteilung begriffene Keimanlage desto gravierendere Störungen der nachfolgenden Entwicklung bewirkt, je früher er erfolgt. Ergo wirken seelische Einstiche, "Traumen", desto fehlprägender, je früher sie stattfinden. Ein anderer kniffliger Punkt aber war, dass für die artverändernden Entwicklungen große erdgeschichtliche Zeiträume angenommen wurden. Die Natur, so lautete der Glaubenssatz, arbeitet langsam und macht keine Sprünge. Doch wirkt dieser Glaube als Hemmschuh, wenn man ihn auf den kulturellen Fortschritt des Menschengeschlechts überträgt. Wer es mit dessen Fortschritt eilig hatte, geriet deshalb in Versuchung, auf Lamarck und dessen hundert Jahre vor Darwin vertretene Theorie zurückzugreifen, nach der das Individuum lebensgeschichtliche Lernerfolge seinen Nachkommen vererbt. Abschätzig sprach Darwin allerdings vom *Lamarckschen Unsinn einer Tendenz zum Fortschritt*. Theorietechnisch aber paßte der Lamarckismus besser zur Moderne, weil zu ihrem Selbstbild die Annahme gehört, dass kreative Leistungen einzelner Individuen den Fortschritt antreiben.

Draußen in der Natur ist der Aufstieg einer neuen Art lamarckistisch so zu denken, dass einem Individuum eine spontane Änderung seiner inneren Organisation gelingt, aus der ihm und seiner Nachkommenschaft Selektionsvorteile erwachsen. Weil ein solcher Lernschritt eine klügere Koordination mit der Umwelt zustandebringt, ist er eigentlich ein geistiger Akt - nur halt ein "unbewußter". Freud gesellte sich dem extrem neo-lamarckistischen Flügel zu, von dessen Warte aus es als möglich erschien, dem Fortschritt der Gattung im Wege ärztlich-psychotherapeutischer Bemühungen zu dienen. Man mußte dazu nur die in der Natur bewußtlos wesende Geistigkeit, welche die sich einstellenden Lernerfolge bewirkt, in den Griff bekommen, das heißt, zur Bewußtheit emporheben. Also sprach Freud analogisch zunächst von einer *Macht der unbewußten Vorstellung über den Körper*. Wo er diese hinaufverwandelte zur *Allmacht der Gedanken*, spürt man noch das theologische Geschmäckle. Indessen handelte es sich hier nicht länger um Gedanken Gottes, sondern neuzeitlich-individualistisch um die des Einzelnen, unbewußt. Die evolutionstheoretische Sicht von unten ist so gewahrt, zugleich setzt der individuelle Lernschritt - lamarckistisch - einen überindividuellen Neuanfang. Lebhaft schillernd meint Entwicklung auf Ebene der Arten - darwinistisch - die im Fortpflanzungsvorgang passierende Zufallsmutation, die Abweichung, welche bei positiver Selektion eine neue Art begründet. Entwicklung auf Ebene des Individuums hingegen meint den normalen Kopiervorgang, der vom Gezeugtwerden bis zum Selberzeugenkönnen reicht.

Retro- oder Regression?

Wird der individuelle Entwicklungsprozeß blockiert, haben wir "Fixierung" vor uns, läuft er rückwärts, "Regression". Regression ist negative Entwicklung in zeitlicher Hinsicht. Listig hat Kurt Lewin (1941) deshalb vorgeschlagen, Entwicklungsvorgänge auf dem Umweg über Regressionen zu studieren, weil Regressionen sich leichter herbeiführen lassen als Entwicklungen. Regressionen dienen also dem Fortschritt, zunächst dem der Wissenschaft, danach aber, in technischer Anwendung ihrer Erkenntnisse, dem gesellschaftlichen. Deshalb drückt sich die Fortschrittsorientierung der Psychoanalyse gerade in ihrer vielfältigen Beschreibung von Regressionsmustern aus. Bei Freud gibt es eine Regression der Libido, Objektregressionen und Ichregressionen; bei anderen Analytikern noch unbestimmtere Zuordnungen. Manche bezeichnen zum Beispiel jede Art von Rückzug aus der Realität ins Reich der Phantasie als Regression. Heuristisch definiert Lewin Regression allgemein als eine Primitivierung des Verhaltens, als Zurückgehen auf eine Stufe geringerer Reife, über die das Individuum eigentlich schon hinausgewachsen ist. Sie kommt auch bei normalen Erwachsenen vor. Gefühlsmäßige Anspannung, auch freudiger Art, kann sie auslösen, ebenso Müdigkeit, Übersättigung oder Krankheiten. Psychoanalytiker jedoch nehmen sie meist als Störung, als Gegenpart zur Entwicklung wahr, als negatives Voranschreiten der Libidoorganisation. Regression wird als Kehrtwendung beim Auftreffen auf ein Hindernis verstanden. Diesem Bild der Kehrtwendung schenkt Lewin nähere Aufmerksamkeit.

Am Ort dieser Kehrtwendung nämlich verknüpft sich die allgemeine Gesetzmäßigkeit des Entwicklungsprozesses mit der individuellen Entwicklungsgeschichte einer Person. Psychoanalytisch gesehen verläuft die normale Entwicklung in einer Reihenfolge bestimmter Stufen. Zu jeder Stufe gehört ein bestimmter Verhaltensstil. Macht nun ein Individuum vor einem Hindernis halt und kehrt zu einer bereits genommenen Entwicklungsstufe zurück, so nimmt es demnach einen bestimmten Verhaltensstil wieder auf. Die neurotischen Erkrankungen lassen sich somit als Verhaltensmuster deuten, die bestimmten Entwicklungsstufen zugeordnet werden können. Das läßt sich ökonomisch betrachten, genauer gesagt, unter dem Blickwinkel ökonomischer Rationalität. Wenn die Libido (einer Person) nämlich unfähig ist, auf einer reiferen Stufe hinreichende Befriedigung zu finden und sie auf eine frühere regrediert, weicht sie auf eine Ersatzbefriedigung aus, die minderen Ertrag abwirft. Das besagt nicht, dass das Verhalten auf dem geringeren Befriedigungsniveau identisch sein muß mit einem bestimmten früheren Verhalten des Individuums. Eine solche individualhistorische Identität ließe sich kaum objektiv dokumentieren. Blickt man indes auf das ökonomische Motiv, so ist ein primitiveres Verhalten zwar weniger gewinnbringend, aber doch noch der zweckgerichtete Versuch, sich einer bestimmten Situation anzupassen.

Es kann aber auch noch komplizierter sein. Denn wie ist zum Beispiel das Verhalten eines jungen Mädchens einzuschätzen, das auf seinen jüngeren Bruder eifersüchtig ist und deshalb dessen kindlicheres Verhalten nachahmt? Es spielt die Rolle eines Jüngeren, weil es sich einen Vorteil, einen Gewinn erhofft und ihn vermutlich auch einheimst. - Gibt es aber nachahmende Regression nicht auch im Erwachsenenleben? Wie häufig ist wohl der Fall, dass Menschen sich jünger darstellen und jünger auftreten, als sie es den Jahren nach sind? Ist solches Verhalten eigentlich regressiv oder aber raffiniert? Natürlich kann Verstellung über längere Zeit nach innen wachsen und das altersgemäße reifere Verhalten nach und nach verlernt werden. - Und noch einmal anders gefragt: Wie paßt die Regressionstheorie auf alte Menschen, deren Verhalten zunehmend kindisch wird? Ihr Absinken auf ein niedrigeres Niveau widerspricht der Fortschrittsorientierung der Entwicklungstheorie. Sie harmoniert mit der Kurve des menschlichen Lebenslaufs nur in seiner aufsteigenden Phase. Deshalb schlägt Lewin auch vor, den Untersuchungszeitraum auf die Jugendphase zu beschränken. Selbst dann aber bleibt das Schauspielerische in der menschlichen Anlage ein Problem, weil von der Unreife eines an den Tag gelegten Verhaltens nicht direkt auf den Zustand der dahinterstehenden Person geschlossen werden kann. Die Person ist stets eine Konstruktion des Beobachters, ihr Reifegrad kann höher sein als der ihres Verhaltens. Dieses kann eine vorübergehende Reaktion sein auf die Situation. Weil Situationen wiederum von den Menschen unterschiedlich wahrgenommen werden, hat Realität oft "doppelten Boden".

Diese Doppelbödigkeit hier einmal beiseite gelassen, läßt sich zunächst allgemein sagen: In der Regression verringert sich die Vielfalt des Verhaltens, seine innere Verflochtenheit und Organisation nimmt ab und ebenso der Grad des Realitätsbezuges. Soziale Beziehungen, beim normalen Erwachsenen in Freundschafts-, Abhängigkeits- und Leitungsverhältnisse differenziert, vereinfachen sich auf kindliche Verhaltensmuster. Das Kind weist eine größere Einheitlichkeit auf als der Erwachsene. Seelische Befindlichkeit und Zustand des Körpers liegen bei ihm dichter beieinander. Seine Fähigkeit, die Welt unabhängig von der eigenen Gestimmtheit wahrzunehmen, ist geringer. Dagegen ist Rückzug aus der Wirklichkeit in die Phantasie kein eindeutiges Merkmal von Regression. So können zum Beispiel ältere Kinder ausgedehnte Phantasien entwickeln, ohne dass ihr Verhalten sich primitiviert. Auch die Redewendung vom zerstreuten Professor verweist auf eine abgestufte Realitätszugewandtheit: Regression muß nicht immer in allen Bereichen stattfinden. Diese Unterscheidungen Lewins, die technisch und kompliziert wirken mögen, machen uns immerhin bewußt, wie sehr Schwankungen unseres Leistungsniveaus zum alltäglichen Leben gehören - und dass regressives Verhalten auch Spiel sein kann und somit eine reife Leistung. Reife hat außerdem eine moralische Dimension. Regressives Verhalten gilt als moralisch unreif und kritikwürdig. Diese moralische Seite des Regressionsbegriffs ist wohl sogar die wichtigere.

Moralpredigt

Denn erinnern wir uns: Erst die Umstellung von Theologie auf Evolutionstheorie macht es erforderlich, die moralischen Gesetze als natürlich vorkommende zu zeigen. Und erst die Phasentheorie der Entwicklung veranlaßt Darwin, auf die Suche nach Stufen der Moralentwicklung zu gehen und deshalb, lange vor Piaget oder Kohlberg, das Heranwachsen seiner eigenen Kinder zu beobachten. Wo die moralischen Ge- und Verbote nicht länger als von Gott diktierte Gesetzestafel existieren, soll so auf empirischem Wege "objektiver" Ersatz beschafft werden. Und weil Evolutionstheorie dynamisch ist, ersetzt sie das Bild einer von Gott geschaffenen unveränderlichen Welt durch das Bild der werdenden Natur. Wo diese aber ins Stolpern kommt, wo die Moral sich nicht in der biologischen Reihenfolge phasenhaft aufstuft, taucht der Gedanke an menschliche Nachhilfe auf. Politisch realisierte er sich im historischen Übergang vom Darwinismus zum Sozialdarwinismus. Ähnlich wie die Lehre von der Prädestination ist nämlich die

Idee der passiv erfahrenen natürlichen Auslese leicht akzeptabel nur für die Gewinnerseite. Verlierer im Fortschrittswettlauf tendieren dazu, die Selektion züchterisch in die Hand nehmen und kontrollieren zu wollen. Freud hielt sich hier diplomatisch bedeckt und formulierte 1904, in seinen "Drei Abhandlungen zur Sexualtheorie", ein Sowohl-als-auch. Es findet sich in dem genialisch kleinen Satzteil, worin er den Eltern die erzieherische Aufgabe zuschrieb, *das organisch Vorgezeichnete nachzuziehen und es etwas sauberer und tiefer auszuprägen.*

Derlei psychologisch-moralische Beweglichkeit muß um ihre Anerkennung als Wissenschaft gleichwohl nicht fürchten, solange sie verbreitete Bedürfnisse anspricht. Von dieser Korrespondenzregel sind Lewins Unterscheidungen, um Entwicklung und Kehrtwenden kreisend, nicht ausgenommen. Denn sicherlich war es kein Zufall, dass er sich mit seinen naturwissenschaftlichen Modellen gerade in den fortschrittsoffenen USA erfolgreich etablieren konnte. Auch er bewies dabei Gespür für den Wandel gesellschaftlicher Bedürfnisse, zum Beispiel wo er anmerkte, Kinder hätten früher als unharmonischer und die Erwachsenen als einheitlicher gegolten, heute (1941) aber stelle sich dieses Verhältnis umgekehrt dar. Ist das eine naturwissenschaftliche Feststellung oder reagiert er da auf gesellschaftliche Verschiebungen im vorherrschenden Welt- und Menschenbild? Öffnet man den historischen Horizont noch weiter, so wird daraus die Frage, ob der Fortschritt als Entwicklung ins Unendliche zu denken sei oder aber begrenzt auf das Erreichen eines Reifezustandes, der ein naturhaft vorgegebenes Ziel ist, "im Plan der Natur" liegt. Diese Frage hat Bonald sehr beschäftigt, der den Terror der französischen Revolution kritisierte und deshalb gegen Rousseau wie gegen Hobbes einwandte, dass der Naturzustand weder als das verlorene Gute (letztlich des "paradiesischen" Embryonalzustandes) zu denken sei, noch als ein vorgesellschaftlicher, unregulierter Kampf aller gegen alle. Der Naturzustand spricht sich ihm vielmehr im Können des reifen Erwachsenen aus und ebenso im regulierten Zusammenleben der Zivilisation (Spaemann 1951).

Rousseau liefert mit seiner Trauer um die verlorene Natürlichkeit das Grundmuster der gesellschaftlichen Entfremdungslehren. Wo immer die Gegenwart als verlustreicher Irrweg wahrgenommen wird, beschwört die Erinnerung an das frühere Gute den Rückweg dorthin. Mit lediglich vertauschtem Vorzeichen bringt aber auch Hobbes Natur und Zivilisation in einen Gegensatz, wenn er den Naturzustand als grausam ansetzt. Entfernung von diesem grausamen Urzustand ist dann gleichbedeutend mit einem unendlichen Fortschritt. Freud teilt Hobbes' Sicht, wo er den Krieg eine Regression zum Naturzustand nennt (1915, 354). Fortschritt als Emanzipation von der natürlichen (Un-)Ordnung ist dabei durch nichts definiert als durch diesen Ausgangspunkt, von dem er sich entfernt. Beide, die Rousseausche und die Hobbessche Natur, sind bei aller Verschiedenheit Geschwister. Vexierend sind sie einmal das verlorengegangene Gute, einmal das drängend wiederkehrende Böse. Regredieren wir im Krieg zur Hobbesschen Natur, so regrediert die psychoanalytische Kur zu einer frühen Störung und einem unterdrückten Affekt, um ihn "frei zu machen" und dadurch nachholend eine gute, eine evolutionär richtige Trieborganisation zu ermöglichen. Die Gefangenschaft des Neurotikers in den Erfahrungen seiner Kindheit (Schmidt 1984, 112) ist das Thema und das Hinabsteigen in diese Verliese der Weg. Ziel aber soll sein, über die Regression, über die Rückkehr in das Vergangene, eine neue Zukunft zu eröffnen. Die regrediente Richtung jedoch wurde nach Freuds Worten "zu einem wichtigen Charakter der Analyse" (1914, 47).

Von einem Wechselspiel zwischen Aufklärung und Romantik spricht deshalb Ellenberger. Innerhalb der dynamischen Psychiatrie, der er die Psychoanalyse zurechnet, gehört Janet für ihn eindeutig, Adler weitgehend zur Aufklärung, während er Freud und Jung späte Epigonen der Romantik nennt (1970, 281). Die Romantik, nach Begriff und Inhalt freilich heftig umstritten, sieht er von tiefer Verehrung der Natur erfüllt und bemüht, in die Geheimnisse ihres Grundes einzudringen, welche zugleich auch als das Fundament der eigenen Seele gelten. Der Weg dorthin führt weniger über den Intellekt als über das Gemüt. Das Innerste des emotionalen Lebens soll über Manifestationen des Unbewußten erschlossen werden, zu denen Träume ebenso gehören wie Äußerungen des Genies, Geisteskrankheiten, Parapsychologisches, die verborgene Macht des Schicksals, Volksmärchen. Die romantische Welt ist erfüllt vom "Werden", jedoch nicht im rationalistischen Sinne eines ständigen Fortschritts der Menschheit, sondern in Gestalt eigenwilliger individueller Entfaltungsprozesse, die auch in Großindividuen wie Nation, Sprache und Kultur sich abspielen. So wird aus Goethes Metamorphosen bei Jung "Individuation"; so beschreiben Psychiater, vom beliebten Bildungsroman angeregt, ihre Patienten in Fallgeschichten. Mit Lewin könnte man sagen, romantische Medizin sei weniger an der gesetzmäßigen Normalentwicklung interessiert als an der Abweichung, die als je individuelle (Kranken-)Geschichte an "Kehrtwenden" beginnt. Romantische Hinwendung zu Geschichte überhaupt vertieft sich mit Vorliebe ins Mittelalter.

All-Sinn, unbewußt

Dem Gesellschaftsvertrag als rationaler Grundidee der Aufklärungsphilosophen setzten romantische Denker die Wertschätzung eines Gemeinschaftslebens entgegen, das ihnen als naturgegeben und unabhängig vom Willen galt. Willensmacht und auch Vernunftehe lehnten sie ab zugunsten einer gesteigerten Empfindungsfähigkeit, welche Einfühlung in die Natur ebenso ermöglichen soll wie in andere Menschen. Reiches Innenleben, Bedeutung der Inspiration, Betonung des Spontanen wurden freilich kontrastiert durch eine romantische Ironie, die zu den intimsten eigenen Gefühlen Distanz hält. Zauberstab der romantischen Philosophie aber war die Analogie. Der Begriff des "Unbewußten" meinte nicht nur Leibnizens "unklare Vorstellungen", sondern eine Unterwelt, ein unsichtbares Leben des Universums, dessen All-Sinn sich in mystischer Ekstase, durch poetische Inspiration oder im Traum erschließen sollte. Zur romantischen Denkungsart gehörten auch die Polaritäten und Dualismen, welche wir bei Freud wiederfinden. In den 1820er Jahren schon und also vor Darwin entwarf Gotthilf Heinrich von Schubert eine poetische Vision der Natur und beschrieb ihre Evolution über die Stufen des mineralischen, vegetabilischen und animalischen Reiches bis hin zum Geistbringer Mensch als Krönung. Um die gleiche Zeit deutete der Schweizer Naturphilosoph Troxler den Lebenslauf als eine Abfolge immer höherer Grade des Bewußtseins, das sich am Ende dem göttlichen Licht zu öffnen vermag. Carus sah 1846 im Unbewußten die "Heilkraft der Natur". Das Unbewußte ist hier noch rousseauisch gesund und kennt keine Krankheiten.

Die Wende kommt nach der gescheiterten Revolution von 1848. Die enttäuschten Hoffnungen lassen nun Schopenhauers frühes Werk aktuell und seine Vorstellung plausibel werden, der Mensch sei von einem Willen angetrieben, welcher unbewußt wirkt und dabei irrational ist, weil er nicht das Wollen der Person realisiert, sondern den Zweck der Gattung. Dieser Wille wird zwar vom Selbsterhaltungs- und vom Fortpflanzungstrieb regiert, doch ist der letztere der fundamentale, er gleicht nach Schopenhauer dem "inneren Zug des Baumes, auf welchem das Leben des Individuums sproßt, wie ein Blatt, das vom Baume genährt wird und ihn zu nähren beiträgt". Wahnhaft meint das Individuum, im Geschlechtsverhältnis für sein Wohl zu sorgen, "während es unbewußt dabei die Zwecke der Gattung verfolgt". Der Wille als Fortpflanzungstrieb ist stärker denn Intellekt und Verstand. Was seinen Wünschen zuwiderläuft, wird nicht zum Gedanken, gelangt nicht ins Bewußtsein der Person. So ist der Mensch als Getriebener der geschlechtlichen Unterwelt ein irrationales Wesen, auf seine Vernunft läßt sich nicht setzen, auf seine Gesellschaft nicht bauen. Das Unbewußte, welches hier Mensch und Gesellschaft dominiert, ist das Gegenstück der Hegelschen Vernunftidee. Diese klang 1818 noch bei Heinroth durch, der das "Über-Uns" mit der Vernunft und einem Weg zu Gott gleichsetzte. Mit ihm einig zu sein, bedeutete Freiheit und soziale Vernunft. Er sah sie verloren gehen, wo "Ich-Sucht" zur Leidenschaft wird. In ihrer Folge, so Ideler 1835, üben soziale

Einsamkeit und unbefriedigter Tätigkeitsdrang zerstörerische Wirkung (Ellenberger 1970, 300f).

Adler blieb später auf dieser Linie, die größere Breitenwirkung gewann jedoch Schopenhauers Pessimismus. Freud als Vermittler war dabei wenig originell, das dokumentiert Ellenbergers Referat der Vorläufer, besonders Fechners und Bachofens. 1861 veröffentlichte dieser seine Theorie einer vorgeschichtlichen mutterrechtlichen Gesellschaftsform. Sie sah er dem frühen Kindheitsstadium mit starker Mutterbindung ähneln, weshalb er den späteren Sieg des Patriarchats als einen Fortschritt verstand, der die Unabhängigkeit des Individuums begünstigt und damit zwar die soziale Isolation steigert, die Menschen aber auf eine höhere geistige Stufe bringt. Bachofen fand zunächst wenig Anklang, wurde dann aber von Nietzsche rezipiert, 1884 griff Friedrich Engels in seinem "Ursprung der Familie" auf ihn zurück, danach Bebel und Bakunin. Auch bei den Suffragetten wurde er beliebt, und um 1900 machte ihn die neoromantische Münchner Gruppe der "Kosmiker" zu ihrem Propheten. Sie verherrlichte im erklärten Gegensatz zur jüdisch-christlichen Welt ein heidnisch-kosmisches Prinzip, das Bachofens positiver Wertung des Patriarchats eigentlich widersprach (Green 1974). Doch lieferte Bachofen ihrer anti-bürgerlichen Moralauffassung Unterfutter durch seine Annahme einer hetärischen Vorphase des Matriarchats. Auch Freuds polymorph-perverse Frühphase der kindlichen Entwicklung korrespondiert erstaunlich gut mit diesem Theoriestück Bachofens. Adler, der Bachofen über Engels und Bebel rezipierte, sah - wie immer auf Gegenspur - die frühe Mutterüberlegenheit im "männlichen Protest" überkompensiert.

Den politischen Hintergrund dieser Theorieentwicklungen bildete das Emporwachsen Englands zur führenden Weltmacht. Ihr Selbstbewußtsein äußerte sich wissenschaftlich als Positivismus, als Kult der Fakten. Die faßbare, zählbare Wirklichkeit bestätigte ihre Vormachtposition, das Sichabstützen auf unveränderliche Naturgesetze beschwor ihre Dauer, im Suchen nach dem Nützlichen drückte sich ihre Weltzugewandtheit aus. Der Glaube an den wissenschaftlichen Fortschritt durchzog freilich auch die konkurrierenden europäischen Länder. Seine Gelehrten, stets in einer Universität verankert, waren die asketischen Priester einer Religion der Uneigennützigkeit und der Wahrheitsfindung. Doch die Zeit bleibt nie stehen. Die Expansion des Wissens, besonders in der Medizin, veränderte den Altersaufbau und die Befindlichkeit der profitierenden Bevölkerungsteile. Die parallel verlaufende imperialistische Expansion erzeugte neue internationale Rivalitäten. Die industrielle Expansion produzierte in den anwachsenden Städten eine proletarische Massenarmut, die einer politischen Gegenelite Organisationsmöglichkeiten bot und ihr Machtchancen eröffnete. Leitfiguren der bürgerlichen und der proletarischen Welt wurden Darwin und Marx. Ihre Lehren bildeten sich in der ebenfalls dynamisch werdenden Psychologie ab. Die Vorherrschaft der englischen Welt aber, in der Amerika immer tonangebender wurde, mobilisierte bei den europäischen Konkurrenten einen Gegenwillen, der sich nicht allein marxistisch artikulierte. Den großen Angriff auf Naturwissenschaftsglaube, Wahrheitsbegriff und westliche Moral trug vielmehr Nietzsche vor.

Der wissenschaftliche Wille zur Wahrheit betreibt aus seiner Sicht die Bestätigung einer Welt, die von der uns bekannten, von der Welt unseres Lebens verschieden ist. Zivilisation überhaupt ist der Prozeß einer gewaltsamen Abtrennung von unserer tierischen Vergangenheit, eine Kriegserklärung gegen unsere Instinkte, auf denen die Kraft und Lust und Fruchtbarkeit des Menschen vorher beruhte. Den zwischen dieser Zivilisation und seinen animalischen Aggressionstrieben eingeklemmten Menschen ruft er auf, sich von dieser falschen Moral zu befreien und seine innere Triebwelt eigenen Maßstäben zu unterwerfen, seine eigene autonome Moral zu etablieren. Dazu müssen die wilden, tierischen Instinkte, die in der Zivilität keine zulässigen Ausdrucksformen finden können und deshalb im Unbewußten hausen, in die bewußte Vorstellung hinaufgehoben und in der Phantasie ausgelebt werden. Der dabei und dadurch erzeugte Ekel werde dann zum Impuls der Selbsthemmung. Wie Darwinismus und Marxismus findet auch Nietzsches Denkfigur ihre Abbildung in der dynamischen Psychiatrie und wird zum Programm der psychoanalytischen Kur, obwohl der hemmende Ekel offenbar nicht zuverlässig auftritt. Eben das mag Adler, der Nietzsche unbefangen studierte, bewogen haben, in solidaristische Richtung abzubiegen und Gemeinschaftsgefühl zu propagieren. Linientreuer empfahl Freud, die Psychoanalyse solle den Patienten "nicht durch die Aufnahme in die katholische, protestantische oder sozialistische Gemeinschaft entlasten, sondern ihn aus seinem eigenen Inneren bereichern . ." (1927, 293).

Übertragung

Die Neuromantik, welche an Nietzsche anknüpfte, nennt Ellenberger "fast eine Karikatur der Romantik" (1970, 385). Wo jene noch überall Wachstum und Evolution gesehen hatte, erblickte diese jetzt allenthalben Verfall. Und weil das Schrumpfen des europäischen Bauernstandes und das Schwinden seines Brauchtums es ihr schwer machte, sich weiterhin in die Volksseele einzufühlen, ging sie ersatzweise auf Mythensuche. Hatte die Romantik das Individuum, bei aller Betonung seines einmaligen und unersetzlichen Wertes, in Freundschaft, Liebe, Kleingruppe und Gemeinde eingebunden gesehen, so trieb Neuromantik jetzt den Kult des Individuums bis zur sozialen Isolation, bis zum Narzißismus. Gleichzeitig sah sie diesen heroischen Einzelmenschen in der Demokratie von den gleichmacherischen Tendenzen der Masse bedroht. Auf der Flucht davor folgte sie Nietzsches Behauptung, dass das Menschengeschlecht wegen der Unvereinbarkeit von Zivilisation und menschlicher Natur im Niedergang begriffen sei. Also wurde das einfache Leben gesucht, wurden die Naturvölker bewundert und war primitive Kunst angesagt - und der Schopenhauersche Pessimismus wurde zum quasireligiösen Bekehrungserlebnis. Diese pessimistische Welle im Viktorianischen Zeitalter mag zwar erklärbar sein als Reaktion in denjenigen Völkern, die sich durch den Erfolg des britischen Empire zurückgesetzt fühlten. Als Formel einer Heilserwartung jedoch, die aus der durch Verfallsdiagnosen entwerteten Gegenwart zum "Frühen" zurückzukehren strebt und sich dort unverbrauchte Kräfte besorgen will, ist sie leicht übertragbar.

Übertragung auf andere Situationen und in andere Dimensionen ist Merkmal der menschlichen Geistestätigkeit überhaupt. Deshalb bildet der Pessimismus als weltanschauliche Haltung ein immerwährend bereitstehendes Potential, das mal als Natur-, mal als Kulturpessimismus virulent wird (Hemminger 1983). Übertragung spielt ebenso leicht von der Gattungsgeschichte zur Individualentwicklung hinüber und zurück. Ich erinnere nur an die Korrespondenz zwischen Freuds Behauptung einer polymorph-perversen Frühphase der Säuglingszeit und Bachofens Annahme einer hetärischen Vorphase des Matriarchats. Wie weit Analogieschlüsse vom Einzelnen auf kollektive Vorgänge oder umgekehrt allerdings immer Erkenntnisse sind, bleibe dahingestellt. Um geglaubt zu werden, genügt es offenbar, dass sie plausibel oder vielversprechend klingen. Denn das Wissen einer Zeit und einer sozialen Schicht ist stets auch mitbestimmt von Ängsten und Hoffnungen - und von Rachegelüsten. So gibt Hemminger (1983) zu bedenken, ob nicht immer schon die Untergangspropheten glaubten, bei der Bestrafung der Schuldigen an der Seite der richtenden Götter sitzen zu können und so dem Gericht zu entgehen. Wer die Überich-Position einmal besetzt hat, rachsüchtig oder anders, der räumt sie nicht kampflos. Das läßt sich beispielsweise an den Reaktionen ablesen, die Chasseguet-Smirgel (1985) auslöste, als sie nach romantischen Anteilen im deutschen Nationalsozialismus fragte und auch, inwieweit Freud als Romantiker zu gelten habe.

Sie ging dabei aus von Freuds Bestimmung der Psychoanalyse als eines Untersuchungsverfahrens, einer Behandlungsmethode und einer wissenschaftlichen Disziplin. Das Unbewußte, welches hier Gegenstand einer Wissenschaft sein soll, war im 19. Jahrhundert Hauptwort einer romantischen Naturfrömmigkeit, die sie durch ihre Sehnsucht nach dem Nichts, nach Verschmelzung mit der Natur und dem Grenzenlosen und nach Aufhebung von Zeit und Raum gekennzeichnet sieht. In ihrem Mittelpunkt stand der Traum. Alles zusammen illustriert Chasseguet-Smirgel an Zitaten des Vorromantikers Karl Philipp Moritz. Dessen vorgestellte Auflösung des Ichs findet sie bei fast allen deutschen Romantikern wieder, nennt dabei Carus, Jean Paul, Tieck, E.T.A. Hoffmann. Zustimmend zitiert sie Heines Wort, dass die meisten romantischen Dichter in ihrem Verhältnis zur Natur Mystiker seien und, darin indischen Glaubensvorstellungen ähnelnd, an eine kosmische Einheit, an ein ursprüngliches großes Ganzes glauben. Den Tod überwinden sie, indem sie Sterben als eine Rückkehr in den Schoß der Natur deuten, die sie wiedererschaffen wird. Rückkehr zur universellen Harmonie soll ihnen die Kräfte wiederbringen, die wir einst vor dem Sündenfall besaßen - der Sündenfall dabei als Trennung aufgefaßt. Denn den innersten Kern dieser Rückkehrphantasien deutet Chasseguet-Smirgel als Wunsch, mit der Mutter zu verschmelzen. Wo aber Gott und Natur derart eins sind, ist der Vater verschwunden, der das Kind von der Mutter trennt. Thomas Mann wird ihr sodann Zeuge für den Zusammenhang von Romantik und Nationalsozialismus.

Sein Urteil, dass die Deutschen ein Volk der romantischen Gegenrevolution seien, zieht das weitere nach sich, dass sie das nur sein können durch die entschiedene Verleugnung Goethes, der die Mächte des Chaos und der "Mutter Erde" zwar kannte, jedoch nicht sie verehrte, sondern die Mächte des Tages, des Lichts und der Vernunft. Das Verschwinden des Vaters in den romantischen Verschmelzungsphantasien ist deshalb auch eine Zurückdrängung der Vernunft. Insofern Freud nun aber mit Zustimmung dargestellt hat, dass Denken in seiner Verknüpfung mit dem Realitätsprinzip zur väterlichen

Welt gehört, zur Welt des Gesetzes, ist er für Chasseguet-Smirgel kein Romantiker. Den Sinn des Freudschen Unternehmens sieht sie denn auch nicht darin, das
Unbewußte zu feiern, es zum Kult zu machen, sondern
seine dunklen Kräfte zu zähmen. Zumindest sieht er
1927 in "Die Zukunft einer Illusion" für die Stimme des
Intellekts Chancen, sich langfristig durchzusetzen. Frag-
würdiger findet Chasseguet-Smirgel die Weise, wie er
1930 in "Das Unbehagen in der Kultur" auf Romain
Rolland reagiert, der als Fundament des religiösen Welt-
verhältnisses ein ozeanisches Gefühl beschrieb, welches
Freud wiederum als das einer "unauflösbaren Verbun-
denheit, der Zusammengehörigkeit mit dem Ganzen der
Außenwelt" deutet. Dieses Gefühl, beziehungsweise die
Sehnsucht danach interpretiert Freud acht Seiten weiter
aber als "Vatersehnsucht". Für Chasseguet-Smirgel
stellt dies einen Fehlgriff dar, der nur als Verdrängung
der Bindungen zu verstehen ist, die auch Freud an den
romantischen Teil der deutschen Kultur besessen haben
muß.

In der Orientierung auf den Vater und damit auf das
Gesetz hin erweist sich ihr Freud als Jude. Die jüdische
Religiosität läßt sich als Absage an das Mutterrecht
lesen. Wo Freud deshalb die Religion mit der Zwangs-
neurose (und ihren rigiden Trennungs- und Unterschei-
dungsritualen) vergleicht, tut er das ihres Erachtens von
der jüdischen her. Sie enthält den Zwang zur Trennung
von Gott und Mensch, in ihr darf Gott nicht gesehen,
nicht dargestellt, sein Name nicht ausgesprochen werden, ist eine "Kommunion" mit ihm undenkbar. Mystische Verzückung oder Ekstase sind dem Geist der jüdi-

schen Religion fremd[3]. Trennung und Gesetz sind in ihr gleichbedeutend. Gerade diese Verankerung aber machte es Freud möglich, das Unbewußte, symbolisiert als Mutterleib, zu erforschen, ohne sich darin zu verlieren oder gar verlieren zu wollen. Die Muttersehnsucht wird zur wissenschaftlichen Neugier sublimiert, sofern man dies nicht auch eine Regression nennen will (Blumenberg 1966, 269f). Jedenfalls sieht Chasseguet-Smirgel Freud von der deutschen Romantik als "Keimzelle der nationalsozialistischen Apokalypse" (1985, 177) nicht verführt. Der deutsche Donner, den Heine vorausgesagt hat, seine Aufhebung der "Andersheit", der vorausgehende Massenrausch, von dem Thomas Mann sprach, und was er leistete: die Befreiung vom Ich, vom Denken, vom Sittlichen und Vernünftigen und von der Angst - all das ist zwar auch Freuds Gegenstand, aber nicht sein Anliegen gewesen. Gerade daraus aber erwächst der Judenhaß. Die Psychoanalyse steht für Thomas Mann im Zeichen der Mäßigung und diesem Urteil schließt Chasseguet-Smirgel sich an.

Gemeinschaft gegen Gesellschaft

Die Interpretation hat ihr gleichwohl heftige Kritik eingetragen. Kaus & Heinrichs zum Beispiel haben mit hochphilosophischen, zum Teil spitzfindigen Unterscheidungen versucht, jegliche Verbindung zwischen dem Freudschen "Ubw"-Begriff und dem romantischen Irrationalismus abzustreiten. Wichtig war ihnen auch, Romantik als das Bemühen zu sehen, "im Unterschied

---

[3] Vgl. die Rezension Marcu in Zs. f. Individualpsychologie 27.Jg., 2002, 234-236. Hier im Anhang, S. 261.

zur Aufklärung, das mütterliche Moment der intuitiven, ganzheitlichen Vernunft mit dem väterlichen Verstand zu vereinen" (1989, 148f.). Deshalb schreiben sie Chasseguet-Smirgel eine irrtümliche, Thomas Mann eine - wenigstens teilweise - richtige Definition der Romantik zu. - Im Rückblick auf etliche dieser Kritiken hat Beland angemerkt, dass sie meist dort heftig werden, wo die Identifizierung mit den Tätern unerträglich wird. Dann wird Schuld beiseitegeschoben, indem an diesem und jenem Unterpunkt eine Differenz festgemacht, oder eine angebliche Vermengung von konservativer politischer Einstellung der Autorin und analytischer Aussage moniert wird. "Die Beschreibung der deutschen kollektiven Schuld löst soviel aus, dass jede 'Mücke' von (berechtigtem) Kritikanlaß einen willkommenen affektiven Ausweg öffnet, der Spannung zu entkommen" (1989, 101f). Ähnliche Kritiken wie Chasseguet-Smirgel widerfahren oft auch Sibylle Tönnies (1993), wo sie die Romantik in ihren jüngeren Kostümierungen kritisch analysiert. So ist der Kommunitarismus für sie eine Nachholung der Jugendbewegung in Amerika. Gegen die Künstlichkeit und Kälte des individualistischen Liberalismus setzt er erneut auf die konkrete Gemeinschaft.

Als rechte Variante der linken Verschmelzungsneigungen, die 1989 ihr vorläufiges Aushauchstadium erreicht haben, appelliert der Kommunitarismus wiederum an die edelsten Kräfte in den Menschen, um sie gegen die entfremdeten Abtrennungen in Bewegung zu setzen. Aber auch wenn die schönste ästhetische Produktivität mit diesen Bestrebungen einhergeht, haben sie bei uns doch schon einmal politisch furchtbare Wirkungen entfaltet. Deshalb ist Tönnies die willige und beifällige

Aufnahme, die der Kommunitarismus in Deutschland zum Teil findet, ein Ärgernis und eine Bedrohung. Vor dem universalistischen Selbstverständnis der USA hat er einen beschränkten Stellenwert, bei uns aber kann der Sirenengesang der Gemeinschaft, welcher Nachhause-kommen und Geborgenheit verspricht, die jahrtausende-lang umkämpften und erkämpften Rechte der Einzelnen wieder zunichtemachen. Kommunitaristisch werden sie als das seelenlose Abstrakte verunglimpft und ange-sichts der konkreten Ungerechtigkeiten in der Welt als Schimäre abgetan. Darin sieht sie Verwandtschaft mit dem amerikanischen Feminismus, der unter Berufung auf Marxens Gerechtigkeitskritik ungleiche Behandlung verlangt. Beide sehen nicht, dass der reale Sozialismus just an der Vernachlässigung des abstrakten Menschen zugrundegegangen ist. Denn eine Gleichheit, die auf Klassengenossen oder Geschlechtsgenossinnen be-schränkt bleibt, unterminiert die Gleichheitsidee über-haupt. Jede unbedingte (statt abwägende) Verteidigung des Besonderen gegen das Allgemeine muß sich mit innerer Logik auch gegen das abstrakte Individuum richten.

Weil nationalsozialistische Begriffsbildung den ab-strakt-allgemeinen Geist zurückwies, hat sie das ge-wachsene Besondere auf die Rasse als Stoff bezogen oder auf das "Fronterlebnis". War dies auch eine Zuspit-zung, so doch keine Abfälschung der Idee. Gemein-schaft braucht Kampf und äußere Gefahr, um ihre inne-ren Konflikte stillzustellen. Wo deshalb Konfliktfreiheit zur Grundlage einer Gesellschaftstheorie gemacht wird, ist der Krieg mitprogrammiert. Das bestätigten die im 20. Jahrhundert praktizierten Totalitarismen, die das Ge-meinschaftsprinzip auf ein Großsystem übertrugen, auch

wenn der Krieg in der zweiten Jahrhunderthälfte über-
wiegend ein "kalter" war. Zum Prinzip Gemeinschaft
gehört auch, dass es der formellen Repräsentation ab-
hold ist. "Wir da unten" können unsere Angelegenheiten
besser selbst regeln, sagt man und nennt es basisdemo-
kratisch. Im Hinterkopf steckt dabei stets das Bild guter
Menschen, einer Nachbarschaft der Anständigen, die
des Hobbesschen Staates und Schutzes entbehren können, weil doch der Mensch ein soziales Lebewesen ist.
Zwar wird in allen Kommuneexperimenten der Homo
lupus früher oder später zur Erfahrung, doch hindert das
den gegen Seinesgleichen gesellschaftlich abgepufferten
Stadtbewohner nicht, sich die kommunitäre Frühform
immer aufs neue als Wunschbild auszumalen. Tönnies'
Erwägungen datieren auf 1993, als die europakritischen
Tendenzen noch schwächer waren, in denen die unteren
Schichten erneut aufs eigene Kollektiv zurückdrängen.
Die vom Kommunitarismus gepflegte Rückwärtssehn-
sucht ist für eine Gesellschaft ebenso pathologisch wie
fürs Individuum.

Die Familie als Keimzelle des Staates, das ist eine re-
gressive Phantasie. Hüten wir uns, diese Feststellung
umzuwenden zu einer Kritik der kleinen Gemeinschaft,
wie sie zwischen Eltern und Kindern, zwischen Kindern, zwischen Freunden und Nachbarn durchaus ge-
deiht. Auch gegen die gemeinsame Herkunft als Hei-
matgefühl soll nicht gestritten werden. Es geht nicht um
die Alternative von Holismus oder Anomie, von ganz-
heitlicher Geschlossenheit oder individuellem Verlas-
sensein. Es geht nicht um das Innenleben von Gemeinschaften, sondern es geht um das geregelte Gegeneinander in und zwischen Gesellschaften, die *eine* Gemeinschaft nicht sein können und um ihrer Vielartigkeit wil-

len auch nicht sein sollten. Tönnies' Kritik an der Übernahme des kommunitaristischen Gedankenguts in Deutschland ist so herb wie berechtigt: Die freiwilligen Adepten verleugnen, als "second generation of murderers", ihre historische Sachkunde und unterstützen eine auswärtige Ideologie, die die spezifisch deutschen Erfahrungen nicht zur Kenntnis genommen hat. Die Zukunft, die der Kommunitarismus ausmalt, ist mit Odo Marquard gesprochen eine "Ersetzung der Regression nach hinten durch die Regression nach vorn" (1985, 96). Die Enthistorisierung, von der das begleitet wird, korrespondiert in makabrer Symmetrie der in Deutschland verbreiteten Neigung, aus "Schuldstolz" jede historische Einordnung der Naziverbrechen zu bekämpfen. Übrig bleibt Schuld durch biologische Abstammung von den Tätern, eine Identität auf Stufe der Urhorde (Stephan 1999). So dominiert selbst im Negativen der romantische deutsche Sonderweg.

Die Geschichtswissenschaft, nach ihrer Emanzipation vom theologischen Muster in Deutschland lange auf die Nation verpflichtet, hat jedoch schon von Nietzsche gesagt bekommen, dass sie in kritischer Absicht nicht nur die Überlieferung korrigieren, sondern die Korrektur des Überlieferten selbst versuchen könnte. Sich selbst eine Vergangenheit zu geben, aus der man stammen möchte, ist freilich ein gefährlicher Versuch deshalb, weil man nie weiß, wo die Grenze im Verneinen des Vergangenen zu ziehen ist. Zwar verweisen die Historiker auf die Tatsachen wie die Psychotherapeuten auf die klinischen Erfahrungen, doch war bereits 1824 Ranke sich im klaren darüber, dass die Geschichtsschreibung "dem gebildeten Geiste denselben Genuß gewähren" solle wie die gelungenste literarische Hervorbringung. Und gleichzeitig meinte Wilhelm v. Humboldt, der Historiker müsse "auf verschiedene Weise, aber ebensowohl als der Dichter" die zerstreuten Ereignisse "in sich zu einem Ganzen verarbeiten" (Hardtwig 1990, 56, 96f). Gegen diese konstruktivistischen Möglichkeiten wiegen die Tatsachen nicht allzu schwer. Wie im großen der Nation treten im kleinen der Person vielartige Deutungsmuster in Konkurrenz. Dennoch hat im psychoanalytischen Behandlungszimmer Freuds "wichtiger Charakter der Analyse", nämlich ihre "regrediente Richtung", lange dominiert. Noch 1976 sollte nach den ärztlichen Psychotherapierichtlinien die Behandlung der neurotischen Struktur "das therapeutische Geschehen mit Hilfe der Übertragungs- und Widerstandsanalyse unter Nutzung regressiver Prozesse in Gang setzen und fördern".

Zurück in die Zukunft

Was aber heißt nun Regression, wenn man genauer hinschaut? Wohin und bis wohin führt sie? Woran orientieren sich Analytiker und Patient beim Hinuntersteigen in die Verliese der Erinnerung? Die psychoanalytisch informierte Leserschaft hatte sich seit Zeiten daran gewöhnt, bei den freudianischen Berichten über die erinnernde Rückkehr in frühes Gelände sexuelles Material vorgeführt zu bekommen, das Sexuelle dabei im weiten und meist prägenitalen Sinne gefaßt. Auf adlerianischer Seite war mehr über Minderwertigkeitsgefühle zu lesen und über originäre Mangelerlebnisse (Titscher 1987). Wir haben gesehen, wie auf der Linie Darwin, Schopenhauer, Freud der Geschlechtstrieb dem Überlebenswillen den Rang ablief, und wie die Übertreibungen dann Adler auf die andere Seite trieben. Neuerdings scheint sich auf freudianischer Seite die Grunderzählung zu verändern, denn G. Lehmkuhl (1999) berichtet von einer Tendenz unter Analytikern, die Rolle der Sexualität gezielt zu verwischen, weil sie "auf angenommene ältere Regressionen" zurückwollen und die Kommunikation lieber auf früheste Entwicklungsstadien beziehen. Offenbar besitzt also das *Wohin* und das *Bis wohin* der Regression Spielmöglichkeiten, verschiedene Zeit-Räume bevorzugten Suchens. Zeit-Räume sage ich, weil Regression als Zurückgehen zwar meist im zeitlichen Sinne ausgedeutet ist, der Patient erinnert sich an früher. Ebenso lassen sich aber räumliche Metaphern benutzen und von einem Abstieg hinunter in die Fundamente des eigenen Seelenbaus sprechen. Dem empathisch mithinabsteigenden Therapeuten entstehen dabei seelische Kosten.

Während nämlich der Patient den Abstieg unternehmen kann in der Hoffnung, sich beim Wiederaufstieg durch das in der "Tiefe" Erfahrene belohnt zu finden, hat der Therapeut das Elend eines Lebenslaufs mit- und nachzuerleben, der, im rousseauistischen Erzählschema, die Beschädigungen der kindlichen Natur durch die Einwirkungen der Zivilisation vorführt. Weil Zivilisation durch den Vater symbolisiert wird, werden es also seine strafend-kastrierenden Untaten sein, neudeutsch: seine Mißbräuche, die der Therapeut durch nachholend gespendete Mütterlichkeit, psychodeutsch: durch Bereitstellung von Holdingfunktionen mühsam heilen soll. Die Mühsal des Therapeuten resultiert im psychotherapeutischen Setting aus dem Mangel an empfangener Liebe, aus der fehlenden - wenigstens idealiter - Gegenseitigkeit des Gebens und Nehmens. Der Therapeut wird stattdessen bezahlt (Baumann 1991). Selbst wo die von ihm begleitete Patientenregression in Gefilde sehr früher "vorsprachlicher" Traumatisierungen zurückführt und der Regredierte die Holdingfunktion arg strapaziert, darf er väterliche Grenzen trotzdem nur zurückhaltend ziehen, weil das väterliche Prinzip an sich böse ist. Es verkörpert die Welt der rechnenden, messenden, vergleichenden Rationalität, vor der die Einzelheiten und ergo auch die Einzelnen nur als Fall allgemeiner Gesetzmäßigkeit auftauchen. "Unvernünftiges" mütterliches Mitleiden, die gefühlshaft-romantische Parteinahme für die Unteren, das Volk, die Einzelnen, die Opfer und die früh Geschädigten ist ihm fremd. Dem Therapeuten als guter Ersatzmutter jedoch droht das Burn-out.

Man wundert sich viel zu wenig darüber, wie oft und unkritisch in der Literatur die mütterliche Funktion des Therapeuten behauptet oder gefordert wird und wie selten dabei Erwähnung findet, was den leibhaftigen Müttern doch alles an fehlerhaftem weil krankmachendem Verhalten nachgesagt wird. Als "schizophrenogene", "depressiogene" oder "asthmatogene" Mutter und in der Narzißmustheorie kennt ihre Alleinverantwortlichkeit schier keine Grenzen, da wirken sie "psychotoxisch" (Ernst & Luckner 1985). Wenn aber ihre negative Macht derartig groß sein soll, darf doch gefragt werden, welche Macht wohl die Psychotherapeuten ausüben, wenn sie sich ihren Patienten sekundärsozialisatorisch als gute Ersatzmutter zur Verfügung stellen? Obwohl die Methode der freien Assoziation der unbewußten Kommunikation zwischen Mutter und Kind ähnelt, wie Bollas behauptet (Neubaur 1996), soll dort die mächtige Ersatzmutterschaft allein Gutes bewirken? Einleuchtender ist, dass die nachgerade "hymnischen Beschreibungen" der einzigartigen Bedeutung, die eine

Mutter für ihr Kind besitzt, die Rolle begehrenswert machen. "Gebt mir bessere Mütter, und ich gebe euch eine bessere Welt" soll Augustinus gesagt haben, meint Rhode-Dachser, nicht ohne allerdings hinzuzufügen, dass in der Identifikation mit der allmächtigen Mutterimago eine Versuchung gerade für Frauen liegen kann, die sich der Realität gegenüber eher ohnmächtig fühlen (1991, 210ff). Wie fühlen sich Psychotherapeuten? Was wird kompensiert, wenn sich in der Regression die eine Seite zum Kind macht und der anderen die Überlegenheit des Erwachsenen zubilligt?

Abgesehen von dieser Machtfrage wäre auch noch des Kükens zu gedenken, das ohne evolutionär "richtige" Prägung später seine Mutterfunktion verfehlt. Wo Psychoanalyse gemäß Psychotherapierichtlinie die "Nutzung regressiver Prozesse" betreibt, um einer früh geschädigten inneren Natur nachträglich auf den rechten Weg zu verhelfen, da wirft ihre darwinistische Herkunft die Frage auf, wie sie denn das für den Menschen evolutionär Richtige wissen kann, wie sie das Gesunde, Gute und Wahre bestimmt. Setzt sie zum Beispiel seelische Gesundheit mit Funktionstüchtigkeit gleich, muß sie die Frage mitbeantworten, wem zum Gedeih denn das Funktionieren geschieht: des Individuums oder der Familie oder der Spezies? Weizsäcker (1974) hat daran erinnert, dass Organismen bei kybernetischer Betrachtung nach Soll- oder Normwerten funktionieren, die ihr umwelteingepaßtes Überleben sichern. Norm ist hier bezogen auf eine bestimmte Umwelt oder "ökologische Nische", sie ist eine Wahrheit der Gattung, von der alle einzelnen Individuen mehr oder weniger abweichen. Diese Abweichung ist indes noch nicht Krankheit. Vielmehr haben Krankheiten oder Krankheitsverläufe ihre eigene Norm, welche wiederum nicht zu wenig und nicht zu viel von der Gesundheitsnorm abweichen darf, weil sie sonst entweder in der statistischen Streuung des Gesundseins untergeht, oder aber, ist sie zu groß, nicht Krankheit, sondern Tod bedeutet. Der Darwinismus beansprucht jedoch nicht nur, das Funktionieren vorhandener Organismen und Arten zu erklären, sondern auch das Aufkommen neuer.

Wahrer Irrtum

Dieses Bemühen macht indes die Bestimmung der gesunden Eingepaßtheit von Organismen wieder unscharf. Denn eine Abweichung von der Norm, welche das Überleben sichert, ist in diesem Falle nicht Krankheit, sondern Fortschritt. In der menschlichen Spezies nun ist, weil der Mensch erworbene Eigenschaften (sozial) vererben kann, der Fortschritt revolutionär beschleunigt. Zugleich aber ist er, wegen der Vielheit der Kulturen, nicht einheitlich. Spezialistische Binnendifferenzierung eröffnet einer Art jedoch durchaus Chancen, die fortschreitende Vielgestaltigkeit ihres Auftretens kann von Vorteil sein. Die Frage aber ist, ob für den artverändernden oder artdifferenzierenden Fortschritt selbst wiederum eine Norm angegeben werden kann. Das erweist sich als schwierig, weil eine hohe Mutationsrate ebenso schaden wie nützen kann. Die Rate ist abhängig von der normalen Lebensdauer der Individuen einer Art. Kurzlebige Arten können auf veränderte Bedingungen schneller richtige Antworten finden und deshalb die langlebigeren allmählich verdrängen. Die rasche Weiterentwicklung ist aber nicht immer ein Vorteil, weil auch Irrwege schneller durchschritten, Sackgassen schneller erreicht werden. Am Ende gelangt Weizsäcker zu der skeptischen Einschätzung, dass eine Norm des Fortschritts durch Artwandel nicht zu finden sein dürfte und dies sogar aus kategorialen Gründen. Denn die Ideen der Gattung und Art gehören zur zyklischen Zeitauffassung, die Fortschrittskategorie aber zur linearen. Hinzu kommt noch das Problem, welches Freud mit der Unterscheidung von Selbsterhaltung und Arterhaltung angesprochen hat.

Gut und Böse als Normbegriffe bezeichnen das Verhalten von Individuen in einer Gemeinschaft. Neben die Gesundheit der Individuen tritt aber auch eine Gesundheit der Gemeinschaft oder des Ganzen. Sie besteht funktional in der Selbsterhaltung der sozialen Gruppe. An ihr gemessen ist nicht nur egoistisches Verhalten des Einzelnen "krank", sondern es kann auch der Egoismus einer Gruppe als soziale Krankheit auftreten, wenn er die Erhaltung der Art beeinträchtigt. Für das Individuum hat Kant als moralisch richtiges Verhalten den kategorischen Imperativ vorgeschlagen, der stete Rücksichtnahme auf das Gemeinschaftsinteresse verlangt. Allerdings gehört dazu die Fähigkeit, unter den stets gegebenen Handlungsalternativen die richtige zu erkennen - womit die Frage von wahr und falsch ins Spiel kommt. Wahr ist die Erkenntnis eines Sachverhalts, wenn sie zu richtigem Handeln führt. Richtiges Handeln ist angepaßt im Sinne von überlebenssichernd. Damit rücken die Ausdrücke "wahr" und "gesund" einander ebenso näher wie "falsch" und "krank". Oder spöttischer mit Nietzsche gesagt: Wahrheit ist die Art von Irrtum, ohne die eine bestimmte Art von Lebewesen nicht leben könnte. Wenn Wahrheit aber nur hinreichend angepasster Irrtum ist, dann kommt es offenbar auf Art und Maß der Angepaßtheit an. Pflanze und Tier reagieren richtig nach an-

geborenen oder verständnislos erlernten Mustern. Für
den Menschen unterstellen wir, dass er einsichtig oder
verständig handeln kann. Er muß unter den inneren Vorstellungen möglichen Handelns die wirksamste Alternative mit den geringsten unerwünschten Nebenwirkungen
finden.

Hier aber stoßen Weizsäckers Überlegungen darauf,
dass der Mensch als Gattungswesen nicht *die* ökologische Nische besitzt, in die sein Verhalten paßt. Statt
Umwelt hat der Mensch Welt, mit Plessner zu reden.
Sie aber ist in ihrer Gänze nicht zu überschauen und
ergo nicht verfügbar. Die Wahrheit, welche das Leben
des Menschen in der Welt ermöglicht und sichert, spottet so jeder eindeutigen Beschreibung. Er ist freier als
das Tier, das beweist die Vielzahl der Kulturmuster, in
denen er sein Überleben erfolgreich organisiert hat. Als
Möglichkeitswesen, das zwar der Führung durch gesellschaftlich konstruierte Regelungen überhaupt bedarf,
nicht aber auf *ein* evolutionär bestimmtes Muster festgelegt ist, besitzt der Mensch keine "Natur", keine rousseauisch "gesunde" Verhaltensregulation, die man nur
von den falschen gesellschaftlichen "Einschreibungen"
befreien müßte, damit sein wahres Selbst hervorspringt.
Menschliche Wesen, das hat unter anderen Wouters betont, besitzen im Unterschied zu Tieren nur wenig natürliche Selbststeuerungen und erwerben stattdessen die
Regulierung ihrer emotionalen Impulse und ihres Verhaltens über soziale Lernprozesse (Wiegand 1998, 108).
Und nicht nur die europäische Zivilisation oder gar erst
kapitalistische Gesellschaften betreiben diese kulturelle
Programmierung, sondern schon jede Frühkultur. Die
sogenannten Naturvölker, von "starrer Traditionalität"
(Plessner 1965, 278), verfahren dabei allerdings rigider,

und vielleicht vermutete Darwin deshalb eine Wechselbeziehung zwischen geringer Intelligenz und starker Neigung zur Bildung fester Gewohnheiten (1874, 82).

Späte Kindheit

Die Geringschätzung des Frühen wäre wenig rousseauistisch. Wohl aber enthielte sie die Einsicht, dass schöpferische Kraft als Motor des Fortschritts auf unwahrscheinliche Voraussetzungen angewiesen ist, nämlich auf relativ geschützte Spielräume. Geschichtlich reift das eher "spät" heran, dort nämlich, wo staatlich organisierte Gesellschaften diese Kräfte wissenschaftlich oder marktförmig organisieren. Die Einsicht widerspricht freilich dem evolutionistischen Bestreben, alles Komplexere auf einfachere Elemente, alles Gewordene "analytisch" auf Früheres zurückzuführen. Dagegen steht die These, dass das sich entwickelnde Lebendige kategoriale Eigentümlichkeiten aufweist, die seine niederen Voraussetzungen zwar einschließen, aber nicht restlos in ihnen aufgehen (Plessner 1964). Für das menschliche Individuum gilt, dass die kindlichen Frühformen sich am Beispiel der immer schon vorhandenen Erwachsenen ausbilden und ergo nicht vorangehen, sondern nachfolgen (Dux 1978; Bateson 2000). Auch "leibnahe" verstehende Bemühungen um "präverbale" Muster der Sinnerfassung, welche diese entweder als "unerledigte Formen der Selbstbehinderung" oder entgegengesetzt als "entwicklungsnotwendige Vorformen" interpretieren, vermögen die "entwicklungsgemäß späten Formen" nicht genuiner zu erklären (Heisterkamp 1995, 402). Überdies können Kindheitstraumen und -neurosen sich "auswachsen", das wußte schon Freud. In emotionalen Krisen gewinnen seelische Strukturen andere Funktionen. Die psychotherapeutische Fokussierung aufs Frühe begünstigt nur ein Versinken in der Kindheitsmisere (Fürstenau 1992, 26).

Eine extreme Orientierung auf frühe Störungen bot in der Geschichte der Psychoanalyse Ranks *Trauma der Geburt*. Ihn wollte Ferenczi noch übertreffen: "Als vor Jahrtausenden eine Tierart aus dem Meer auftauchte, um ihre Entwicklung auf dem trockenen Land fortzusetzen, erlebte sie ein Trauma, von dem das Geburtstrauma nur eine Wiederholung ist." (Ellenberger 1970, 1137). Etwa zwei Generationen später sieht Yalom diese Regression zum Ur-Anfänglichen in mildem Licht und er soll deshalb das (vorläufig) letzte Wort bekommen: "Aber mit den Jahren habe ich gelernt, dass die Aufgabe des Therapeuten nicht darin bestehen kann, den Patienten zu gemeinsamen archäologischen Ausgrabungen zu motivieren. Wenn es jemals Patienten gab, denen auf diese Weise geholfen wurde, dann nicht, weil man jenen falschen Weg gesucht und gefunden hat (ein Leben scheitert nicht deshalb, weil es hier und da Fehlentwicklungen gegeben hat; es scheitert, weil die Grundrichtung falsch ist). Nein, ein Therapeut hilft seinem Patienten nicht, indem er in dessen Vergangenheit herumstöbert, sondern indem er am Hier und Jetzt dieses Menschen Anteil nimmt, sein Vertrauen gewinnt und ihm echtes Interesse entgegenbringt; und indem er darauf vertraut, dass der Patient durch die gemeinsame Arbeit schließlich erlöst und geheilt wird. Das Drama der Regression und der Rekapitulation des Inzests [...] hat nur deshalb eine heilsame Wirkung, weil sie Therapeuten und Patienten eine interessante gemeinsame Beschäftigung ermöglicht, während die eigentliche therapeutische Kraft - die Beziehung - erst heranreift." (1989, 319).

Literatur:

Bateson, Patrick (2000): Wir sind nicht programmiert. Wie der Mensch zu dem wird, was er ist. - In: FAZ, Nr.128, 03.06.2000, S. 43.

Baumann, Zygmunt (1991): Die Suche nach Liebe oder Die existentiellen Grundlagen des Fachwissens. - In: ders., Moderne und Ambivalenz. Fischer (12688), Frankf.a.M. 1996, 244-253.

Beland, Hermann (1989): Buchbesprechung Janine Chasseguet-Smirgel: Zwei Bäume im Garten. München-Wien 1988. - In: Zs. f. psychoanal. Theorie u. Praxis, IV, 1989, 94-102.

Blumenberg, Hans (1966): Der Prozeß der theoretischen Neugierde. - Erw. Fassung des 3. Teils von "Die Legitimität der Neuzeit". stw 24, 3.erw.Aufl., Suhrkamp, Frankf.a.M. 1984.

Chasseguet-Smirgel, Janine (1985): Das Paradoxon der Freudschen Methode. - In: dies., Zwei Bäume im Garten. Zur psychischen Bedeutung der Vater- und Mutterbilder. Verlag Internationale Psychoanalyse, München/Wien 1988, 162-185.

Darwin, Charles (1874): Die Abstammung des Menschen (The Descent of Man). Kröner (KTB 28), Stuttgart 1966.

Dux, Günter (1979): Zur Strategie einer Soziologie der Erkenntnis. - In: Kölner Zs. f. Soziol, Sdh.22: Wissensoz.. Westd. V., Opladen 1979, 73-102.

Ellenberger, Henry F. (1970): Der kulturelle Hintergrund: Die Romantik/ Die Medizin der Romantik/ Die Epigonen der Romantik. - In: ders., Die Entdeckung des Unbewußten, Bd.I. Huber, Bern 1973, 281-316. - Sowie: Die Quellen Freuds. Ebd., Bd.II, 742-760.

Ernst, Cécile & Luckner, Nikolaus von (1985): Stellt die Frühkindheit die Weichen? Eine Kritik an der Lehre von der schicksalhaften Bedeutung erster Erlebnisse. Forum der Psychiatrie 23, Enke Stuttgart 1987; hier: Die Überschätzung des Einflusses der Mutter, 155f.

Freud, Sigmund (1914): Zur Geschichte der psychoanalytischen Bewegung. In: Werke aus den Jahren 1913-1917. Ges.W. X, 5.Aufl., Fischer, Frankf.a.M. 1969, 43-113.

Freud, Sigmund (1915): Zeitgemäßes über Krieg und Tod. In: Werke aus den Jahren 1913-1917. Ges.W. X, 5.Aufl., Fischer, Frankf.a.M. 1969, 323-356.

Freud, Sigmund (1927): Nachwort zur "Frage der Laienanalyse". GW XIV, Fischer, Frankf.a.M. 1968, 287-296.

Fürstenau, Peter (1992): Progressionsorientierte psychoanalytisch-systemische Therapie. - In: Forum d. Psychoanal., 8, 1992, 17-31.

Gödde, Günter (1999): Rückblick und Ausblick. - In: ders., Traditionslinien des "Unbewußten": Schopenhauer, Nietzsche, Freud. - Diskord, Tübingen 1999, 571-599.

Green, Martin (1974): Die kosmische Runde. In: ders., Else und Frieda. Die Richthofen-Schwestern. Piper (2323), München 1996, 107-122.

Hardtwig, Wolfgang (1990): Geschichtsstudium, Geschichtswissenschaft und Geschichtstheorie in Deutschland von der Aufklärung bis zur Gegenwart. / Geschichte als Wissenschaft oder Kunst. - In: ders., Geschichtskultur und Wissenschaft. DTV, München 1990, 13-57; 92-102.

Heisterkamp, Günter (1995): Regression. - In: Brunner/ Titze (Hg.), Wörterbuch der Individualpsychologie. Reinhardt, 2. A., München 1995, 400-402.

Hemminger, Hansjörg (1983): Naturpessimismus und Kulturpessimismus/ Nachwort. - In: ders., Der Mensch - eine Marionette der Evolution? Fischer (Ftb 4165), Frankf.a.M. 1983, 104-123.

Kaus, Rainer J. & Heinrichs, Johannes: Wandlungen des Unbewußten. Gedanken zu O. Marquards Werk "Transzendentaler Idealismus - Romantische Naturphilosophie - Psychoanalyse". - In: Jb. d. Psychoanalyse, Bd.25, Stuttgart 1989, 124-166.

Lehmkuhl, Gerd (1999): Buchbesprechung Jahrbuch der Psychoanalyse, Bd. 38. - In: Zs. f. Individualpsychologie, 24. Jg., 1999, 210.

Lewin, Kurt (1941): Regression, Retrogression und Entwicklung. - In: ders., Psychologie der Entwicklung und Erziehung. Werkausg. Bd.6, Huber/ Klett-Cotta, Bern/Stuttgart 1982, 293-336.

Marquard, Odo (1963): Transzendentaler Idealismus, Romantische Naturphilosophie, Psychoanalyse. - Dinter, Köln 1987.

Marquard, Odo (1985): Futurisierter Antimodernismus. Bemerkungen zur Geschichtsphilosophie der Natur. In: Oswald Schwemmer (Hg.), Über Natur. Klostermann, Frankf.a.M. 1987, 91-104.

Neubaur, Caroline (1996): Rätselhafte Botschaften von der Mutter. Ein Kongreß in Wiesbaden sucht und fand Ziele der Psychoanalyse. - In: FAZ, Nr.285, 06.12.1996, 44.

Plessner, Helmuth (1964): Ein Newton des Grashalms? - In: Conditio humana. Ges. Schr. VIII, Suhrkamp, Frankf.a.M. 1983, 247-266.

Plessner, Helmuth (1965): Der Mensch als Naturereignis. In: ebendort, 267-283.

Rohde-Dachser, Christa (1991): Der Platz der Mutter in der Theorie der Psychoanalyse. - In: dies., Expedition in den dunklen Kontinent. Weiblichkeit im Diskurs der Psychoanalyse. Springer, Berlin/Heidelberg 1992, 204-220.

Schmidt, Rainer (1984): Befreiung durch rückkehrendes Erinnern. - In: Zs. f. Individualpsychologie, 9.Jg., 1984, 105-115.

Spaemann, Robert (1951): Der Begriff des "Natürlichen" und die Zivilisation. In: ders., Der Ursprung der Soziologie aus dem Geist der Restauration. Studien über de Bonald. Kösel, München 1959, 65-70.

Stephan, Cora (1999): Humaniora. Eine Kolumne. Schuldstolz. - In: Merkur, 53.Jg., 1999, 462-466.

Sulloway, Frank J. (1979): Das Vermächtnis der Darwinschen Revolution an Psychologie und Psychoanalyse. In: ders., Freud, Biologe der Seele. - Hohenheim, Köln-Lövenich 1982, 336-386.

Titscher, Eva (1987): Gibt es noch schulspezifische Unterschiede in den analytischen Behandlungen? - In: Zs. f. Individualpsychologie, 12. Jg., 1987, 91-97.

Tönnies, Sibylle (1993): Die konkrete Gemeinschaft. - In: Merkur 532, 47.Jg., 1993, 576-585.

Weizsäcker, Carl Friedrich von (1974): Modelle des Gesunden und Kranken, Guten und Bösen, Wahren und Falschen. In: ders., Die Einheit der Natur. DTV, München 1974, 320-340.

Wiegand, Ronald (1998): Individualisierung der Kindheit. - In: ders., Individualität und Verantwortung. Vandenhoeck & Ruprecht, Göttingen 1998, 104-121.

Wiegand, Ronald (2002): Buchbesprechung Gödde: Traditionslinien des "Unbewußten". - In: Zs. für Individualpsychologie, 27.Jg., 2002, 68f.

Yalom, Irvin D. (1989): Die Liebe und ihr Henker. [Love's Executioner]. Bertelsmann Tb. Nr. 72378, 3. Aufl., München 1999.

Lebensstil

Seit 1926 verwendete Adler den Begriff Lebensstil, dem er eine musikalische Natur zuschrieb. Anders als Freud, der mit dem Libidobegriff den Anschein des Neuen zu erwecken wußte, wählte Adler ein Wort der Umgangssprache für einen zentralen Gegenstand seiner psychologischen Lehre. Nach dem Zeugnis der Ansbachers (1995, 282) war er im allgemeinen sogar stolz darauf, keine neuen Entdeckungen gemacht zu haben, sondern stattdessen jeweils zu zeigen, was die Menschheit im großen ganzen schon lange wußte. Das Musikalische des Lebensstils erfassen wir nach Adler, wenn wir die verschiedenen Ausdrucksformen eines Menschen ihres Inhalts entkleiden. Zurück bleibt dann, im übertragenen Sinne des Wortes, die Melodie der Person. Melodien lassen sich indessen in unterschiedlichen Notenschriften aufzeichnen. So hält Ansbacher zum Beispiel auch die Diagnosen der klinischen Psychologie für Lebensstilbestimmungen, denn auch sie bezwecken, ein einheitliches und widerspruchsfreies Gesamtbild der untersuchten Person zu zeichnen. Eine andere Notenschrift sieht er in guten Biographien und in guter sonstiger Literatur verwendet. Anscheinend sind also die Unterschiede zwischen klinisch-diagnostischen Beschreibungen und dichterisch-literarischen Porträts, bei gleicher Melodie, kontextbedingt; es kommt darauf an, wofür sie verwendet werden oder auf wen sie wirken sollen. Romanhafte Ausschilderungen wenden sich an ein lesendes Publikum, und nicht selten haben sie im positiven oder negativen Sinne stilbildend gewirkt. Klinische Beschreibungen hingegen begründen Behandlungen und sie rechtfertigen Maßnahmen.

So gewinnt der Lebensstilbegriff im Kontext "guter Literatur" einen gehobenen Beiklang, währenddessen Behandlungen im medizinischen System uns eher an psychosomatische Erkrankungen denken lassen, und "Maßnahmen" sogar an psychiatrischen Zwang. Überdies ist im medizinischen System der klinisch-diagnostische Blick auf die einzelne Person eingeengt und bezieht allenfalls die Familie oder den Arbeitsplatz als unmittelbares Umfeld ein. Außermedizinisch hingegen kann von Lebenstil in viel weiteren Zusammenhängen gesprochen werden. So hat etwa der Soziologe Max Weber, nachdem er den Begriff von Alfred Adler übernommen hatte (Lipp 1989), damit Verhaltensformen und Werte bezeichnet, die jeweils eine soziale Gruppe in typischer Weise prägen. Menschliche Gruppen lassen sich jedoch in sehr unterschiedlicher Größe ins Auge fassen, als Familien, Dörfer, Geschlechter oder auch als Dialektgebiete. Man sagt *die Deutschen* oder *die Engländer*, man unterscheidet das *Abendland* vom *Morgenland*, die islamische Welt von der westlichen, spricht von Hemisphären und endlich auch von der Menschheit im ganzen. Adler sprach vom negativen Lebensstil des Patienten oder vom verzärtelten Lebensstil, und beidesmal ist die diagnostische Gruppe unbestimmt groß. Lebensstil im positiven Sinne läßt uns wiederum an bessere Kreise und an gutes Leben denken. Und in der Tat hatten auch schon die Philosophen in der Antike, wenn sie über das gute Leben nachdachten und dabei das Gemeinwesen im ganzen meinten, eine Oberschicht im Sinn, denn in der Sklavenwirtschaft wurden die Sklaven nicht mitgerechnet.

Stilordnung

Wenn Adler also den Lebensstilbegriff ab 1926 verwendet, und zwar im Sinne der individuellen Lebensbewegung, dann ist der geschichtliche und politische Hintergrund ins Auge zu fassen, auf den er damit reagierte. Die werthafte und wertende Dimension des Begriffs will ich zunächst an einer Äußerung Ernst Troeltschs demonstrieren, die aus dem Jahr 1916 stammt und also mitten im Ersten Weltkrieg formuliert wurde. Troeltsch war Theologe und Philosoph, er war Zeitgenosse Adlers und befreundeter Kollege Max Webers; er wird als weltgewandt und weltzugewandt beschrieben. 1916 also sagte er: *Das Jahr 1914 muß einen Fortschritt in der Freiheit bedeuten, aber diese Freiheit wird von französischen und englischen Nachahmungen sich lösen und eine deutsche Freiheit sein, die in erster Linie Sache der Gesinnung und des Lebensstiles, dann aber auch der klar erkennbare Geist unserer öffentlichen Einrichtungen sein muß. Die Westeuropäer mögen dann dazu sagen, was sie wollen.* - So verwendet, hat Lebensstil den Charakter eines politischen Kampfbegriffs. Wo Gesinnung, Geist und Lebensstil in der beschriebenen Weise deutsch sein sollen, da wird ein individueller Lebensstil zum Problem, wenn und insoweit er vom sogenannten *gesunden Durchschnitt* abweicht. Oder in umgekehrter Blickrichtung gesagt: Will man dem Einzelnen Lebensstil im Sinne eines individuell entstandenen und gelebten Sinnentwurfs zubilligen, dann dürfen überindividuelle Sinnbestimmungen, wie Troeltsch sie anspricht, keine zwingende Gültigkeit haben.

Adler könnte dann nicht Urteile über Lebensstile in der entschiedenen und oft groben Weise gefällt haben, wie

er es vielfach tat. Er spricht von einem neurotischen Lebensstil, von tendenziöser Apperzeption (*idiosyncratic
perceptions*), und als Meßlatte bei diesen Beurteilungen
verwendet er seit 1918 jedesmal das Gemeinschaftsgefühl (*community feeling*). Damit ist nur leider die Peinlichkeit verbunden, dass dieses Gemeinschaftsgefühl
eine Art Wieselwort darstellt, dass es als Inbegriff alles
Guten und Wahren Eigenschaften besitzt, die den Eigenschaften Gottes ähneln. Mit Recht wies Ursula
Oberst (1998, 164) kürzlich darauf hin, dass der Begriff
weder von Adler noch von einem seiner Nachfolger
jemals klar bestimmt worden ist. Adler redet von kosmischen Bedingungen und sieht die Menschheit vor der
Notwendigkeit, sich ihnen evolutionär anzupassen; er
malt also das Bild einer großen sinnhaften Ordnung.
Sehr ähnlich war in der katholischen Weltsicht von Gott
und göttlicher Ordnung die Rede, nur durfte der Mensch
dort angesichts der von Gott garantierten Ordnung eine
kontemplative Haltung einnehmen. Vor diesem Hintergrund ist Adler allerdings modern, denn er redet von Ar-
beitspflicht. Arbeit ist die Kompensation dafür, dass der
Kosmos uns zwar Lebenschancen bietet, der Mensch
aber nicht mehr Zentrum und Ziel des Ganzen ist. Bürgerliche Aufklärung hat diese Verschiebung bewirkt,
und so läßt sich der Lebensstilbegriff als Konsequenz
des bürgerlichen Individualisierungsprozesses auffassen: als Resignationsform universalen Wahrheitsan-
spruchs.

Indessen ist individualisierte Sinnfindung riskant. Adler
sieht sie als Werk des schöpferischen Kindes, mithin ist
sie oft kindisch genug. Deshalb wohl wollte er von einem *über*individuellen Pflichtenbegriff auch schon vor
dem Ersten Weltkrieg nicht ganz lassen. Er faßte ihn

damals als Gegenfiktion, und bereits deren Beschreibungen ähneln denen des göttlichen Willens. Wie aus diesem die zwölf Gebote als Forderungen an den Menschen entsprangen, so soll hier Berufung auf "die Traditionen der Gesellschaft" (Adler 1912, 115) ein Gleiches leisten. Adler formt dabei die christliche Hoffnung auf Erlösung am Ende aller Zeiten um in die Zuversicht einer fortwährenden evolutionären Vervollkommnung. Sie verlangt in seiner Sicht arbeitsame Pflichterfüllung und stete Anstrengung, und selten vergißt er den Säumigen zu drohen: sie würden dem geschichtlichen Vergessen und noch Schlimmerem überantwortet. Das Böse, welches sie ereilt, ist so zwar zunächst Folge ihrer neurotischen Drückebergerei. Aber diese Schuldkonstruktion steht und fällt doch mit dem Guten, welches der Kraft des Gemeinschaftsgefühls innewohnt. So brockt Adler sich eine ähnliche Schwierigkeit ein, wie die Theologie sie hat, wenn sie Gott als gütig und allmächtig hinstellt, aber gerade darum das Böse nicht erklären kann. Weil aber Gott, wenn allmächtig, auch das Böse zu verantworten hat, geriet er neuzeitlich unter kritische Anklage. Und auch Adler sah sich alsbald gezwungen, seine Idee vom Gemeinschaftsgefühl angesichts des Bösen in der Welt zu verteidigen. Er versuchte es mit der Unterscheidung zwischen einem "idealen Gemeinschaftsgefühl" und falschen Gestalten desselben, erzeugte damit jedoch ein Begriffs-Chamäleon, wie Witte (1988, 19) mit Recht kritisiert.

Demontage

Falsche Gestalten des Gemeinschaftsgefühls sah Adler in den beiden politischen Großreligionen des 20. Jahrhunderts am Werk, im sowjetkommunistischen Bolschewismus und im deutschen Nationalsozialismus. Um die Individualpsychologie davon abzusetzen, koppelte er seinen Begriff an den angelsächsischen Common sense an. Der aber ist von der schottischen Moralphilosophie geprägt worden, demnach von ihrem kulturellen Milieu gefärbt und nicht beliebig übertragbar. Und überdies gestand Adler seinen Anhängern ein, dass der Common sense auch nicht unveränderlich ist und somit keine feste Burg. Das schien ihm gegenüber den totalitären Bewegungen eine Schwäche, denn diese traten mit dem Anspruch auf, eine endgültige und objektive Wahrheit zu vertreten. Adler vermochte noch nicht, ihnen gegenüber die Freiheit des Einzelnen ins Spiel zu bringen und die populären Gemeinschaftsphilosophien durch einen radikalen Subjektivismus anzugreifen. Denn dagegen stand ja seine Kritik an den individuellen Leitfiktionen, die mit ihrer Infantilität noch ins Erwachsenenalter hineinwirken. Erst nach dem Zweiten Weltkrieg fand eine *skeptische Generation*, wie sie 1957 von Helmut Schelsky gesichtet wurde, den Mut, ausnahmslos alle politischen und wissenschaftlichen Aussagesysteme mit der Diagnose des Subjektivismus zu belegen. Ein frühes Meisterwerk lieferte Thomas Kuhn 1962 mit seinem Essay über *Die Struktur wissenschaftlicher Revolutionen*. Einen weiteren Glanzpunkt bildete 1966 *Die gesellschaftliche Konstruktion der Wirklichkeit* von Berger & Luckmann. Ihre inzwischen klassische Studie brachte auch den Terminus *Konstruktivismus* ins Spiel. Dessen intellektuelle Wirkung entfaltete sich jedoch erst allmählich.

Denn im besiegten Deutschland hatten die Humanwissenschaften zunächst versucht, sich auf der Suche nach neuer Orientierung an die USA anzulehnen. Von dort importierten sie die strukturell-funktionale Theorie, wie sie besonders von Talcott Parsons vertreten wurde. Sie war eine ganzheitliche Organismustheorie konservativen Zuschnitts und wollte das Individuum vor allem zum reibungslosen Funktionieren im Rahmen eines demokratischen Normengefüges erziehen. Auch das linke Gegenprogramm kam aus den USA, denn das Frankfurter Institut für Sozialforschung, Wortführer der Kritischen Theorie, hatte sich in den USA in Sicherheit gebracht und war erst nach Kriegsende zurückgekehrt (Soeffner 1991). 1944 hatte Adorno in den Staaten eine Umkehrung des berühmten Hegelsatzes *Das Ganze ist das Wahre* niedergeschrieben, vermutlich mit Blick auf das nationalsozialistische Deutschland. Nun aber, auf westdeutschem Nachkriegsboden und in den Ost-West-Gegensatz des Kalten Krieges eingespannt, gewann diese Absage an Staat und falsche Obrigkeit eine antiautoritäre Stoßrichtung gegen den jungen Staat der Bundesrepublik und seine vom Westen übernommene politisch-wirtschaftliche Verfassung. Der damit verbundene westliche Antikommunismus wurde von einer gegen die Vätergeneration mißtrauischen Jugend ebenfalls abgelehnt. Sie setzte ihm einen Anti-Antikommunismus entgegen, der die Sowjetunion rosig verklärte und Marxens hundertjährige Kapitalismuskritik als Beschreibung der aktuellen Weltlage nahm. Die Bevölkerungen der Dritten Welt gaben darin das Proletariat, die Erste Welt galt als Gesamtkapitalist und wurde im Sinne des 1973 von Wallraff lancierten Slogans "Ihr da oben, wir da unten" abgelehnt.

Emanzipation wurde zu einem Losungswort, mit dem besonders Teile der Erziehungswissenschaftler und viele freudo-marxistische Psychotherapeuten agierten und agitierten, besonders wohl auch deshalb, weil sich damit wenig positive und konkrete Ziele verbanden, so dass man *dagegen* sein konnte, ohne sich allzusehr festlegen zu müssen (Spaemann 1974). Neben der Emanzipationsliga formierte sich nach dem 1967er Berlinbesuch des persischen Schahs eine militante Linie, die mit Brandbomben und Attentaten politischen Widerstand zu leisten glaubte. Heute, eine Generation später, lässt das breite Spektrum und uneinheitliche Erscheinungsbild dieses nachgeholten deutschen Ungehorsams seine Wesensverwandtschaft erkennen mit der globalen und unspezifischen Verneinung in Adornos Satz von 1944: *Das Ganze ist das Unwahre*. Von der Kritik ausgenommen blieb etliche Jahre nur die Sowjetunion. Das hatte sie weniger ihren inneren Zuständen zu verdanken als vielmehr der im Achtundsechzigermilieu verbreiteten Frontstellung gegen den Westen. Erst als auch einige linke Intellektuelle begannen, dem Marxismus seine theoretische Vormachtstellung zu bestreiten und sie den sowjetischen Anspruch angriffen, eine objektive historische Wahrheit zu verkörpern, konnte der Konstruktivismus stärker zum Zuge kommen und seine Skepsis gegen objektive Wahrheitsansprüche jedweder Couleur entfalten. Besonders starken Anhang hat er damit in feministischen Kreisen gefunden. Weil sich die skeptische Entlarvungsabsicht jedoch auch auf alle möglichen anderen Gegenstände bezieht, zeigt der Konstruktivismus ebensowenig politische Einheitlichkeit wie die vorangegangene Periode (Hacking 1999, 70).

Schrumpfgott

Diese Unübersichtlichkeit bietet nun auch gelegentlichen Versuchen Deckung, Adler als frühen Konstruktivisten zu deuten. Im Wege steht dabei zwar der objektive Wahrheitsanspruch, wie er in vielen seiner Äußerungen über das Gemeinschaftsgefühl durchklingt. Interpretiert man seine Predigt indes in Vaihingerscher Manier als die Empfehlung, sich auf den menschheitsnützlichsten gemeinsamen Irrtum zu einigen, dann gewinnt das Gemeinschaftsgefühl den Charakter einer kollektiven Fiktion. Weil sie aber auch als Fiktion noch den Lebensstil kollektiv normieren soll, gerät sie dennoch in Konflikt mit dem Freiheitsanspruch des Einzelnen. Denn der Konstruktivismus steht eigentlich für die Forderung, jeden Menschen über Inhalt und Form seiner Lebensführung selbst entscheiden zu lassen. Die Gefahr individueller Unvernunft, gegen welche Adler das Gemeinschaftsgefühl ins Feld führen wollte, blendet er dabei mittels Rückgriff auf das naturphilosophische Konzept der Autopoiese aus. Dieses wurde anfangs der siebziger Jahre von Maturana und Varela eingeführt, um die Fähigkeit lebender Systeme zu beschreiben, sich selbst auszugestalten. *Poiese* oder Gestalten, Machen gehört zur griechischen Wurzel des Wortes *Poesie*. Niklas Luhmann hat das Konzept später in seine Systemtheorie übernommen. Und bei ihm kann man nachlesen (1985, 80), dass dem als autopoietisch interpretierten Individuum Merkmale und Kräfte zugesprochen werden, die vormals als Eigenschaften Gottes galten. Autopoiese läßt sich mithin als eine säkulare Schrumpfform göttlichen Schöpfertums verstehen.

Wo vormals Gott als das objektive und sich selbst erhaltende Ganze gedacht war, tritt jetzt das Individuum an seine Stelle und erschafft sich autopoietisch, oder zumindest: es wird dazu aufgerufen. Das ist modern und deshalb nicht neu (Gumbrecht 1985, 746ff., 776). Aber der Aufruf war und ist für viele Menschen eine Zumutung und das verschaffte den politischen Religionen des 20. Jahrhunderts ihren Zulauf. Denn Sowjetkommunismus und NS-System praktizierten kollektive Bevormundung mit Objektivitätsanspruch und entlasteten so die Einzelnen von individueller Verantwortung und subjektivem Schuldgefühl. Nach dem Zusammenbruch beider Regime hatte es am Ende des 20. Jahrhunderts den Anschein, als sei der Individualismus in Gestalt der westlichen Menschenrechtsforderungen ein erhebliches Stück vorangekommen. Philosophischer Subjektivismus nahm als Konstruktivismus Gestalt an. In beiden Ausdrucksformen ist er indessen nicht in Deckung mit Adlers Vorstellungswelt. Beim "frühen" Adler – den *Nervösen Charakter* (1912) schrieb er mit gut vierzig Jahren - haben wir jedenfalls einen theoretischen Dualismus vor uns. Die leitende Fiktion des Kindes und des Einzelnen wird pariert durch eine Gegenfiktion, die den Hort kollektiver Vernunft bildet. Adler sprach sich hier für ein Gleichgewicht zwischen Egoismus und Altruismus aus und definierte seelische Gesundheit als Ausgewogenheit von selbstbestimmtem Lebensstil und sozialverantwortlichem Gemeinsinn. Der "späte" Adler hinwieder sah im Ersten Weltkrieg einen Zusammenstoß nationaler Egoismen und schob – mit den bereits angesprochenen Folgeproblemen – das Gewicht der Vernunft erschrocken ganz auf die kollektive Seite hinüber.

Jetzt wurde Lebensstil fast identisch mit neurotischer Lebensstilentwicklung, der Patient zu einem Zögling, die Individualpsychologie pädagogisch und kollektivistisch. Freud hat das genüßlich aufgespießt, als er sich 1927 in seinem *Nachwort zur Laienanalyse* an *unsere Gegner, die Adlerschen Individualpsychologen* wandte und folgendes behauptete: *Wir Analytiker setzen uns eine möglichst vollständige und tiefreichende Analyse des Patienten zum Ziel, wir wollen ihn nicht durch die Aufnahme in die katholische, protestantische oder sozialistische Gemeinschaft entlasten, sondern ihn aus seinem eigenen Inneren bereichern, indem wir seinem Ich die Energien zuführen, die durch Verdrängung unzugänglich in seinem Unbewußten gebunden sind, und jene anderen, die das Ich in unfruchtbarer Weise zur Aufrechterhaltung der Verdrängungen verschwenden muß. Was wir so treiben, ist Seelsorge im besten Sinne.* - Als Konsequenz dieser Behauptung mußte er dann allerdings den Einfluß herunterspielen, den der Therapeut im Prozeß ausübt und ihm eine bloße Spiegelfunktion zuweisen. Ähnlich dissimulierend wird heute von konstruktivistischer Seite gefordert, der Therapeut solle dem Patienten nur helfen, seine irrtümlichen Vorstellungen zu dekonstruieren, sich dann aber unwissend stellen, er solle eine *not-knowing-attitude* einnehmen (Oberst 2002, 250, 252). Insbesondere müsse er sich die Diagnose versagen, der Patient sei im Irrtum oder befinde sich im Widerstand, und es stattdessen dem Patienten überlassen, sich im Geiste wissenschaftlicher Forschung neu zu erfinden und zu erproben.

Wandel-Ich

Das ist autopoietische oder auch "postmoderne" Ideologie. Der Postmodernismus oder Sozialkonstruktivismus führt einen geisteswissenschaftlichen Angriffskrieg gegen den naturwissenschaftlichen Realitätsbegriff (Glotz 2002). Er interpretiert alle konkrete Wirklichkeit fiktionalistisch und gibt sich erkenntnistheoretisch wahrheitslos. In der psychotherapeutischen Praxis jedoch oder jedenfalls in ihren gedruckten Beschreibungen ist die Diagnose "Widerstand" keineswegs selten und Analytiker nehmen wertend Stellung. Konstruktivistisch wird vom Therapeuten nicht nur verlangt, *empathy* und *collaboration* zu üben, sondern auch *co-construction of meaning* zu betreiben (Oberst, ebd.). Das "Ko-" dieser Ko-Konstruktion aber kann doch nur heißen, dass der Prozeß ein gemeinsamer ist, ja sogar ein kollektiver, insoweit nämlich der Therapeut in der Rolle eines generalisierten Anderen auftritt. Auch Klaus-Jürgen Bruder (1998, 256ff.) spricht, trotz seines konstruktivistischen Engagements, vom Widerstand des Patienten. Er nennt die Anwesenheit des Analytikers nötig, weil er Instanz der Anerkennung ist, und zustimmend zitiert er die Worte Lacans: *Sobald die Frage des Subjekts die Form eines wahren Sprechens angenommen hat, sanktionieren wir sie durch unsere Antwort*. Resümierend möchte ich deshalb sagen: Freud und nach ihm die Konstruktivisten vertreten einen extremen Individualismus. Sie bagatellisieren deshalb sowohl die Unvernunft der Patienten als auch den normativ korrigierenden Einfluß, welchen sie selbst auszuüben streben. Adler hinwieder bringt individuellen Lebensstil und Neurose mehr oder weniger zur Deckung und spricht vom Gemeinschaftsgefühl fast wie von einem göttlichen Gebot.

Während des Aufblühens der antiautoritären Bewegung wirkte diese Position Adlers moralisch altbacken. Denn jene favorisierte zunächst das autopoietische Individuum als mögliche Quelle des sozialen Nonkonformismus. Etliche Individualpsychologen bevorzugten entsprechend den jungen, den vaihingersch-fiktionalen Adler. Lebensstil als individuelle Gestaltungsaufgabe, im Geist wissenschaftlichen Experimentierens betrieben, sollte an keine Vorgaben der bürgerlichen Moral gebunden sein. Wissenschaft als unendlicher Progress, durch neuartige Erkenntnisse oder neue fiktionale Annahmen immerdar bis in seine Grundfesten revisionsoffen, das verlangte, in "gesunden" Lebensstil übersetzt, die Ablehnung überkommener Formen, das *mutable self* als Charakter, einen flexiblen Menschen. Weil aber Lebensstil auf Differenz angewiesen ist, Identität das Sich-Unterscheiden von anderen verlangt, deshalb wohnt dem Prozeß einerseits eine Neigung inne, immer atemloser auf immer exotischere Muster auszugreifen, um im Übertrumpfungswettbewerb zu bestehen. Der Philosoph und Soziologe Georg Simmel notierte das schon vor hundert Jahren, als er die Merkmale modischer Prozesse beschrieb. Andererseits wiederum sind nur Originalgenies individualitätstauglich, und so folgen die anderen seit jeher unreflektiert und herdenartig der Maxime . . . *und kannst du selber kein Ganzes werden, als dienendes Glied schließ' an ein Ganzes dich an* (Simmel 1908, 384). Längst nutzt die Werbung dieses Prinzip aus, indem sie individuelle Einzigkeit verspricht, wo sie serielle Gleichheit verkaufen hilft (Küchenhoff 1988, 168f.).

Entziehen kann sich dem Druck der Moden fast niemand. Selbst den englischen Adeligen hat es wenig genützt, betont alte Jacken und Hosen zu tragen, um nicht modisch zu wirken. Alsbald wurden Lederflicken an den Ärmelecken selbst zur Mode. Und wenn heutzutage in der westlichen Welt Hunderte verschiedenartiger Psychotherapien feilgeboten werden, dann haben wohl auch hier Prozesse modischer Differenzierung ihr Werk getan. Allen Moden ist das Muster eigen, den Anhängern nach innen hin ein Gefühl der Zugehörigkeit zu vermitteln und ihnen nach außen, gegen die Anderen eine Unterscheidung zu ermöglichen, die das Selbstgefühl hebt. Der Kampf ums Dabeisein wird sowohl über Preise geführt, etwa nach dem Motto *Es war schon immer etwas teurer, einen guten Geschmack zu haben*, als auch über Mutproben wie in den Extremsportarten, oder auch, bei Wissenschaftlern zum Beispiel, übers Zitiertwerden. Adlers Handhabung des Lebensstilbegriffs ist von hier aus gesehen anti-modisch. Bei ihm individualisiert sich der Patient durch private Logik gegen den Common sense, und die Aufgabe der Therapie besteht darin, ihn aus dieser Absonderung herauszuholen und in die Gemeinschaft zu integrieren. Seelische Gesundheit ist also das Allgemeine als ein Positives, Neurose das Individuelle als ein Negatives. Das korrespondiert mit der altjüdischen Redewendung, die da lautet: Es sei merkwürdig, dass Gott so viele verschiedene Krankheiten, aber nur eine einzige Gesundheit geschaffen habe. Schon Simmel hat hier jedoch Zweifel angemeldet und mit dem Satz widersprochen, dass gerade gesund ein jeder nur auf seine Weise ist.

Moderne

Viel eindeutiger nämlich lassen sich Krankheitszustände zu typischen Gruppen zusammenfassen. Auch ist die Krankheit ihrem Sinne nach auf den Tod gerichtet, *der das schlechthin Allgemeine, alle Unterschiede Verlöschende ist*. Seelische Gesundheit oder Glück erscheint demgegenüber als individuell, sozusagen zufällig und als eigentlich undefinierbar, weil in viel höherem Maße von der Gunst seltener Kombinationen abhängig. Und so verkehrt Simmel die jüdische Spruchweisheit in ihr Gegenteil, indem er findet, dass *unsere Sünden viel mehr generellen, typischen Charakter tragen, als unser Tiefstes und Bestes* (Simmel 1918, 181f.). Ich meine, Individualpsychologen sollten dieser Sichtweise nachsinnen und Adlers Lebensstilbegriff nicht länger nur als ein Synonym für Neurose nehmen. So erfassen sie zwar die zugespitzten Idiosynkrasien, übersehen aber den verbreiteten Konformismus des Lebensstils dort, wo die Werbeindustrie das Abgrenzungsbedürfnis benutzt, um gerade Massenartikel zu verkaufen. Zwischen diesen Extremen wiederum liegen diejenigen Bezirke individueller Selbststeigerung, welche die menschliche Kultur im guten Sinne bereichern. Angesichts eines derart erweiterten Spektrums behielte einerseits Adlers Diagnose ihr Recht, dass der Neurotiker durch die Starrheit seines Lebensstils auffällig sei und deshalb eine Art vorweggenommener Totenmaske trage. Andererseits aber würde gesehen, dass es daneben auch Lebendigkeit und Lust am Neuen gibt, welche sich in den modischen Bewegungen Ausdruck verschafft (Wiegand 1990). Das Recht auf solche Besonderheit ermöglicht die Buntheit des Lebens in einer freien Gesellschaft.

Und auch die westlichen Wissenschaften zeigen diesen Geist der Freiheit, wenn sie den etablierten Theorien immer wieder neue Entwürfe entgegensetzen, die eigentlich "nicht gehen" - manchmal aber eben doch. Zwar hat die unbekümmerte technische Anwendung wissenschaftsgenerierter Möglichkeiten mehr und mehr ungewollte Nebenwirkungen erzeugt, durch die die anfangs hohen Fortschrittserwartungen gedämpft wurden. Aber diese Entwicklung läßt sich heute nicht mehr einfach umkehren, denn die unter dem Einsatz solcher technischen Mittel gewachsene Weltbevölkerung wäre ohne sie nicht zu ernähren. Es hilft deshalb nicht aus der

Verlegenheit, ein egalitäres Gemeinschaftsgefühl zu propagieren, wie es auf der Ebene des Stammes oder auch noch der griechischen Stadtstaaten ausreichend war. Wozu das unter Bedingungen der technischen Zivilisation führt, haben wir Deutschen schmerzhaft ausprobiert. Wie damals gegen die *jüdisch-plutokratische Weltverschwörung* zum letzten Gefecht aufgerufen wurde, wird in den verspäteten Nationen heute die Unzufriedenheit der Massen gegen *Israel* und gegen *Globalisierung* gelenkt. Globalisierung aber steht nicht nur für Marktwirtschaft, sondern auch für Menschenrechte und Demokratie. Nur sie macht bei steigenden Kosten des wissenschaftlich-technischen Fortschritts diesen für alle erreichbar. Wissenschaftliche, technische und wirtschaftliche Konkurrenz bedeutet nicht unbedingt friedlichen, wohl aber unkriegerischen Austausch und ist die Alternative zur Wiederholung des deutschen Furors in islamistischer Montur und auf noch höherer Stufenleiter der Zerstörung.

Für eine Zunahme der Besonnenheit in der westlichen Welt sprechen die Öko-Bewegungen und die in ihrer Folge aufkommenden ethischen Selbstverpflichtungen. Dass sie oft nur Lippenbekenntnis sind, steht ihrer längerfristigen Wirksamkeit nicht entgegen, wie schon Kant wußte. Gelingt es so, das Prinzip Selbstbestimmung, welches im privaten Lebensstil der westlichen Welt Gestalt gewonnen hat, von innen her einer Logik der Selbstbegrenzung zu unterwerfen, so dass die Einzelnen wie die Völker ihre Freiheit auf ein verträgliches Maß zurückstecken, dann ist seine Verteidigung jede Anstrengung wert. Der andere Rettungsweg verläuft nämlich über autokratische Staatsformen, die menschlich, wirtschaftlich und auch ökologisch allemal höhere

Kosten bei geringerem Gesamtertrag bedeuten. Freiwillige Selbstbeschränkung ist freilich ein asketisches Ideal. Wo in der psychoanalytischen Praxis daran gearbeitet wird, scheint Freuds Rede von den drei unmöglichen Berufen – Erziehen, Regieren, Psychotherapieren – nicht zu veralten. Andererseits ist der Religionsschwund in den westlichen Ländern zu vorgeschritten, um zur seelischen und politischen Kontrolle durch Gott respektive durch seine irdischen Vertreter zurückzukehren. Auch die Versuche der politischen Ersatzreligionen des 20. Jahrhunderts, des Nationalen und des Internationalen Sozialismus, den Lebensstil kollektiv und drakonisch zu kontrollieren und Gleichheit zu erzwingen, wurden am Ende vom Verlangen nach Freiheit besiegt. Wenn nun der Islamismus, nicht gleichzusetzen mit dem Islam, ein weiteres Mal in diese unselige Richtung strebt, dann lohnt es wohl, die musikalische Natur des modernen Lebensstils und sein reiches Repertoire nicht nur vom neurotisch-monotonen Singsang zu unterscheiden, sondern auch dem Versuch zu wehren, ihn auf den Ruf des Muezzin zu reduzieren.

Literatur:

Adler, Alfred (1912): Über den nervösen Charakter. Grundzüge einer vergleichenden Individualpsychologie und Psychotherapie. Kommentierte u. textkritische Ausgabe, hrsg. von K.H.Witte, A.Bruder-Bezzel, Rolf Kühn. Vandenhoeck & Ruprecht, Göttingen 1997.

Adorno, Th.W. (1944): Zwergobst. – In: ders., Minima Moralia. Suhrkamp, Frankf.a.M. 1951, 77-80.

Ansbacher, H. (1995): Lebensstil. - In: Brunner /Titze (Hg.), Wörterbuch der Individualpsychologie. München: Reinhardt 2.Aufl. 1995, 281-291.

Bruder, K.-J. (1998): Die Auflösung der Fesseln der Fiktionen im analytischen Sprechen. – In: Zs. f. Individualpsych., 23.Jg., 1998, 244-259.

Glotz, Peter (2002): Der Haß auf die Naturwissenschaften. Eine Polemik zum "Zweikulturenwahn". - In: Forschung & Lehre, 10/2002, 532-534.

Gumbrecht, H. U. (1985): Schwindende Stabilität der Wirklichkeit. Eine Geschichte des Stilbegriffs. In: H. U. Gumbrecht & K. L. Pfeiffer (Hg.), Stil. Suhrkamp (stw 633), Frankf.a.M. 1986, 726-788.

Hacking, I. (1999): Was heißt "soziale Konstruktion"? Fischer Tbv., Frankf.a.M. 1999.

Küchenhoff, J. (1988): Der Leib als Statthalter des Individuums? In: M. Frank & A. Haverkamp (Hg.), Individualität. Poetik & Hermeneutik XIII, Fink, München 1988, 167-202.

Lipp, W. (1989): Leben. – In: G. Endruweit, G. Trommsdorf (Hg.), Wörterbuch der Soziologie, Bd.2, Stuttgart: Enke 1989, 397ff.

Luhmann, N. (1985): Die Autopoiesis des Bewußtseins. - In: A.Hahn & V.Kapp (Hg.), Sclbstthcmatisicrung und Selbstzeugnis - Bekenntnis u. Geständnis. Suhrkamp (stw 643), Frankf.a.M. 1987, 25-94.

Müller, H.-P. (1987): Lebensstile. Ein neues Paradigma der Differenzierungs- und Ungleichheitsforschung? - In: Kölner Zs. f. Soz, 41.Jg., 1989, 53-71.

Oberst, U. & Stewart, A. (2002): Individual Psychology: Advancing Adlerian Psychotherapy (Arbeitstitel), London: Taylor & Francis, 2002 (in press).

Oberst, U. (1998): Alfred Adler's Individual Psychology in the Context of Constructivism. - In: Constructivism in the Human Sciences, vol.3, 1998, 153-177.

Simmel, G. (1908): Das Problem des Stiles. In: Gesamtausg. Bd.8; Suhrkamp (stw 808), Frankf.a.M. 1993, 374-384.

Simmel, G. (1918): Das individuelle Gesetz. - In: ders., Lebensanschauung. Duncker & Humblot, München/Leipzig 1918, 154-245.

Soeffner, H.-G. (1991): Rekonstruktion statt Konstruktivismus. 25 Jahre "Social Construction of Reality". - In: Soziale Welt, 43.Jg., 1992, 476-481.

Spaemann, R. (1974): Emanzipation - ein Bildungsziel? - In: ders., Zur Kritik der politischen Utopie. Klett, Stgt. 1977, 142-157.

Troeltsch, E. (1916): Die Ideen von 1914, zit. n. Haverkrate, G. (1990): Staat und Souveränität. - In: Brunner/ Conze/ Koselleck (Hg.), Geschichtl. Grundbegriffe, Bd.6, Stuttgart: Klett-Cotta 1990, S. 90

Wiegand, R. (1990): Ästhetik des Lebensstils. In: ders., Alfred Adler und danach. Individualpsychologie zwischen Weltanschauung und Wissenschaft. Reinhardt, München 1990, 102-110.

Witte, K. H. (1987): Das schielende Adlerauge - oder wie Alfred Adler die Schätze seiner ursprünglichen Theorie übersah. - In: Zs. f. Individualpsych., 13.Jg., 1988, 16-25.

Über Fortschritt

"Prognosen sind be-
sonders schwierig,
wenn sie die Zukunft
betreffen."
Karl Valentin

Psychologisch gesehen ist der Glaube an den Fortschritt schwerlich zu entbehren. Als Isaak Iselin 1768 eine Geschichte der Menschheit veröffentlichte, bekannte er treuherzig, dass die wachsende Vollkommenheit vielleicht nur ein schmeichelnder Traum sei, aber dennoch zu tröstlich, als dass man ihn so leicht fahren lassen könnte. Vor ihm wußte schon Fontenelle, wie nützlich es ist, sich eine bessere Zukunft einzubilden (Koselleck 1975, 411). Später, 1833, nannte Heinrich Heine den Glauben an Fortschritt zwar *die neue Religion* - doch hinderte das Alfred Adler weitere hundert Jahre später nicht an dem Versuch, diesen Glauben anthropologisch zu begründen. Das Leben des Einzelnen wie der Masse, so meinte er, werde von einem Kompensationsprozeß vorangetrieben, der auf gefühlte oder vermeinte Minderwertigkeiten antwortet. Zielpunkt des Prozesses sei die stetig wachsende Kultur der Menschheit, die in sich alle nützlichen und nutzbaren Beiträge der Generationen sammelt und weitergibt. In diesem Optimismus ließ Adler sich weder durch die Vernichtungsorgien des Ersten Weltkriegs beirren noch durch die Bedrohungen, welche in Europa von Bolschewismus und Nationalsozialismus ausgingen. Er gestand lediglich zu, dass der Fortschritt als Ausgleichsprozeß zeitweise *mangels nützlicher Beiträge* gebremst werden könne, grundsätzlich jedoch sei er nicht aufzuhalten (Adler 1937, 165f).

Adlers Zugeständnis hat freilich einen Preis, den alle zahlen mußten und müssen, die sich dieser Argumentationsfigur bedienen, ob das Hegel war oder vor ihm Condorcet, Pascal, Leibniz oder der eingangs erwähnte Iselin.

Denn wer zwischen bremsenden und beschleunigenden Momenten der Geschichte unterscheiden will, muß die geschichtlichen Ereignisse mit einer *eigentlichen* Geschichte hinterlegen, weil man ohne Konstruktion einer solchen "Hinterwelt" nur die einzelnen Ereignisse und Taten hat, aus deren Bericht sich der geschichtliche Ablauf zusammensetzt (Koselleck 1975, 401). Sie aber sagen für sich nichts darüber aus, ob die Geschichte das Werk eines göttlichen lenkenden Geistes sei oder aus eigenen inneren Kräften vorangetrieben wird. Sie beantworten nicht die Frage nach dem schlußendlichen Zweck des ganzen Ablaufes und ob es überhaupt einen solchen letzten Zweck gibt. Ebensowenig geben die einzelnen Momente des geschichtlichen Geschehens Auskunft darüber, ob die ganze Bewegung als Fortschritt zu fassen sei, ob die historischen Bewegungen überhaupt eine Einheit bilden und wenn ja, ob dann jedes kleinste Element derselben Sinn und Bedeutung für sich habe oder sich diese erst am Ende als kosmisches Resultat ergeben werden. Fragt man nun aber nach derjenigen absoluten Wirklichkeit, die, wie das Kantische Ding-an-sich, *hinter* aller sichtbaren Geschichte und deshalb außerhalb der Reihe der Erscheinungen bleibt, so ist jede Antwort insofern meta-physisch, als sie etwas über ein Verhältnis aussagt, das zwischen den Tatsachen und einem ihnen irgendwie jenseitigen Prinzip herrscht (Simmel 1892, 381ff.). Der Vorwurf, Metaphysik zu betreiben, läßt sich allerdings um den Preis vermeiden, für die historische Deutung bloß den Status einer subjektiven Auslegung zu beanspruchen.

Geschichte als Blickwinkel

Denn es gibt die Möglichkeit, geschichtliche Zusammenhänge als Ergebnis der individuellen Perspektive aufzufassen, die der Betrachter an seinen Gegenstand anlegt. So kann jemand geschichtliche Ähnlichkeiten als regelhafte Wiederholungen deuten, ihnen ein "Gesetz" unterlegen. Oder er kann aller bisherigen Geschichte den Endzweck unterlegen, die menschliche Individualität zur Ausbildung zu bringen. Ohne großen Widerspruch zum Ablauf der einzelnen Tatsachen wird er dann den je gegenwärtigen Erfahrungsstand als Grad der erreichten Individualisierung werten. Für die Historiker, soweit sie die Geschichte einzelner Begebenheiten und überschaubarer Zeitabschnitte studieren, bleibt es einerlei, ob jemand "oberhalb" der Einzelbefunde noch ein eigentlich treibendes Moment sehen will, ob er das Ganze auf Individualisierung oder aber auf Gleichheit zulaufen, ob er Gott oder gerade den Antichrist *hinter* dem geschichtlichen Geschehen wirken sieht. Ebensowenig ändert es die Sachlage, wenn die geschichtlichen Tatsachen unter dem Gesichtspunkt ihres Wertes betrachtet und entweder der Gesamtzweck oder aber einzelne Vorkommnisse positiv oder negativ bewertet werden. Schließlich ist es möglich, einerseits einen Gesamtzweck der geschichtlichen Abläufe überhaupt zu leugnen und es andererseits dennoch als wertvoll zu empfinden, dass dieses oder jenes Einzelne existiert hat oder passiert ist. Die historische Wertung ist sicherlich am subjektivsten, die Suche nach Ähnlichkeiten und Regelhaftigkeiten wird umso objektiver sein können, je kleiner die betrachteten Ausschnitte aus dem Gesamtgeschehen sind.

Umgekehrt muß eine immer größere Fülle an geschichtlichen Einzelheiten plausibel einordnen, wer dem Geschichtsprozeß längerfristige Zwecke unterstellt oder gar einen durchgängigen Zweck. Die Unterscheidung zwischen Wunsch und Wirklichkeit, zwischen Wertung und Wahrheit, zwischen der objektiven einzelwissenschaftlichen und der subjektiven gesamthaften Betrachtung bietet deshalb mannigfaltige Übergänge - und schillernde Versuchungen. So suggeriert zum Beispiel die marxistische Rede von der *historischen Notwendigkeit* eine geschichtliche Kausalität, die sich bei näherer Betrachtung in den meisten Fällen auflöst. Die unterstellte gesetzmäßige Verursachung entpuppt sich als Wertung, sie wird den Ereignissen aus moralischer Ansicht heraus zugesprochen. Wenn Reiche zusammenstürzen, die man für korrupt ansieht, wenn ruchlose Persönlichkeiten bestraft werden oder ins Namenlose zurücksinken, dann hat diese Rede ungefähr den gleichen Gefühlston wie die alltägliche Feststellung *Das mußte ja so kommen* (Simmel 1892, 386f.). Es ist die Genugtuung darüber, dass ein zweckmäßiges Gleichgewicht der Dinge sich wiederhergestellt hat oder dass eine vermeinte sittliche Weltordnung durchgesetzt wurde, die uns die moralische Wertung als eine kausale Aussage empfinden läßt. Und andererseits läßt der Wunsch nach einem besseren Leben oder nach einer sinnvolleren Existenz viele gern an eine historische Notwendigkeit glauben.

Die marxistische Ideologie schillerte jedoch vor 1918, bevor die Sowjetunion ins Spiel kam, auch noch deshalb, weil die immer sichtbarer heraufziehende neue

Welt der Technik und Industrie nicht nur vielversprechend, sondern gleichzeitig unheimlich war. Gegen das
nicht Geheure etablierten sich rückwärts gewandte
Wunschphantasien einer älteren Gemeinschaft, die es
faktisch so niemals gab. Auch die anderen politischen
Lager waren von einem Für und Wider zum technischen
Fortschritt durchzogen. Pessimistischen Dekadenzphilo-
sophien standen Vervollkommnungstheorien gegenüber,
welche sogar eine endgültige Bezwingung der Naturkräfte voraussagten. Optimistisch werteten sie Europa
und Amerika keineswegs als zivilisatorische Spätzeit,
sondern im Gegenteil als Beginn einer Epoche, die nie
mehr enden sollte. Diesem Arbeitsoptimismus breiter
Mittelschichten opponierten ständische Gruppierungen,
für die die neue Industriewelt gesellschaftlichen Abstieg
bedeutete. Für den Marxismus war es eine Zerreißprobe,
ob er die vom Industrialismus nur elend ernährten
Massen zum Sturm gegen die Maschinen aufrufen sollte
oder gerade zur entschlossenen Unterstützung der in
ihrer Fortentwicklung steckenden Möglichkeiten, von
der diese unteren Schichten auch sozial profitieren
mochten. Zehn Jahre vor der nationalsozialistischen
Machtergreifung hat dann Helmuth Plessner (1924) aus
der Mitte heraus gewarnt und es ein aussichtsloses Programm genannt, von den Maschinen fortzulaufen und
auf den Acker zurückzukehren.

Fortschritt der Monisten

Fragt man, wo Alfred Adler und die Individualpsychologie sich in diesem politischen Spektrum einordnen
ließen, so wäre der Blick vielleicht auf einen Seiten-
strang zu richten und eine gewisse Ähnlichkeit seines
Denkens mit dem materialistischen Monismus festzu-

stellen. Dieser organisierte sich in weltanschaulichen Kreisen, für die Namen wie Ernst Haeckel und Ludwig Büchner stehen. Ihr Verständnis praktischer Politik war vor allem auf positive materialistische Wissenschaft gegründet, und von hier aus propagierten sie eine Reformvernunft, die nicht im Hegelschen Sinne beim Staat angesiedelt sein sollte, sondern in der Gesellschaft aufgeklärter Bürger (Lübbe 1963, 146). Wohl nicht zufällig stand bei der monistischen Gründung einer deutschen Gesellschaft für ethische Kultur ein amerikanisches Vorbild Pate, denn 1876 hatte Felix Adler - meines Wissens mit Alfred Adler nicht verwandt - in New York eine fast gleichnamige Gesellschaft ins Leben gerufen. Monistischer Überzeugung widersprach der Freund-Feind-Dualismus des politischen Denkens, ihrem Leitbild entsprach die Einheit der Wissenschaften. Deshalb wollten die Monisten in parteipolitisch ungebundener Weise der Sache des menschheitlichen Fortschritts dienen (Lenzen 2003). Zur moralischen Basis wählten sie eine positivistische Ethik des Glücks, die sie aus dem Prinzip der Gegenseitigkeit ableiteten. So ließ sich der Dualismus vermeiden, die notwendigen Einschränkungen des Lust- und Glückstrebens als fremdes Gebot zu sehen, das von einer äußeren Instanz auferlegt wird.

Das Ziel aller monistischen Bestrebungen hieß Harmonisierung der Interessen. Weil nun aber der Einzelne in konkreten Situationen seinen Vorteil sucht, ohne stets zugleich auf das Ganze und auf die Länge des eigenen Lebens zu blicken, treten seinem Egoismus die ethischen Normen ebenso wie die Vorschriften des Rechts als kollektiver Bestand zur Seite und führen ihm, mahnend oder auch drohend, jenes Ganze vor Augen, dessen Wohlergehen auf die Länge der Zeit gesehen auch seiner eigenen Interessenerfüllung dient. Sittlichkeit entstammte aus dieser Sicht nicht religiöser Offenbarung, sondern ergibt sich als Ansammlung aller weitsichtigen Erfahrungen des Menschengeschlechts. Deshalb zeigte der Monismus einen gewissen ethischen Eklektizismus, wurden aus Heiligen Schriften, aus Sprichwörtersammlungen und anderen Texten der Lebensweisheit Lebensregeln versammelt, die auch dort wahr bleiben sollten, wo die überkommenen religiösen oder metaphysischen Formen ihrer Autorisierung zerbrachen. Die Anlehnung der Kirchen an staatliche Macht wurde von den Monisten ebenso mißtrauisch betrachtet und bekämpft, wie die Ansprüche politischer Führerschaft zurückgewiesen wurden im Namen eines gesellschaftlichen Fortschritts, der von der Wissenschaft herkommen soll. Die soziale Frage sollte wissenschaftlich gelöst und so die frühindustrielle Massenarmut sowie der Bildungsmangel überwunden werden. Der Kampf *ums* Dasein in der Klassengesellschaft sollte ersetzt werden durch einen solidarischen Kampf aller *für* das Dasein. Das unpolitische Gute sollte siegen.

Bürgern von Besitz oder Bildung mußten derartige Forderungen dennoch sozialistisch vorkommen. Auch die Monisten selbst verstanden sich als links, wenngleich nicht parteipolitisch, sondern im Sinne eines starken Engagements beim Fortschritt. Deshalb kritisierten sie Konservative und Römisch-Katholische, die am Bestehenden um eigener Vorteile willen festhalten wollten, und ebenso die Sozialdemokratie, bei aller Anerkennung ihrer Verdienste, insoweit sie gegen den modernen Industriestaat den Weg der Gewalt befürwortete. "Arbeiterbataillone", so das monistische Gegenargument, könnten gegen moderne Polizei und Militär nichts ausrichten, die Verschärfung des Klassenkampfes werde lediglich politische Reaktion provozieren. Gegen zentralistische Planungsvorstellungen sozialdemokratischer Herkunft wandten sie ein, dass die menschliche Arbeit als komplizierteste aller Maschinen jeder staatlichen Organisation nicht zu besiegende Hindernisse in den Weg stelle, dass stattdessen der Ansporn durch Konkurrenz und persönliche Auszeichnung nicht zu entbehren sei. Wegen ihres überparteilichen Anspruchs standen die Monisten in einem gewissen Spannungsverhältnis zum Parlamentarismus. Parteipolitische Stellungnahmen wurden sogar durch ihre Satzung ausgeschlossen. Längerfristig sahen sie den Konflikt zwischen Egoismus und Allgemeinwohl dahinschwinden in dem Maße, wie der technische Fortschritt die wechselseitige Abhängigkeit aller von allen schließlich so weit steigern würde, dass kein Einzelner mehr durch Ausbruch aus dem Zusammenhang Vorteile gewinnen könne.

Die dem Positivismus zuneigenden Monisten hatten nur ein geringes Gespür dafür, dass der Mensch bei allem wissenschaftlich-technischen Fortschritt anthropologisch bestimmt bleibt durch Furcht und Mißtrauen sowie durch Geltungs- und Gesellungsbedürfnisse, welche die Realität des Politischen begründen. Ebenso konnten sie wenig mit den Phänomenen des Ästhetischen anfangen, die zwar vom Prozeß der Zivilisation nicht unabhängig sind, aber dessen Fortschrittscharakter nur begrenzt teilen. Was sie im Zeitalter der Industrie jedoch wichtig fanden und stark forderten, war die pädagogische Vorbereitung der Jugend auf die Anforderungen der industriellen Leistungsgesellschaft. Leistung und ihre Anerkennung begründen zwar Rangdifferenz und damit Ungleichheit, jedoch fehlte ihnen in dieser Hinsicht jedes Herren- oder Elitebewußtsein. Sie meinten im Gegenteil, mit der Herrschaft des Leistungsprinzips würden die älteren ständischen und wenig leistungsbezogenen Unterschiede endlich verschwinden müssen. Gegen Nietzsche, der den Fortschritt eine moderne und deshalb falsche Idee nannte, vertraten sie einen Humanismus, der in der modernen Industriegesellschaft die Form einer sozialen, durch pädagogische Institutionen vermittelten Gleichheit aller in der Chance annehmen soll, ihren leistungsgerechten Platz zu gewinnen (Lübbe 1963, 171). Der Erste Weltkrieg erwies dann diese technokratischen Vernunftvisionen als politisch naiv. Indessen blieben die Monisten durch sie vor den nationalen Borniertheiten gefeit, und die Gesetze ihrer Gelehrtenrepublik ließen sich durchaus als Common sense deuten.

Fortschritt oder Wachstum

Soll der Common sense aber, der bei Adler vorher Gemeinschaftsgefühl hieß, den Menschheitsfortschritt als übergeordnetes Prinzip sichern, so landen wir wieder bei dem von Simmel bereits erörterten Problem, dass die Berufung auf ein solches Prinzip nur von außen an die geschichtlichen Einzeltatsachen herangebracht werden kann. Der Geist der Neuzeit jedoch, im innigen Bündnis mit den Naturwissenschaften, anerkennt übergeordnete Prinzipien aus mehreren Gründen immer weniger. Zum einen sind in einem über Jahrhunderte sich erstreckenden Vorgang vor allem in den Städten mehr und mehr Individuen bestrebt, sich aus Leibeigenschaft und Fremdbestimmung zu befreien, und dazu bestreiten sie oder ihre Sprecher die transzendenten Rechtfertigungen weltlicher Herrschaft. Ein zweiter Grund erwächst aus der Industrialisierung, die die Trennung von Beruf und Familie, von Öffentlichkeit und Privatheit zur massenhaften Erfahrung werden läßt und so das von seinen Rollen sich bewußt unterscheidende Ich hervorbringt. Ein dritter Grund ergibt sich schließlich in Deutschland aus der "erfolgreichen" Abwehr der bürgerlichen Revolution. Auf philosophischer Ebene wurde dazu gegen die Naturrechte, auf die sich der Fortschrittsbegriff stützt, vorgebracht, dass sie "bloß" historischen Ursprungs sind. Dass der Mensch nicht Natur habe, sondern Geschichte, ist die relativierende These des Historismus. Durch sie wird allerdings auch die christliche Sicht von Geschichte mitgetroffen, insofern diese ja auch erst in Gang gesetzt wird, als und weil der Mensch durch die Erbsünde von seiner Natur abfällt.

Christlich betrachtet hört Geschichte wieder auf, wenn die Ursache der Abweichung überwunden, wenn die Abrechnung am Ende aller Zeiten den versöhnten Zustand wieder hergestellt hat oder haben wird. Von Hegel wird das Schema unter dem Begriff Entfremdung abgehandelt (Krockow 1958). Das von Ranke dagegengesetzte *Jede Epoche ist unmittelbar zu Gott* bekämpft diesen übergeschichtlichen Wahrheitsanspruch höchster Prinzipien oder absoluter Normen. Dem Historismus gelten auch Kategorien wie Fortschritt oder Entwicklung als naive Verabsolutierungen politisch interessierter Standpunkte. Wo Entwicklung behauptet und ihr eine bestimmte Richtung zugeschrieben wird, verweist er auf die schöpferische Kraft des Menschen, Neues hervorzubringen und macht damit jede bestimmte Voraussage ungültig. In ähnlicher Absicht hat Marx daran gearbeitet, Hegels Geschichtsauffassung zu delegitimieren, wenn er sagte, der Mensch verändere durch seine Arbeit, durch sein praktisches Tun nicht nur die äußere

Natur, sondern auch sich selbst. Und in nochmals anderer Weise aber mit ähnlicher Wirkung hat Kierkegaard zur Demontage übergeschichtlich gültiger Prinzipien beigetragen, wenn er Wahrheit nur der reinen Innerlichkeit zukommen läßt, die er gleichzeitig als unbeschreibbar, als Nullpunkt der Existenz kennzeichnet. Witzigerweise schließt jedoch die Ähnlichkeit des historistischen, marxistischen und existentialistischen Kampfs gegen übergeschichtliche Wahrheit nicht aus, sie gegeneinander den gleichen Vorwurf erheben zu lassen.

So könnte Marx gegen den Historismus einwenden, dass er Stillstand erzeugt, indem er auf die kritische Beurteilung der Vergangenheit verzichtet und ebenso auf die belehrende Anweisung für die Zukunft. Seine politische Praxis sei mithin reaktionär und sie gerate überdies mit sich selbst in Widerspruch, wo trotz des Verzichts auf eigene Wertungen die Lehre von Volksgeist und Vaterland verbreitet wird. Dieser Versuch, die Gebundenheit im nicht gemachten, sondern gewachsenen Volksgeist zu propagieren, solle politischen Quietismus erzeugen. - Der Historist seinerseits kann Marx den Vorwurf zurückschleudern, mit seiner letzten Feuerbach-These "Die Philosophen haben die Welt nur verschieden interpretiert; es kömmt drauf an, sie zu verändern" einen übergeschichtlichen Wahrheitsanspruch zu erheben. Denn warum kommt es darauf an? Warum entfremden die gegebenen Verhältnisse den Menschen seiner wahren Natur? Warum liegt die eigentliche Bestimmung des Menschen noch in der Zukunft? Diese Argumente deuten einen naturrechtlichen und somit übergeschichtlichen Kern im marxistischen Denken an. - Kierkegaard könnte gegen Historismus wie Marxismus der Vorwurf erheben, die Hingabe an den Volksgeist oder an die

revolutionäre Pflicht sei unvereinbar mit der Unbe-
dingtheit der Subjektivität, mit ihrer reinen Innerlichkeit. Aber obwohl Kierkegaard die historische Zeit in
der vereinzelten Existenz zum Nullpunkt schrumpfen
läßt, zum reinen Augenblick, um so mit Christus exi-
stenziell gleichzeitig zu sein, ruft er damit doch auch die
Autorität einer übergeschichtlichen Gestalt an.

Der Geist zeitigt sich

Diese möglichen gegenseitigen Einwände mögen uns
neugierig machen, den Gegensatz von radikaler Geschichtlichkeit und einer Geschichte, die ihr Ziel durch
eine übergeschichtliche Idee erhält, psychologisch zu
verstehen. Wenn wir fragen, was ein unterstelltes Ge-
schichtsziel eigentlich so attraktiv macht, dann sehen
wir in der christlichen Geschichtsauslegung, wie beim
Jüngsten Gericht eine verlorengegangene gerechte Ordnung durch übermenschliche, nämlich göttliche Hilfe
wiederhergestellt wird. In marxistischer Perspektive soll
durch die überindividuelle Anstrengung einer nur gewaltsam zu denkenden Revolution eine verlorene Natur-
ordnung wieder herbeigeführt und so die menschliche
Selbstentfremdung aufgehoben werden. Der Historismus hingegen zeigt sich mit den bestehenden Verhältnissen einverstanden, wenn er jede Epoche "unmittelbar
zu Gott" setzt, sowie den Einzelnen in Volksgeist wie
Vaterland verwurzelt und dadurch immer schon ange-
kommen sieht. Hegel wiederum hatte die im Bild des
Jüngsten Gerichts und in dem der Revolution ausgemal-
te Erwartung umstürzender Gewaltsamkeit vermieden,
indem er eine geschichtlich selbsttätige Geistvernunft
im preußischen Staat (und in seiner eigenen Vernunft-
philosophie) bereits an ihr Ziel gelangt sah. Trotzdem

lieferte er seinen fortschrittlichen Nachfolgern die linke Schablone. Sie schneidet eine Unterscheidung von ungeschichtlich und geschichtlich lebenden Völkern aus und behauptet, das historische Bewußtsein der Letzteren erzeuge ein kategorial anderes geschichtliches Sein.

Das Muster sieht Hegel im christlichen überweltlichen Glauben an ein künftiges Heilsgeschehen vorgebildet. Dieses christliche Geschichtsbewußtsein formt eine Erwartung, die auch das Verhalten verändert, und eine verwandte Erwartung bildet auch den Motor der revolutionären Verwirklichung der Ideen von Rousseau durch Robespierre und von Marx durch Lenin (Löwith 1966). Das vom geschichtlichen Denken erzeugte historische Bewußtsein bringt, wie Hegel meint, tatsächlich die Geschehnisse selber hervor, weil die Wirklichkeit den revolutionären Ideen auf Dauer nicht standhält. Philosophische Weltgeschichte, wie er sie betreibt, will deshalb nicht bloß naive Historie sein, die einfach berichtet, was sich ereignet hat, sondern sie versteht sich als die Reflexion dieser Geschichte, als ein geistiger Prozeß, durch den der Mensch sich von der Natur unterscheidet. Denn diese weiß nichts von sich, sie ist nur *an sich* vorhanden, nicht aber *für sich*. Der Geist jedoch weiß, dass er nicht von außen bestimmt wird wie die Dinge der Natur, sondern dass er frei ist, indem er von sich weiß und bei sich selbst ist. So bildet der Mensch, obgleich Schöpfung der Natur, den Gegensatz zur natürlichen Welt und sein Bewußtwerden den Prozeß der Entwicklung des Geistes in der Geschichte der Welt. Die Sonne dieses Selbstbewußtseins steigt im Abendland auf, wo er sie durch seine Arbeit hervorbringt. Sie ist eine innere Sonne, denn die eigentliche Welt ist für Hegel nicht die erste Welt der Natur, sondern die Welt des menschlichen Geistes und seiner Geschichte, deren Endzweck es ist, im Menschen zu sich zu kommen.

Der Gang dieser Bewegung ist wesentlich Fortschreiten. All die großen Untergänge und Rückschläge in der Geschichte mit ihrem unermeßlichen Aufwand von Kräften und Zeit, von Verbrechen und von Leiden sind unter diesem Blickwinkel nur äußerliche Zufälligkeiten, die im innerlichen Verhältnis zur Entwicklung der geistigen Weltgeschichte relativ bleiben. Sie sind Zufälle, die ins Reich der Natur gehören und nicht in die Geschichte des sich wissenden und wollenden Geistes. Die Natur unterliege zwar auch Gesetzmäßigkeiten, aber sie zeigen, wie die Bewegungen der Planeten, keinen Fortschritt auf ein Ziel. Dass der Geist aber zum Bewußtsein seiner selbst kommt, ist nur die andere Seite davon, dass er die Welt sich gemäß macht.

Ironischerweise hat sich weniger diese Figur der Hegelschen Philosophie der Weltgeschichte durchgesetzt, als vielmehr die Verzeitlichung, welche die absolute Bewegung des Geistes dadurch erfährt, dass Hegel sie als ihr geschichtliches Werden deutet. Aus diesem Grunde kann Geist als der absolute Herr bei Arnold Ruge dann zum Zeitgeist werden und in der nochmaligen Steigerung schließlich zum Gedanken radikaler Geschichtlichkeit, mit dem der deutsche Historismus die Gültigkeit übergeschichtlicher oder "wahrer" Ideen bekämpft. Jede Zeit wählt aus der Unendlichkeit geschichtlicher Tatsachen als bedeutsam aus, was zu ihrer aktuellen Stimmung und Interessenlage paßt. Jede historische Interpretation kann und wird später umgedeutet werden und deshalb, so heißt es schließlich, müsse die reelle Wissenschaft von den Erfahrungen des Bewußtseins nicht, wie bei Hegel, in die Logik zurückgehen, sondern in die Geschichte.

Die Zweiteilung der Welt

Gegen den hier aufscheinenden allgemeinen Relativismus hat Karl Löwith eingewandt, dass doch die Geschichte mit ihren unterschiedlichen - marxistischen, positivistischen, humanistischen - Interpretationen so wenig identisch ist wie die Natur mit unseren naturwissenschaftlichen Konstruktionen. Es gibt eine moderne Physik, sagt er, aber es gibt keine moderne Natur. Und nur Hegels Theorie der zwei Welten hat ganze Generationen von Philosophen, Soziologen und Historikern mit dem Versuch beschäftigt, den methodischen Unterschied zwischen Geistes- und Naturwissenschaften klarzustellen, um so das sinnhafte Fortschreiten der menschlichen geschichtlichen Welt zu begründen. Indessen spricht die Annahme, dass es in der Natur geistlos zugeht und im Umlauf der Gestirne und im Kreislauf des Blutes weder Vernunft, Sinn oder Bedeutung existieren, gegen alle vernünftige Einsicht. Gerade die Geschehnisse in der Natur ordnen sich zu einem Kosmos, wohingegen die Ereignisse der Geschichte einen durchgängigen Zusammenhang vermissen lassen. Es bedurfte schon eines Hegel, um gegen den Augenschein ausgerechnet in der Geschichte Vernunft zu finden. Die Unterscheidung selbst fand er freilich schon vor, sie datiert zurück auf den Beginn der Neuzeit, nämlich auf Descartes und Vico. Descartes unterschied im 17. Jahrhundert zwischen dem Bewußtsein des denkenden Menschen und der Bewußtlosigkeit der ausgedehnten, natürlichen Welt. Diese gab er der menschlichen Bemächtigung mithilfe mathematisch-naturwissenschaftlicher Verfahren frei. Genau dagegen aber schützte er Geschichte und menschliche Welt durch die Zweiteilung.

Vico drehte im 18. Jahrhundert die Sache ins Gegenteil und behauptete, nur von den menschlichen Schöpfungen könnten wir, weil wir sie selbst gemacht haben, Genaues wissen, während uns die Zusammenhänge der Natur ewig dunkel bleiben müßten. Die cartesische Unterscheidung einer bewußtlosen äußeren Welt und einer inneren des menschlichen Geistes aber behielt er bei, und ebenso taten es bis in unsere Tage selbst ihre jeweiligen Gegner, obwohl sich, wie Löwith schon 1966 sah, Psychologie, Biologie, Chemie und Physik in mehr und mehr Feldern überlappen. Offenkundig ist ihm der zeitliche wie bedeutungsmäßige Vorrang der Naturwissenschaften, offenkundig auch, dass die geschichtliche Gesellschaft nicht von den Geisteswissenschaften, sondern von den unabsehbaren Fortschritten der naturwissenschaftlichen Technik bestimmt wird. Nun manifestiert sich in ihr zwar die menschliche Fähigkeit, die Natur zu transformieren, aber das bedeutet nicht, dass der Mensch die natürlichen Voraussetzungen seiner geschichtlichen Existenz jemals wird abwerfen können. Weil der Mensch eingebettet ist in die große Natur, sind die mythischen Erzählungen davon im Grunde philosophischer als Geschichtsphilosophien, die wie die christliche und ihre Nachfolger annehmen, dass die ganze Schöpfung auf den Menschen und seine Geschichte abzielt. Und überdies berichtet die Historie zwar von den menschlichen Handlungen, doch sind deren Ergebnisse nie völlig in Deckung mit den Absichten der Beteiligten. Das hat übrigens schon ein Zeitgenosse Hegels, nämlich Wilhelm von Humboldt, notiert.

Humboldt war ein politisch kundiger und auch philosophisch belesener Zeitzeuge, der wie Hegel den Aufstieg und Untergang Napoléons miterlebte und der angesichts dieses Drunter und Drüber alle geschichtsphilosophischen Versuche bespöttelte, die Weltbegebenheiten unter einem einzigen Gesichtspunkt zu interpretieren. Er sah das menschliche Tun abhängiger von den natürlichen Gegebenheiten als von den kulturellen Fortschritten, und er warnte davor, die großen Umänderungen überhaupt auf ein vorherbestimmtes Ziel hin auszudeuten. Er betonte die gleichbleibende Macht der Herrschsucht im Leben der Völker, den großen Einfluß physischer und animalischer Faktoren, und er hob hervor, wie oft das Edelste an menschlicher Hervorbringung von Naturgewalt oder Barbarei wieder verschlungen wird. Wie alle Natur ist auch die Weltgeschichte unbarmherzig vom Zeugen, Werden und Vergehen durchzogen. Fortschritt geht oft in Überbildung über und daran wieder zugrunde. Zu besorgen sei höchstens, die Fruchtbarkeit zu neuen Erzeugungen zu erhalten und allem Abgestorbenen und mechanisch Gewordenen entgegenzuarbeiten. Solche Anstrengung schafft gleichwohl nicht aus der Welt, dass die Geschichte ein Konglomerat ist erstens aus der Natur der Dinge, auch des Menschen, zweitens aus den bewußten Absichten der Menschen, und drittens aus den Fügungen des Zufalls. Genialität des Geistes oder des Willens oder auch große Leidenschaft mögen zwar die geschichtliche Welt für Jahrhunderte verändern und auch in die äußere Natur eingreifen, ihre Wirkung bleibe dennoch flüchtig im Verhältnis zur Größe der Natur.

Am Ende seiner Betrachtung teilt Löwith Humboldts Einschätzung, dass hoch über allen Bemühungen, die menschliche Freiheit über die Notwendigkeiten der Natur siegen zu lassen, der unausdenkbare Zufall waltet, dessen Unerklärlichkeit wir uns gern durch das Wort Schicksal verdecken. Vom Zufälligen aber gibt es keine philosophische Wissenschaft, deshalb taten die griechischen Philosophen recht, die Geschichte den Historikern zu überlassen und deren Berichte nicht durch eine Geschichtsphilosophie zu überhöhen, die aus den Menschheitsgeschichten etwas Philosophisches macht. Die Weisheit der Historiker besteht vielmehr darin, angesichts der empfundenen Wechselhaftigkeit menschlichen Geschicks die Unzuverlässigkeit und Hinfälligkeit aller menschlichen Dinge einzusehen. Löwiths Fazit: "Wer nicht in seinem eigenen, kurzen Leben einen 'Sinn' zu finden vermag, wird ihn vergeblich in den Zeiträumen der Geschichte suchen" (1966, 432). - Auf die griechische Antike muß er zurückgreifen, um die christliche und die nachchristlichen Geschichtsphilosophien gleichermaßen borniert nennen zu können. Denn zum Kosmosbegriff der Antike gehörte dessen Auffassung der Zeit als zyklisch, und von ihm her läßt sich ergo christliche und neuzeitliche Geschichtsphilosophie in einem verurteilen. Ob diese beiden indes so verwandt sind, wie hier behauptet, ist nun die Frage.

Contra und Pro Moderne

Hans Blumenberg (1966) hat jedenfalls der Löwithschen Gleichsetzung widersprochen. Wo in der Neuzeit das innerweltliche Fortschreiten der Wissenschaften sich zu dem Prinzip ausweitet, die menschliche Existenz systematisch, das heißt unabhängig von Individuum und Generation, gegen die Naturkräfte zu sichern, da bewirken die daran geknüpften Hoffnungen, dass die christliche Endzeiterwartung sich radikal wandelt. Aus der überweltlichen Erlösungsidee wird in dem Maße, wie der wissenschaftsbezogene Fortschrittsoptimismus immer realistischer schien, eine von Schrecken und Furcht geprägte Erwartung des Endes. Die neuzeitlich praktische Einstellung unterscheidet sich auch darin vom eschatologischen Harren auf ein von außen kommendes Endereignis, dass sie die menschliche Lage gerade durch eigenes Tätigwerden bessern will. Die Vorstellung des Jüngsten Gerichts mag zwar Ähnlichkeit haben mit den Gerichten, die eine siegreiche Revolution einsetzt, um ihre Gegner aufhängen zu lassen. Doch hat der wissenschaftliche Fortschritt, will man die Gerichtsmetapher denn auf ihn anwenden, sich ständig selbst zu rechtfertigen vor der Vergangenheit, mit der er sich vergleicht. Noch ohne die notorische Unterscheidung zwischen Natur- und Geisteswissenschaften soll die wissenschaftliche Methode es allen ermöglichen, sicherer durchs Leben zu gehen. Werfen wir einen Seitenblick auf das menschliche Kunstschaffen, so bleibt dieses als Vorwärtsbewegung umstrittener, weil die Kunst aus dem Protest gegen die angeblich ideale Verbindlichkeit konstanter Vorbilder lebt.

Blumenberg resümiert die Differenz zu Löwith dahin, dass die Weltvernunft der Stoiker mit der Idee einer vom Menschen zu leistenden Anstrengung besser verträglich war, als diese es mit der christlichen Vorstellung eines theologischen Gottes ist, dessen Hoheitsakte dem Absolutismus seines unergründlichen Willens entspringen. Stattdessen scheint es dann doch vertrauenswürdiger, den Gang der Geschichte in menschliche Regie und Verantwortung bringen zu wollen. Dass der Mensch seine Geschichte macht, wie Kant es in Aus-

sicht stellt, ist zwar noch keine Garantie für den Fortschritt, enthält aber einen Anspruch auf Selbstbehauptung gegen das übermächtige theologische Fremdprin-
zip. Allerdings war der aus dem Fortschreiten neuzeitli-
cher Naturwissenschaft abgeleitete Optimismus, auch
die menschliche Geschichte ließe sich vernünftigem und
fortschreitendem Machen unterwerfen, deutlich zu ausgreifend und voreilig. Die hochgesteckten Erwartungen
mußten deshalb, je schwieriger und langwieriger sich
das Vorankommen hier gestaltete, durch die Streckung
des Begriffs zum "unendlichen Fortschritt" beruhigt
werden. Unendlichkeit war dabei jedoch nicht als göttliches Attribut gemeint, sondern Ausdruck kluger Resi-
gnation. Sie lastet dem Einzelnen die Enttäuschung auf,
in der eigenen Lebensgeschichte nicht in den vollen
Genuß des künftig Möglichen zu kommen, schützt ihn
andererseits jedoch vor denen, die das immanente End-
ziel der Geschichte zu kennen glauben und deshalb
meinen, die Unerleuchteten zu Mitteln ihrer revolutionären Ungeduld machen zu dürfen.

Mögen Löwith und Blumenberg in der Abwehr totalitä-
rer Herrschaft auch verschiedene Wege eingeschlagen
haben, so reagieren doch beide vor allem auf deutsche
Kalamitäten. Plessner datierte ihre Anfänge auf den
dreißigjährigen Krieg zurück, der für die Deutschen verloren ging nur elf Jahre nachdem Descartes 1637 mit
seinem *Discours* die Natur zur wissenschaftlichen Erforschung freigegeben hatte. Vorher schon, 1499, war
dem Reich im Schwabenkrieg das Schweizer Gebiet
verlorengegangen, 1648 waren es die Niederlande.
Noch mehrfach wurde in den Jahrhunderten, in denen
die modernen Nationen entstehen, das Römisch-Deut-
sche Reich zerrissen, bevor Napoléons Feldzüge zu

Beginn des 19. Jahrhunderts auch seinen formalen Bestand beendeten. Als nach seinem Sturz die Einrichtungen des alten Europa zumindest äußerlich restauriert wurden, blieb das Reich die Ausnahme, wurde seine Wiederherstellung von niemanden auch nur versucht (Löwenthal 1971). Es folgten einige Jahrzehnte mit vielen deutschen Staaten, aber ohne Staat der Deutschen, verspätet dann 1871 die Gründung eines deutschen Nationalstaates durch Bismarck - in der Form des Preußisch-Deutschen Kaiserreiches. Auch geographisch blieben die deutschen Gebiete nie fest, reichten vom westeuropäischen Frankenreich bis nach Rom und bis weit in den Osten Europas. Kein kulturelles und politisches Zentrum gewann dauerhaften Bestand, keine einheitliche Oberschicht wurde tonangebend. Noch ältere Zerrissenheit, die fortwirkt, brachte schon vor der Reichsgründung der Limes, der ein Gebiet der Romanisierung unterwarf, während das andere unter germanischem Stammesrecht blieb.

Diese Teilung bildet sich annähernd noch in der Verteilung der protestantischen und katholischen Gebiete nach der Reformation ab. So ist also die deutsche Geschichte insgesamt durchzogen von Teilungen und unversöhnlichen Dualismen, von verschiedenartigen kulturellen Impulsen, von staatlicher Diskontinuität und von Verschiebungen des geographischen Schwerpunktes. Die erstaunliche geistige Produktivität der Deutschen im Herzen Europas, ihre bestürzende Fähigkeit zu schöpferischen wie zerstörerischen Überraschungen, mag damit zusammenhängen. In ihrem Gebiet wurden die widersprüchlichen Impulse niemals zu einer verbindlichen Einheit geführt, ist eine endgültige Form des nationalen Lebens in den Jahrhunderten immer neuer Konflikte nicht zustandegekommen. Was Wunder, dass ihre Unruhe und Wandelbarkeit sie vielen ihrer Nachbarn schon vor Hitler unheimlich machte. Das gilt besonders auch für das deutsche Geschichtsbewußtsein, das sich nicht auf die organische Einheit stützen kann, zu der andere Nationen aus geglückter Gründung heraus gefunden haben. Zwar ist die französische Revolution durchaus auch eine politische Eruption gewesen und ihre Wendung zum Terror hat vielerorts stark beunruhigt. Oberhand bekam jedoch in den bürgerlichen Demokratien des Westens eher die englische Sichtweise, welche den politischen und industriellen Wandel zum geschichtlichen Bild der Entwicklung sublimierte - in Stileinheit mit der darwinistischen (aber auch schon älteren) Überzeugung, dass die Natur keine Sprünge mache.

List der Vernunft

Deutscher Erfahrung entsprach das weniger. Hier rief die geschichtliche, geographische und politische Zerrissenheit nach einer stärkeren Rezeptur, um Hoffnung auf fortschreitendes Gelingen zu ermöglichen. Am wirkungsvollsten erwies sich schließlich die Gestalt einer organischen Geschichtsphilosophie, für die bis heute vor allem der Name Hegel steht. Sie bereitete, vermutlich durchaus ungewollt, einen geistigen Umsturz vor, der dem politischen der französischen Revolution durchaus nicht nachstand. Man muß sich dazu klarmachen, dass Deutschland damals sozusagen das Entwicklungsland im Osten Europas war. Die politische Idee der Freiheit ebenso wie die technischen Erfindungen mit industrieller Verwendungsfähigkeit kamen von außen, zum Teil mit den Armeen des französischen Eroberers. Das machte die Reaktion auf sie ambivalent, führte ei-

nerseits zu Überidentifikation und Übertrumpfungs-
phantasien, andererseits zu Ängsten vor Überfremdung
und Identitätsverlust. Vor diesem Hintergrund läßt sich
Hegels Philosophie als der Versuch lesen, den Deutschen die Zuversicht zu geben, dass Vernunft und Fortschritt trotz ihres Mangels einer kontinuierlichen Entwicklung gewiß sind oder mindestens sicher erhofft
werden dürfen. Er neutralisierte dazu das geschichtliche
Drunter und Drüber durch die Konstruktion einer "List
der Vernunft", welche alles Gemetzel und Leiden von
Völkern, Staaten und Individuen als bloßes Mittel für
das übergeordnete Ziel bagatellisiert.

Hegel konnte diese Figur von Vico übernehmen, der sie,
so vermutet Löwenthal (1971, 249), etliche Jahre vor
der französischen Revolution und also nicht in Reaktion
auf diese ins Spiel brachte. Italiens Geschichte war ja
ähnlich diskontinuierlich und tragisch verlaufen wie die
deutsche. List der Vernunft soll den quasireligiösen
Glauben an eine zugleich nationale und universelle Mis-
sion rechtfertigen, wie er sich in allen großen europäischen Nationen finden läßt. In Deutschland jedoch
kommt es zur Überkompensation, weil wir an Zahl großen Deutschen trotzdem hinter der Größe anderer euro-
päischer Völker zurückgeblieben waren. So halluzinier-
ten wir eine ganz besondere, einzigartige Aufgabe, deren Erfüllung uns endlich aus den Letzten zu den Ersten
machen würde. Unglücklicherweise jedoch trat dieser
Fortschritt nicht ein, vielmehr brach am Ende des Ersten
Weltkriegs das zweite, das Wilhelminische Reich zusammen und die Kette der Katastrophen schien sich
fortzusetzen. Die Reaktion war ein *credo quia absur-*
dum, ein trotziges Aufbäumen wider alle Vernunft und
Einsicht. Hatte Hegels Geschichtsphilosophie, von

Marx revolutionär gewendet, in der Oktoberrevolution politische Gestalt gewonnen, so formierte sich nun gegen sie wie gegen den Westen eine antimarxistische, antiwestliche und antiemanzipatorische Bewegung, primitiv aber massenwirksam wuchs sie sich zur Diesseitsreligion aus und erzeugte die verheerenden Effekte des Dritten Reiches.

Ob die Niederlage von 1945 die deutsche Unruhe beigelegt hat, bleibt geschichtlich auf die Probe gestellt. Zunächst einmal wurden der Verlust der Gebiete im Osten und die Massenflucht Deutscher ins verbliebene Territorium im wesentlichen hingenommen, aus Schuldbewußtsein und im westlichen Teil wohl auch wegen des raschen wirtschaftlichen Wiederaufstiegs. Danach behinderte die Zweiteilung Deutschlands an der Frontlinie des beginnenden Kalten Krieges den Versuch, die tieferen geistigen Gründe des Geschehens aufzuarbeiten und zum Beispiel nach der Rolle zu fragen, die die Revolutionierung des Fortschrittsbegriffs durch den Deutschen Marx und die nicht minder revolutionäre Relativierung des Begriffs durch den deutschen Historismus gespielt hatten. Stattdessen wurden im Osten Deutschlands Selbstauffassung und Geschichtsauslegung auf die marxistische Sicht festgelegt, im Westen fühlten sich Wirtschaft und verantwortliche Politik zu besonderer Solidarität mit der Schutzmacht USA aufgefordert. Hier aber florierte zugleich die Kritische Theorie der Frankfurter Schule, welche Kapitalismus und Faschismus gleichsetzte. Entlang dieser Linie begeisterte sich ein erheblicher Teil der akademischen Jugend für einen neomarxistischen Antiantikommunismus - und kehrte damit unwissentlich zu ideologischen Frontlinien der Vorweltkriegszeit, zu Amerikafeindschaft und romantischer Vernunftkritik zurück. Andere Junge fanden es unerträglich, Deutscher oder Deutsche zu sein, flüchteten in den Europagedanken und in Auslandsreisen.

Helmuth Plessner hatte schon 1959, bei Neuherausgabe seiner Deutschlandstudie von 1935, notiert, dass die deutsch-deutsche Teilung wie eine Sperre wirke gegen die Aufarbeitung der geistigen Hintergründe des nationalsozialistischen Aufbruchs. Zu ihnen gehörte Hegels spekulativer Versuch, die deutsche Geschichte als vollendet zu interpretieren, sowie Marxens Umkehrung desselben im Entwurf eines erst noch revolutionär herbeizuführenden Endes. Betrachtet man das Entstehen der Sowjetunion als Marxens weltgeschichtlichen Sieg, so bestätigte der Sieg des Nationalsozialismus Heines Vorahnung von 1834, die von einer deutschen Revolution aus dem Geiste des Irrationalismus und dem Erwachen des furor teutonicus sprach. Nachdem das Dritte Reich 1945 niedergeworfen war, standen sich die Parteien der Aufklärung, USA und UdSSR, auf deutschem Boden in einem Kalten Krieg gegenüber, von dessen Ausgang Plessner die Wiedervereinigung und Erneuerung Deutschlands wesentlich abhängen sah. Nun ist die Wiedervereinigung 1989 überraschend geglückt und Deutschland könnte an dieser Erneuerung arbeiten. Zwar wurde die politisch-formelle Einheit auch zügig herbeigeführt, aber die Wiederbelebung der diktaturgeschwächten östlichen Teile vor allem durch staatliche Transferleistungen versucht und ihnen der westdeutsche staatsbürokratische Formalismus übergestülpt. Um das innere wie äußere Selbstverständnis wird gestritten, jedoch - im Banne nazistischer Schuld - ohne die von Plessner gemeinte historische Tiefendimension. Stattdessen rumoren alte Muster: Staatsfrömmigkeit und

freiwillige Knechtschaft, notorische Amerikafeindschaft, Gerede von einem deutschen Weg.

Machen Männer Geschichte?

Solche alten Muster besitzen Macht, weil sie als halb-
bewußte Gewohnheit unterhalb der Schwelle distanzie-
render Selbstbeurteilung bleiben. Von ihnen wird die
eigene Geschichte umso stärker betroffen, je mehr man
sie machen, sie unter menschliche Kontrolle bringen
will. Hitler stellte in dieser Hinsicht sicherlich einen
kraftmeierischen Höhepunkt dar und deshalb ist die historische Erhellung seines verderbenbringenden Wir-
kens umso dringlicher. Zur Lebensaufgabe wurde dies
neben anderen dem Historiker Reinhart Koselleck.
Jahrgang 1923, wurde er mit 18 Jahren Soldat, kämpfte
an der Ostfront, diente im besetzten Frankreich und
wurde als russischer Gefangener zu Aufräumarbeiten in
die Vernichtungslager von Auschwitz gebracht. In seinen wissenschaftlichen Äußerungen schlagen sich diese
Erfahrungen als Widerstand gegen jedes angeblich objektive Geschichtsbild nieder, sowie in einem nicht ge-
linden Zorn sowohl gegen historisches Moralisieren als
auch gegen Konstrukteure irgendeiner historisch sich
realisierenden "List der Vernunft" (Graf 1999). Dass
Männer Geschichte machen, dass man Geschichte überhaupt machen könne, so zeigte er auf, ist eine noch gar
nicht so alte Überzeugung. Sie beruft sich gern auf ein
aus dem Zusammenhang gerissenes Wort Treitschkes,
das seinerseits im Bannkreis Napoléons gesprochen
wurde und vor ihm oder gar vor der französischen Revolution gar nicht denkbar gewesen wäre (Koselleck
1977). Denn bis ins 18. Jahrhundert hinein kannte die

Menschheit nur Geschichten (in der Mehrzahl), die erzählt, aufgeschrieben und auch erforscht wurden.

Sie kannte aber noch nicht die moderne Erwartung, dass man zunehmend fähig sei, Geschichte zu planen und die Planung auch zu vollstrecken. Die Geschichte war bis anhin stets eine gewesen, die Gott mit der Menschheit veranstaltete. Dabei war das Wort selbst eine Pluralform gewesen, wie an einer Formulierung von 1748 noch abzulesen: *Die Geschichte sind ein Spiegel der Tugend und des Lasters* . . . Es wurde stets die Geschichte *von etwas* erzählt, und erst die Aufklärungsphilosophie löste die Geschichten mehr und mehr von ihren Inhalten ab und machte *Geschichte überhaupt* zu ihrem Gegenstand. Erinnern wir uns der Überzeugung Hegels, wonach das historische Bewußtsein die tatsächlichen Geschehnisse hervorbringt, dann verstehen wir die Bedeutung des Wandels. In dem neuen Begriff vermählt sich die Geschichte als Prozeß der Ereignisse mit ihrer Bewußtmachung und zugleich wird auf eine übergeordnete außergeschichtliche Instanz, sei es Gott oder Natur, verzichtet, wird also Geschichte selbst zu einem Absoluten erhoben. Und überdies wird sie zu einem Handlungsbegriff, im Sinngehalt deckungsgleich mit Fortschritt! Er macht aus der geschichtlichen Zeit eine, die sich stets aufs neue überholt. Diese Wende findet sich im Westen früher als in Deutschland, wo Kant sie 1784 auf die Formel bringt: *Die Vernunft kennt keine Grenzen ihrer Entwürfe.* Dass es in der Geschichte im großen und ganzen immer so weitergehen werde wie bisher, widersprach zu sehr der Erwartung, dass es in Zukunft besser werde, weil es besser werden soll.

Allerdings, seine berühmte und vielzitierte Äußerung, wonach eine Geschichte "a priori" vorausagbar sei, wenn der Wahrsager die Begebenheiten, die er zum voraus verkündet, selber macht und veranstaltet, die hatte Kant ironisch gemeint. Er richtete sie seinerzeit gegen einige Propheten des Untergangs als Warnung davor, dass diese mit ihrem pessimistischen Gerede das Unheil am Ende noch herbeizitieren. Gleichwohl faßte Kant auch ins Auge, dass eine in der Gesetzgebung praktisch werdende Vernunft die Ahnung eines über uns schwebenden Schicksals zum Hirngespenst werden lasse. Viele Vorbehalte, die er dabei aus Vorsicht in seine Perspektive einbaute, wurden von späteren Adepten übergangen, und ein vulgarisiertes Verständnis von geschichtlicher Voraussicht ließ die Sache schließlich so aussehen, als ob die aktive Gestaltung der eigenen Geschichte nur der Vollzug dessen sei, was sich ohnehin über kurz oder lang auch von selbst ergäbe. So war einerseits gleich die Garantie der eigenen Unschuld mitgeliefert und andererseits die geschichtliche Erfahrung "erstens kommt es anders und zweitens als man denkt" ausgeblendet. Psychologisch gesehen war es vor allem für Vertreter der neuen Mittelschichten anziehend, die Formel von der Machbarkeit zu verwenden. So konnten sie Änderungen der ständischen Gesellschaftsstruktur und Teilhabe an der Macht zum Thema machen und sich gleichzeitig durch den Hinweis moralisch rückversichern, dass sie nur einer eigenläufigen Tendenz des ohnehin Geschehenden voranhülfen.

Der Appell, seinen Sinn für Geschichte zu schärfen und durch solche Bewußtwerdung ihre Machbarkeit zu erwirken, konnte freilich bei den unteren Volksmassen noch mehr Wirkung erzielen. Angesichts ihrer Lage war die dadurch geweckte Hoffnung auf Fortschritt umso verführerischer und der Appell entsprechend glaubwürdiger. Immerhin waren Marx und Engels, als sie diesen Weg einschlugen und sich zu Sprechern der nachdrängenden Klassen machten, so vorsichtig, ihnen den Umschlag von der bloß erlittenen zur endlich selbstgestalteten Geschichte erst für die Zeit nach der sozialistischen Revolution in Aussicht zu stellen. Koselleck stellt rückblickend die Frage, ob denn das Versprechen einer naht- und bruchlosen Übereinstimmung von Voraussicht, Plan und Durchführung überhaupt irgendwo empirische Bestätigung gefunden habe, und er versucht eine Antwort am Beispiel von vier Männern, die nach landläufiger Meinung in der Tat "Geschichte gemacht haben", nämlich Marx, Bismarck, Hitler, Roosevelt. - Marx, um es kurz zu machen, kommt selber nicht umhin und ebensowenig später seine Nachfolger Lenin, Stalin oder Mao, den utopischen Erwartungshorizont der von ihnen gelenkten Volksmassen angesichts unbezwingbarer Widerstände immer weiter hinauszuschieben. Bismarck, der politisch geniale Gründer des kleindeutschen Reiches von 1871, hat zumindest insofern Geschichte gemacht, als manche Folgen dieser Gründung bis heute ihm angelastet werden. Er selbst hat es dennoch zurückgewiesen, Geschichte zu machen.

Absolute Politik

Nun war Bismarcks Zurückweisung 1869 politisch motiviert, denn er wollte damit die Bayern vor den preußischen Expansionswünschen beruhigen, um seine Einigungspolitik desto erfolgreicher betreiben zu können. Aber er hat auch später ohne taktische Rücksicht darauf bestanden, dass Geschichte überhaupt nicht zu machen sei, sondern zwischen der politischen Leitung eines Volkes und der Wirkung langfristiger vorgegebener

Tendenzen zu unterscheiden bleibe. Krass gegenteilig und viel vollmundiger trat Hitler auf. Er und sein Gefolge schwelgten in der Verwendung des Wortes Geschichte, die sie ebenso als Schicksal beschworen wie als machbar hinstellten. Während seiner Herrschaft jedoch wurden die Fristen, in denen Hitler politische Verträge oder Versprechen einhielt, immer kürzer, hingegen die zeitlichen Zielbestimmungen dessen, was er erreichen wollte oder zu erreichen versprach, immer weitgesteckter. Hitler schätzte seinen Willen höher ein als die Umstände, für Bismarck galt eher das Gegenteil. Bismarck aber hatte Erfolg, Hitler nicht. Er hat zwar Geschichte gemacht, doch anders als gedacht. Sein großer Gegenspieler Roosevelt wiederum, als er am 11. April 1945 seine letzte Botschaft an das amerikanische Volk formulierte, unterlag einem andersgerichteten Irrtum. Er meinte den kommenden Frieden nicht nur als das Ende dieses Krieges sehen zu können, sondern als das Ende aller weiteren Kriegsanfänge. Damit behielt er recht, nur leider so, dass seit Beginn des Kalten Krieges zwar weiterhin Kriege geführt, doch nicht mehr erklärt wurden.

Kehren wir zurück zur deutschen Kalamität. Der Begriff Geschichte, so hatte ich gesagt, wird als Handlungsbegriff mit dem des Fortschritts nahezu deckungsgleich. Zugleich saugt der Begriff durch seine Verabsolutierung Eigenschaften des alten metaphysischen Gottesbegriffs auf, er gerät so zu einem eigenmächtigen Handlungssubjekt, dem der Einzelne selbst das Opfer seines Lebens darbringen soll. Im Namen der Geschichte oder des geschichtlichen Fortschritts fordern oder versprechen deren selbsternannte Sprecher das Heil der Menschheit oder ihr Wohlergehen - oder auch dergleichen nur für einen auserwählten Teil von ihr - und verlangen, für die Verwirklichung des Ziels letzte Opfer zu bringen - mit erschreckendem Erfolg. Wenn aber solch absolute Politik möglich ist, weil sie an religiöse Überzeugungen appelliert, dann sollten wir die politische Theologie danach fragen, warum und wie im Rahmen absoluter Politik die Massenvernichtung von Menschen als Heilstat ideologisch gerechtfertigt werden kann. Einen Versuch in dieser Richtung hat Maurer (1999) trotz der moralischen Denkverbote unternommen, von denen das Thema in der Bundesrepublik umstellt ist. Denn die Täter verstehen zu wollen, so wird hier befürchtet, sei der Anfang des Wegs zum Verzeihen. Die religiöse Schicht im Selbstverständnis der Täter ist leicht aufzufinden. So schrieb Hans Frank, der spätere Generalgouverneur von Polen, 1945 als Kriegsverbrecher hingerichtet, 1937 in sein Tagebuch: "Deutschlands Dienst ist Gottesdienst... Wir sind in Wahrheit Gottes Werkzeug zur Vernichtung des Schlechten...".

Entsprechend gilt es nach Frank zu handeln. Hermann Rauschning berichtete die sinnkonforme Äußerung Hitlers: "Es kann nicht zwei auserwählte Völker geben. Wir sind das Volk Gottes. Besagt das nicht alles?" (Maurer, ebd.) Bereits 1938 hatte Eric Voegelin vorgeschlagen, die beiden totalitären Bewegungen des Jahrhunderts *Politische Religionen* zu nennen. Er war damit lange einsam geblieben, und wenn es in jüngerer Zeit Anknüpfungen gab, so leider nicht nur kritische, sondern auch einige, die, mit Maurer zu sprechen, "aus jener trüben Tiefe heraus neomythisch weiterspinnen". Maurer kritisiert auf der anderen Seite auch die in Deutschland gegen den Nationalsozialismus gepflegten Erinnerungsrituale, weil sie das historische Begreifen mit Formulierungen wie "maximales Menschheitsverbrechen, angesichts dessen jede Sprache scheitern muß" eher blockieren. Und wenn die israelischen Philosophen Margalit und Motzkin versuchen, den Holocaust als negativen Ursprungsmythos der Nachkriegswelt einzusetzen, sieht er darin die symmetrische Spiegelung derjenigen Einzigartigkeit, die die nationalsozialistische Weltanschauung für sich in Anspruch nahm. Solch mythenbildende Erinnerung ohne Begreifen verdichtet sich zu einem gottlos, subjektlos gewordenen Dämonenglauben, zu einer trüben Mischung, auf die eine kritische Politische Theologie endlich ihr aufklärendes Licht werfen sollte. Ihr Ziel dabei hätte zu sein, absolute Wahrheitsansprüche zu relativieren.

Der Weg oder die Methode bestünde darin, absolute Behauptungen von Wahrheit oder auch Unwahrheit auf den dahinterstehenden Machtwillen einer Priesterkaste zu befragen, und weiterhin darauf, welche Interessen der Selbstbehauptung und Expansion diese Kaste mit ihrem jeweiligen Volk verbinden. Dabei sollte freilich nicht übersehen werden, dass nicht nur die Interessen eines Volkes seine Religion machen, sondern dass auch die Religion sich ihr Volk "macht", dass zum Beispiel, wie Freud 1937 in seinem *Der Mann Moses* notierte, das jüdische Volk sich aus seinem Glauben heraus als von Gott bevorzugt ansieht, sich als das "Volk Gottes" für etwas Absolutes hält - und sich dadurch "nebstbei die herzliche Abneigung aller anderen Völker" erwarb (Freud 1937, 212). Freud wertet hier den Antisemitismus - zumindest auch - als Reaktion der anderen Völker auf das jüdische Besonderheitsbewußtsein, seine zunächst religiöse Überzeugung, die später auch das weltliche Betragen prägt. Maurer empfiehlt diese Überlegung Freuds den Antisemitismusforschern eben deshalb zur Beachtung, weil der Hinweis auf jüdische Ursachen von Antisemitismus heute als antisemitisch gilt. Dass die Juden Jesus nicht als Christus, als den Heiland anerkannten, brachte religionsgeschichtlich eine Konkurrenz ins Spiel, die ein Entweder-Oder provoziert. Die Folgen solch religiöser - und das heißt absoluter - Verneinung des Andersdenkenden haben später Hobbes dazu bewogen, die staatliche Friedensordnung auf eine negative politische Theologie zu gründen.

Gedenken der Opfer

Nach Hobbes gelten diejenigen als politisch gefährliche Spinner, als "enthousiasts", als Fanatiker, die Anspruch auf göttlichen Auftrag machen; heute ist hinzuzufügen: die sich im Einklang mit den "Gesetzen der Geschichte" zu wissen meinen. Hitler und andere Naziführer waren sicherlich neomythisch-völkische Fanatiker dieser Art. Ebenso aber ist heute die Möglichkeit eine Gefahr, dass Demokratie und Menschenrechte mit universalistischem Absolutheitsanspruch vertreten werden. Hobbes, durch die Erfahrungen des englischen Bürgerkrieges gegangen, wollte jeder politischen Berufung auf göttlichen Auftrag ein Ende setzen und das politische Handeln der menschlich begrenzten, endlichen Zweckvernunft überlassen. Den Staat, unverzichtbar als Friedensmacht, sah er als große Maschine, die stets unvollkommen ist und leicht zum Ungeheuer werden kann. Sie gehört zur Welt des Relativen, und auch in ihrer Entartung ist sie ein relatives Ungeheuer, auch die Verbrechen sind relativer Art, so groß sie auch sein mögen. Als jedoch Hannah Arendt diesen Gesichtspunkt in ihrem Eichmann-Buch anklingen ließ, indem sie von der Banalität des Bösen sprach, warf Gershom Scholem ihr einen Mangel an

Liebe zu den Juden vor. Arendt reagierte universalistisch aufklärerisch, während sie ansonsten ebenfalls die Einzigartigkeitsthese vertrat, wie Maurer meint. Deshalb entging ihr auch, als Verschlingung deutscher und jüdischer Übertreibung des Völkischen, der im Vorfeld von 1933 aufgetretene jüdische Nietzscheanismus als Rasseideologie (Niewöhner 2003).

Der jüdische Auserwähltheitsglaube lief allerdings nicht, wie der Nationalsozialismus, auf einen Ausrottungsfanatismus zugunsten des einen Volkes hinaus. Gleichwohl bleibt die Inanspruchnahme einer absoluten Einzigartigkeit bedenklich. Deutscher Philosemitismus macht daraus beispielsweise die Behauptung, der Wille zur Nation sei bei den nichtjüdischen Völkern gefährlich und aggressiv, weil er seine Identität nicht im Absoluten hat. Maurer reagiert mit der These, nichtaufgehobene Altmythen seien gefährlich, da aus ihnen leicht neomythische Begründungen absolut guter Politik abgeleitet werden können. Sie erzeugt das gute Gewissen zur Vernichtung des ebenso absolut Bösen. Die technischen Mittel steigern sich dabei synchron mit dem technischen Fortschritt. Zur Zeit der französischen Revolution war die Guillotine progressiv, die Gaskammern standen in der gleichen Fortschrittslinie, Raketen, Atombomben, Biowaffen mögen die Reihe fortsetzen. Die Naziverbrechen waren weder technisch einzigartig noch in ihrer neomythischen Begründung neuartig. Die moderne Geschichte ist leider angefüllt mit Beispielen für massenhafte, organisierte, technisierte und ideologisch gerechtfertigte Untaten. Dass die Naziverbrechen der Höhe- und Endpunkt waren, kann man wohl hoffen und auch versuchen, im Rahmen internationaler Friedenssicherung Maßnahmen gegen Völkermord zu installieren.

Das entspricht dem Hobbesschen Weg der Nüchternheit, der aber schon verfehlt ist, wo wir die Opfer, derer
wir gedenken, weiterhin nach den Kategorien der Mör-
der trennen (Koselleck 1997a).

Im Denken der Nazis sollte der geschichtliche Fortschritt sich der Vernichtung des Bösen verdanken. Den
Kampf gegen "den Juden und seinen Bolschewismus"
gaben Hitler und seine Helfer als ihren Auftrag und als
Sinn des Geschehens aus. Für eine größere Zahl der
beteiligten Deutschen wurde der in diesem Sinn ange-
zettelte Krieg deutlich fragwürdig erst, als 1942/43 die
Schlacht von Stalingrad verlorenging. Nachdenkliche
und nachträgliche Betrachtung läßt indes fragen, ob der
deutsche Untergang angesichts der politischen Weltkon-
stellation nicht schon im Anfang enthalten war. Dann
aber waren nicht einzelne militärische Operationen feh-
lerhaft und einige Befehle Hitler sinnlos, sondern der
gesamte Krieg in sich selbst. Dann waren es die von
Hitler schon in *Mein Kampf* geäußerten rassischen und
raumausgreifenden Pläne, welche den Aggressionskrieg
in Gang setzten, der sich zum Zweiten Weltkrieg aus-
weitete, und gegen diese neomythisch-utopischen Motive blieben alle späteren militärtaktischen und militär-
strategischen Überlegungen nutzlose Rationalisierungen. Ebenso eitel bleiben theologische Sinnhubereien
mit dem Vehikel der "ausgleichenden Gerechtigkeit"
oder die Annahme, die Durchhaltebefehle hätten dazu
gedient, im Hinterland Zeit für die verstärkte Judenvernichtung zu gewinnen. Krieg *und* Massenmord waren
vielmehr der opfersüchtigen Erlösungs- und rassisti-
schen Vertilgungsideologie geschuldet, die sich wechselseitig bedingt und hochgeschaukelt haben (Koselleck
1997b), was jedoch keiner Seite zu mehr Sinn verhilft.

Auf seiten der Sowjetunion war es um die Sinngebung von Stalingrad nicht viel besser bestellt. Die propagandistische Vorgabe *Befreiung von den deutschen Schweinen und Barbaren* reichte offenbar nicht hin, denn es wurden Tausende von russischen Deserteuren standrechtlich erschossen. Anders als bei uns wurden sie auch nach dem Krieg nicht denkmalsfähig, denn der Sieg von Stalingrad wurde später umfunktioniert für den Produktionskampf und die dort gezeigte Tapferkeit für den Endsieg des Kommunismus abgefordert. Erst nach der Wende von 1989 setzten hier Zweifel ein, in welchem Sinne man sich der Toten dieser Schlacht erinnern sollte. Nimmt man das Ereignis als ersten großen Befreiungsschlag gegen die deutschen Invasoren, so wird sofort deutlich, dass dies wiederum nicht der Sinn für die Soldaten auf der deutschen Seite gewesen sein kann, wo der Schlacht bis heute der Sinn einer Entlastungsoperation unterlegt werden kann. Das aber sind militärische Rationalitätskriterien und sie reichen nicht aus, um dem Gesamtgeschehen einen für alle Seiten akzeptablen Gesamtsinn beizulegen. So bleibt die Geschichte insgesamt sinnlos, auch wenn Beteiligte in ihr diesen oder jenen Sinn wahrnehmen. Der Pluralismus dieser Perspektiven bricht jeden Gesamtsinn und jenseits der einzelnen Sichtweisen des Ereignisses läßt sich an ihm keine Wirklichkeit an sich aufzeigen. Koselleck hält es deshalb für die erkenntnistheoretisch brauchbarste Grundlage anzunehmen, dass ein Gesamtsinn nicht existiert, dass Geschichte sinnlos ist.

Sinnlos, nicht unsinnig

Die Rekonstruktion des Geschehenen bleibt perspektivisch auch späterhin, wenn die Leidenschaften abgeflossen und die Beteiligten tot sind. Denn immer gibt es erkenntnisleitende Interessen, welche unvermeidlich zugleich erkenntnisverhindernde Interessen sind. Neue Interpretationen oder andere Interpretationsmuster verdanken sich neuen oder anderen Interessenlagen. Wie steht es dann aber mit der Hegelschen Aussage, die Geschichte gewinne erst als begriffene ihren eigentlichen Sinn? Wir finden diese Vorstellung am Werk, wo Napoléon bekannte, sich vor "der" Geschichte verantwortlich zu fühlen. Hier ist Geschichte bereits in die Position des Gottes eingerückt, vor dem man sich früher zu rechtfertigen suchte. Sobald nun aber solche Art "Geschichte als Weltgerichte" von verschiedenen Parteien und gegnerischen Gruppierungen in Anspruch genommen wird, kommt es als Konsequenz ihrer ganzheitlichen Absolutheit zu Krieg und Bürgerkrieg. Nietzsche hat deshalb zu recht gegen diese Art von Philosophie der Geschichte als Geschichtsphilosophie eine argumentative Front aufgebaut, indem er gegen den beanspruchten Gesamtsinn den Sinn der einzelnen Taten und Ereignisse wieder aufwertete und die Zweckhaftigkeit der Gesamtgeschichte verneinte. Er leugnete auch die historische Notwendigkeit, mit der einzelne Ereignisse angeblich eintreten oder eingetreten sein sollen: *Alles kann auch anders sein* oder hätte auch anders verlaufen können.

Ein weitere Frontlinie Nietzsches ist gefühlsmäßig wohl schwieriger zu akzeptieren, nämlich dass die Geschichte nicht nur keinen Gesamtsinn hat, sondern dass ihr auch keine ausgleichende Gerechtigkeit innewohnt. Auch Gerechtigkeit kann ja in historischer Interpretation von jeder interessierten Seite für ihre Sache in Anspruch genommen werden. Aber auch hier gibt es keine Objektivität und nur wenige stehen so hoch über den anderen, dass sie sich ein Urteil anmaßen sollten. Die Tugend der Gerechtigkeit hat nie etwas Gefälliges, sagt Nietzsche, sie kennt keine reizenden Wallungen, sondern sie ist hart und schrecklich. Und wo Gerechtigkeit vollstreckt werden soll, da öffnet sich ein Abgrund. Obgleich er so die Sinnhaftigkeit ebenso wie die Gerechtigkeit der Geschichte zugunsten seines sinnfreien Lebensbegriffes aufgibt, wird Nietzsche für Koselleck dennoch nicht zum geschichtsphilosophischen Biologisten: weil er nämlich auch noch die geschichtliche Altersmetaphorik zurückweist. Für Völker oder Epochen anerkennt er keine Deutung, die ihnen nach Typologie der Lebensalter bestimmte Ablaufzwänge zuweist. Sich selbst Jugend zuzuschreiben und dem Feinde frühes Altern, um ihm so die Gewißheit seines baldigen Todes zuzuschieben, gilt ihm als ein ideologisches Kampfmittel, das beliebig verwendbar ist. Und wenn auch die Paradoxien, die er am Geschichtsbegriff destruiert hat, in seinem Lebensbegriff wiederkehren, so dürfen wir aus Nietzsches Werk dennoch unsere Lehren ziehen.

Wenn Mitterand und Kohl in Verdun einander die Hände hielten, um deutsch-französische Verständigung zu symbolisieren, so kann dies trotzdem nicht Sinn oder Zweck des Massenschlachtens von 1916 gewesen sein. Wenn Auschwitz die Gründung von Israel vorangetrieben haben mag, so macht das das Naziverbrechen an den Juden kein bißchen sinnvoll, und entsprechendes gilt für die Massenexekutionen und Massenvernichtungen, die andere Völker oder Völkerteile eliminiert haben. Aufklärung heißt, solche bis ins Übergeschichtliche ausgreifenden Sinnkonstruktionen und das Träumen von "Vervollkommnung" zurückzuweisen, uns für keine "Endlösung" herzugeben. Niemals wird aus dem Widerstreit der handelnden Einzelnen oder Parteien resultieren, was die Beteiligten jeweils wollen oder erwarten. Stattdessen wird im Namen eines vermeintlich objektiven Geschichtssinns nur umso verbissener gekämpft. Es genügt, wenn wir bis ins Alter bemüht bleiben, an unserer Person im Sinne lernenden Zugewinns zu arbeiten. Der naturwissenschaftlich-technische Fortschritt bleibe von dieser Kritik ausgenommen, soweit wir seine "Nachhaltigkeit" beachten. Ihn sollten wir vielmehr nach Kräften fördern und ihn möglichst vielen Menschen zugänglich machen. Solch praktische Solidarität verlangt, mit Hobbesscher Vernunft die Gewalt einzudämmen (Rorty 1989). Zusammengenommen bleibt so hinreichend Arbeit und gemeinsame Anstrengung auf Dauer. "Die" Geschichte aber sollten wir uns - optimistischerweise! - besser endlos und unvollendbar vorstellen.

Literatur

Adler, Alfred (1937): Ist Fortschritt der Menschheit möglich? wahrscheinlich? unmöglich? sicher? In: ders., Psychotherapie und Erziehung III. Fischer (Ftb 6748), Frankf.a.M. 1983, 163-167.

Blumenberg, Hans (1966): Der Fortschritt in seiner Enthüllung als Verhängnis. - In: ders., Säkularisierung und Selbstbehauptung. Suhrkamp (stw 79), Frankf.a.M. 1974, 35-45.

Freud, Sigmund (1937): Der Mann Moses und die monotheistische Religion. In: Werke aus den Jahren 1932-1939. Ges.W. XVI, 3.Aufl., Fischer, Frankf.a.M.. 1968, 103-246.

Graf, Wilhelm (1999): Die Macht des Schicksals entschuldigt gar nichts. Wie Reinhart Koselleck die Geschichte überlistet. - In: FAZ, Nr.254, 01.11.1999, 54.

Koselleck, Reinhart & Meier, Christian (1975): Fortschritt. In: Brunner; Conze; Koselleck (Hg.), Geschichtliche Grundbegriffe. Bd. 2. Klett-Cotta, Stuttgart 1979, 351-424.

Koselleck, Reinhart (1977): Über die Verfügbarkeit der Geschichte. - In: ders., Vergangene Zukunft. Suhrkamp, Frankf.a.M. 1984, 260-277.

Koselleck, Reinhart (1997a): Erschlichener Rollentausch. Das Holocaust-Denkmal im Täterland. - In: FAZ, Nr.82, 09.04.1997, 33.

Koselleck, Reinhart (1997b): Vom Sinn und Unsinn der Geschichte. - In: Merkur, 51.Jg., 1997, 319-334.

Krockow, Christian Graf von (1958): Geschichtsbewußtsein und Subjektivität. - In: ders., Die Entscheidung. Eine Untersuchung über Ernst Jünger, Carl Schmitt u. Martin Heidegger. Campus, Frankf.a.M. 1990, 6-19.

LaBoétie, Etienne de (1577): Von der freiwilligen Knechtschaft. - (Dt.u.fr.). EVA, Frankf.a.M.. 1980.

Lenzen, Manuela (2003): Zu unordentlich für eine Weltanschauung. Eine Bielefelder Tagung beleuchtet, wie Darwins Theorie zum Darwinismus wurde. - In: FAZ, Nr.293, 17.12.2003, N3.

Löwenthal, Richard (1971): Geschichtszerrissenheit und Geschichtsbewußtsein in Deutschland. In: ders., Gesellschaftswandel und Kulturkrise. Fischer-Tb., Frankf.a.M. 1974, 240-256.

Löwith, Karl (1966): Geschichte und historisches Bewußtsein. - In: ders., Weltgeschichte und Heilsgeschehen. Sämtl. Schr.2, Metzlersche Verlagsbhd., Stuttgart 1983, 411-432.

Lübbe, Hermann (1963): Weltverbesserung aus "wissenschaftlicher Weltanschauung". - In: ders., Politische Philosophie in Deutschland. Schwabe, Basel 1963, 127-172.

Maurer, Reinhart (1999): Das Absolute in der Politik. - In: Merkur, 53.Jg., 1999, 860-876.

Niewöhner, Friedrich (2003): Hätte er seine Gefährlichkeit verstecken sollen? Nietzsche als Pate des Faschismus: Die These wird durch den jüdischen Nietzscheanismus behindert. - In: FAZ, Nr.121, 26.05.2003, 45.

Plessner, Helmuth (1924): Die Utopie in der Maschine. - In: ders., Schriften zur Soziologie und Sozialphilosophie. Ges. Schr. X, Suhrkamp, Frankf.a.M. 1985, 31-40.

Plessner, Helmuth (1959): Einführung 1959. - In: ders., Die verspätete Nation. Über die Verführbarkeit bürgerlichen Geistes. Ges.Schr. VI., Suhrkamp, Frankf.a.M.. 1982, 11-35.

Rorty, Richard (1989): Einleitung; Solidarität. - In: ders., Kontingenz, Ironie und Solidarität. Suhrkamp (stw 981), Frankf.a.M. 1992, 11-17; 305-320.

Simmel, Georg (1892): Vom Sinn der Geschichte. - In. ders., Die Probleme der Geschichtsphilosophie. Gesamtausg. Bd.2 (Aufsätze 1887-1890); Suhrkamp (stw 802), Frankf.a.M. 1989, 380-421.

Valentin, Karl: siehe Zeilinger, S. 82

Zeilinger, Anton (2003): Einsteins Schleier. Die neue Welt der Quantenphysik. München: Beck 2003.

Über das Böse

> Der Mensch ist von Natur aus
> weder gut noch böse.
> - Alfred Adler, 1933, S. 73

Mein Thema ist mir im Berliner Adler-Institut zugelaufen, und zwar in Gestalt eines fragenden Weiterbildungskandidaten, der wissen wollte, ob denn der Mensch eigentlich von Natur gut oder böse sei. So angeregt, begann ich, Literatur durchzuforsten und alsbald wurde mir klar, daß man in Deutschland über das Böse nicht sprechen kann, ohne den Blick auf Nationalsozialismus, Zweiten Weltkrieg und Judenvernichtung zu richten. Ich befolge diese Regel hier indirekt, indem ich zuerst Karl Löwith zu Wort kommen lasse, einen vom Nationalsozialismus lebensgeschichtlich betroffenen Philosophen, der 1973 starb. In seinem Bemühen, sich das Geschehene verständlich zu machen, hat Löwith besonders weit in die europäische Geschichte zurückgegriffen. Durch diesen weiten Rückgriff wollte er zeigen, daß allein schon der historische Rahmen wichtig ist, innerhalb dessen man die Frage nach dem Bösen in der Welt überhaupt angeht. Denn im philosophisch umfassenden Sinne gestellt, geht es bei der Frage um die Verfassung der Welt im ganzen. Nun wird aber schon in der biblischen Schöpfungsgeschichte die Welt nicht als das Eine und Ganze des von Natur aus Seienden anerkannt, das den Menschen mitumfaßt. Vielmehr wird die Welt hier als die vergängliche Schöpfung eines Gottes angesehen, der *über* der Welt und *außerhalb ihrer* existiert und der diese Welt um des Menschen willen gewollt hat.

Derart als Schöpfungsgeschichte erzählt, läßt sich jedoch an den Schöpfergott die Frage richten, ob er denn
auch das Böse in der Welt gewollt habe oder woher
dieses denn sonst wohl komme. Auf solch gotteskriti-
sche Frage gibt die Bibel zur Antwort, daß das Böse
dem widergöttlichen Willen des Menschen entstammt.
Mit dieser Antwort wird Gott entlastet und zugleich
auch die von ihm geschaffene Welt. Umso schlimmer
jedoch für den Menschen, kann man sagen, denn die
Herkunft des Bösen lastet nun auf ihm in seinem Verhältnis zu Gott. Aus theologischer Sicht ermöglicht es
diese Erklärung jedoch, Gott selber als ein absolut vollkommenes, gutes und gütiges Wesen zu denken. Weil es
dementsprechend neben ihm oder ihm gegenüber kein
zweites vollkommenes Wesen geben darf, kann also
auch der Satan nicht als allmächtig und allwissend gedacht werden. Der Teufel wird vielmehr ebenfalls entlastet dadurch, daß der Ursprung des Bösen im Menschen
liegt, der da dauernd vor sich hinsündigt, indem er Gottes Befehl zuwiderhandelt. Wir werden sehen, daß viel
später, in der nachchristlichen Philosophie, das Böse
sogar noch stärker als menschliche Fähigkeit aufgefaßt
und moralisiert wird. Blicken wir jedoch zuerst einmal
zurück auf die vorchristliche, auf die griechisch ver-
standene Welt.

Dort besaßen die menschlichen Untaten, so erschrek-
kend und furchtbar sie sind, für das Ganze des Seins
keine prinzipielle Bedeutung. Die Welt war hier verstanden als eine umfassende Ordnung, die in ihrem Wesen vortrefflich und gut ist und in einem mehr als bloß
ästhetischen Sinne auch schön. Zur Wohlgeordnetheit
dieses Kosmos gehörte im griechischen Denken auch
die innere Verfassung eines wohlgeratenen Menschen.

Diese Wohlordnung, welche Himmel und Erde und Götter und Menschen zusammenhält, zeigte sich besonders am regelmäßigen Umlauf der Himmelskörper, voran der Sonne, welche Tag und Nacht und die Abfolge der Jahreszeiten bestimmt. Wo deshalb die Griechen von Verhängnis und von unentrinnbarem Schicksal sprachen, da meinten sie nicht etwas, das dem Menschen gegen seinen Willen aufgezwungen wird, sondern sahen solche Vorgänge eingebettet in den Sinnzusammenhang der höchsten Ordnung. Zwar begann dann Sokrates nach der Ordnung der Polis und nach dem menschlichen Seelenleben zu fragen, doch blieb auch für ihn vorbildlich für die Menschenwelt die Ordnung der Himmelswelt. Deren große Vernunft behielt unbedingten Vorrang, mochte der vom Schicksal betroffene Einzelne dies begreifen oder nicht.

Erst in der christlichen, in der theologisch auf den Menschen bezogenen Welt bekommt die Frage nach dem Bösen ein dramatisches Gewicht. Denn nun ist das Böse prinzipiell auf den Menschen hin zu denken, dieser wiederum ist für die Welt von universeller Bedeutsamkeit. Das Böse entspringt seiner Eigenwilligkeit, seinem Ungehorsam gegen Gott. In der Geschichte von Adam und Eva ist erzählt, wie es damit seinen Anfang nahm. Die Welt vor diesem Sündenfall müssen wir uns deshalb ohne die Unterscheidung von Gut und Böse denken. Sie war ein vor-moralisches Schöpfungsparadies, aus dem der Mensch durch sein Zuwiderhandeln herausfällt. Zur Strafe wird er sterblich und Zeit seines Lebens zur Mühsal der Arbeit verflucht. Sein übles Treiben führte in der Folge zum Brudermord Kains, und schließlich reute es Gott sogar, den Menschen geschaffen zu haben und er schickte die Sintflut. Doch wurde wegen seiner Frömmigkeit Noah mit seiner Familie vor ihren Wassern gerettet, und so gab es einen neuen Anfang. Leider ging es danach so sündig weiter wie zuvor, so daß die Kirchenväter und Theologen von Augustin und Thomas von Aquin über Luther bis hin zu Karl Barth diese Geschichte immer wieder aufs neue ausgelegt haben.

Und noch in der Philosophie der beginnenden Neuzeit, die sich gegen die scholastische Tradition erhob, sieht Karl Löwith die christliche Überlieferung fortwirken. Als Belege zählt er auf, wie noch Francis Bacon, wenn er das Heidnische der griechischen Kosmosphilosophie kritisiert, sich auf die Heilige Schrift beruft; wie Descartes sich auf die Lehre von der Gottesebenbildlichkeit des Menschen stützt, um unserer Selbst- und Welterkenntnis Gewißheit zu geben; wie Kant mit seiner Kritik der Vernunft gerade dem Glauben wieder Raum verschaffen will; und wie auch Fichte auf den christlichen Offenbarungsglauben bezogen bleibt, obwohl er des Atheismus beschuldigt wurde für die Art und Weise, wie er ihn auslegte. Und noch Hegels Philosophie ist recht eigentlich eine Rechtfertigung Gottes, denn sie begreift die Wege Gottes als den Geist, der in der Geschichte der Welt zu sich selbst kommt. Dann kam zwar Nietzsche, der es wieder wagte, die Welt vollkommen zu nennen und sie jenseits von Gut und Böse anzusiedeln. Aber nach ihm, etwa bei Karl Jaspers, wurde im christlichen Zusammenhang weiterphilosophiert. Und so blieb auch die Frage weiterhin offen, wie das aus dem Willen des Menschen entspringende Böse in eine Natur paßt, die doch von Gott geschaffen ist und deshalb vortrefflich sein sollte.

Theodizee

Versuche, die Peinlichkeit dieses Widerspruchs aus der Welt zu schaffen, nennt man seit Leibniz eine *Theodizee*. Er bemühte sich dazu um den Nachweis, welch heilsame Wirkung innerhalb der göttlichen Schöpfung von den vorhandenen Übeln ausgeht. Keinem griechischen Philosophen, so erinnert Löwith, wäre es in den Sinn gekommen, die ewige Weltordnung, den Kosmos, in solcher Weise zu rechtfertigen. Der kleine sterbliche Mensch, der in seiner kleinen Welt der Polis Unordnung stiftet und ungerecht ist, er reichte dort nicht heran an die wohlgeordneten ewigen Kreisläufe der Himmelswelt. Indem Leibniz jedoch weiterhin im Rahmen der biblischen Schöpfungslehre dachte, ist ihm die Welt im christlichen Sinne ein Insgesamt zufälliger Dinge, das nach dem Willen ihres Schöpfers auch anders hätte sein können, ebensogut aber auch *gar nicht*. Erst deshalb, weil Gott auch anders hätte wählen können, kann Leibniz überhaupt fragen, ob er eigentlich die beste aller möglichen Welten gewählt und geschaffen hat. Pierre Bayle, der französische Aufklärer, hatte das verneint und daraus gefolgert, daß es Gott entweder an Macht gebricht oder an Weisheit oder an Güte. Leibniz erwidert nun mit der Gegenfrage, ob denn eine Welt ohne Übel überhaupt besser gewesen wäre?

Man müsse vielmehr, so argumentiert er in scholastischer Manier, den Gesamtzusammenhang anschauen und dann werde man sehen, wie da alles aufeinander einwirkt und abgestimmt ist. Bayle jedenfalls sei im Irrtum, wenn er annimmt, das Ganze könne nur dann das Beste sein, wenn auch alle seine Teile vollkommen sind. Der Mensch mache freilich große Fehler und ganz besonders dort, wo die kleinen Menschenwelten kriegerisch aufeinanderstoßen. Gott aber wende diese Fehler mit wunderbarer Kunst um in eine Zierde seiner großen Welt. Dies zu sehen sei freilich oft so schwierig wie bei gewissen perspektivischen Erfindungen, wo erst die Verwendung eines bestimmten Glases oder Spiegels den wahren Gesichtspunkt ergibt. Leibniz zeigt allerdings auch Mut zum Ketzertum, denn er weicht von dem Dogma ab, wonach Gott die Welt einzig für den Menschen geschaffen habe. Er hingegen deutet an, die Welt mit *allen* ihren Lebewesen sei ein System, dessen Wechselbezüge ein kunstvoll durchdachtes Gleichgewicht bilden. Für den Optimismus, der seiner Deutung innewohnt, verspottete ihn Voltaire später in seinem satirischen Roman *Candide oder Der Optimismus*. Und noch später versuchte Kant, das *notwendige* Mißlingen aller Theodizeen aufzuzeigen.

Löwith aber, dem ich immer noch weiter folge, sieht selbst diesen Versuch christlich eingefärbt, denn Kant wäre es im Leben nicht eingefallen, die Menschheit und deren moralische Vollkommenheit als obersten Zweck der gesamten Schöpfung einzusetzen, hätte er zum Beispiel auf Laotse oder Konfuzius als Grundlage der Religion zurückgegriffen. Nietzsche hat deshalb rückblickend die ganze klassische deutsche Philosophie von Kant bis Hegel eine "hinterlistige Theologie" genannt. Kant zog allerdings aus seiner Beschränkung auf die Menschenwelt auch einen Vorteil. Denn so konnte er sich auf den Hinweis beschränken, daß der Mensch vielleicht weder gut noch böse ist, sondern sich selbst erst durch seinen Willensentschluß zu dem einen oder anderen bestimmt. Diese Freiheit nannte Kant unerforschlich, weil sie ein Können ist, das sich nicht kausal auf eine empirische Ursache zurückführen läßt. Damit aber die Freiheit im Kampf gegen das Böse die Oberhand gewinnen kann, oder theologisch gesprochen: damit es zur Gründung eines *Reiches Gottes auf Erden* kommen kann, müssen diejenigen Menschen eine moralische Gemeinschaft bilden, die die Kräfte des Guten fördern und gegen das Böse gemeinsam ankämpfen wollen.

Kant nannte sie eine *unsichtbare Kirche*. Durch diese Wortwahl konnte er dem Kirchenglauben zubilligen, sich immer schon auf dem Weg zum reinen Vernunftglauben befunden zu haben. Zugleich mochte der biblische Sprachgebrauch dem Verdacht des Königs und der preußischen Obrigkeit entgegenwirken, er neige dem Atheismus zu. Kant meldete dennoch Vorbehalt an gegen die religiöse Hoffnung auf die endgültige Etablierung eines moralischen Gemeinwesens. Denn der Mensch schien ihm doch aus einem zu krummen Holz geschnitzt, als daß je etwas völlig Gerades daraus gezimmert werden könnte. Seine Warnung blieb freilich vergeblich, denn die zum Fortschrittsglauben gewandelte Erlösungssehnsucht führte in zwei Weltkriege und ließ zur Erfahrung werden, daß die wissenschaftlichen Fortschritte auch das Böse in größtem Maßstab technisch organisierbar machen. - Blicken wir noch einmal auf die neuzeitliche Weltauslegung zurück, so sehen wir Leibniz noch darum bemüht, die Güte Gottes angesichts der in der Welt vorhandenen Übel zu rechtfertigen. Kant buchstabiert das Reich Gottes bereits auf eine moralische Menschengemeinschaft herunter. Nach ihm aber wird Nietzsche erklären, daß Gott tot ist und daß eine moralische Verfassung der Welt sich also nicht mehr begründen lasse.

Doch konnte selbst Nietzsche sich nicht ganz von der Schöpfungsidee lösen, denn wo er das lebendige Sein der Welt als einen Willen bestimmt, der nur sich selbst will und der sich im Kreis bewegt, statt auf ein Ziel hin, da spiegelt sich in dieser antichristlichen Formel doch noch der Wille des für tot erklärten Gottes, daß eine Welt sei und nicht das Nichts. Trotzdem: Indem Nietzsche von der Welt sagt, daß sie nur sich selber will, läßt sich nicht mehr fragen, wozu sie überhaupt da ist. Löwith, der diese Stufen philosophischer Reflexion rekonstruiert, wendet sich damit gegen den Allmachtswahn in den Geschichtsprojekten linker wie rechter Couleur. Sie wollen die menschheitliche Entwicklung in einen vollkommenen und endgültigen Zustand überführen. Er aber hält dem entgegen, daß Naturwissenschaften und Technik die Reichweite menschlichen Handelns zwar erheblich vergrößert haben, daß es gleichwohl aber eine utopische Machtphantasie bleibt, man könne sich die Natur alsbald gänzlich unterwerfen. In diesem Herrschaftsversprechen sah er vielmehr die christliche Erwartung einer endlichen Erlösung, einer Endlösung also, weiterwirken. Nur verschärft der Fortschrittsglaube die Lage, weil unter christlichem Einfluß das Böse in der Welt immer dem widergöttlichen Willen der Menschen angelastet wurde.

Die Übel, unter denen stets Viele zu leiden hatten, galten so als Strafe Gottes für der Menschen sündiges Tun. Dieses Schuldkonzept bewirkte einen Gehorsam, der zugleich die religiösen und politischen Autoritäten gegen Kritik abschirmte. Deshalb ahnten auch alle Obrigkeiten instinktiv die Gefahr, als bürgerliche Aufklärer in den europäischen Ländern zwischen dem 16. und 18. Jahrhundert begannen, sich religionskritisch zu äußern und die menschliche Vernunft zum obersten Gesetzgeber erklärten. Zweifel an Gott bedeuteten ja zugleich Zweifel am Regiment derer, die sich als Gottes Stellvertreter oder als Herrscher *von Gottes Gnaden* verstanden. Leibniz wollte so gesehen noch zwischen den bürgerlich radikalen Gleichheitsforderungen und der alten Ordnung politisch vermitteln. In der Praxis jedoch ging es weniger um Theodizee. Dort gingen Bevölkerungen, wenn die Übel sehr groß wurden, oft auf die Suche nach Schuldigen. Stets fanden sie Wortführer, die auf Opfergruppen hinwiesen, an denen blutig Rache genommen werden konnte. Durch diese Jagd auf Sündenböcke wurde nicht nur eine vermeintliche Schuld an ihnen gerächt, sondern im gleichen Akt schützten sich die Angreifer davor, selbst in die Rolle der Schuldigen zu geraten. Mit ironischem Unterton hat der Philosoph Odo Marquard darauf hingewiesen, wie gut sich aber gerade Gott als Sündenbock eignete!

Das Drama um den Gottessohn darf hier jedoch unerörtert bleiben, weil der dreieinige Gott, indem er schließlich für tot erklärt wurde, ja als Sündenbock wieder ausfiel. Umso spannender die Folgefrage, wer angesichts reichlich fortdauernder Übel seine Stelle bekam. Marquards Antwort lautet: Es ist derjenige, der sich selbst als Schöpfer und Erlöser immer mehr an die Stelle Gottes schieben will: der Mensch. Durch diesen Wechsel verschärft sich allerdings die Sündenbockjagd, weil die Verfolger nun nicht länger durch göttliche Gebote in ihrem Tun gehemmt werden. Umso mehr erblüht deshalb die Kunst, es nicht gewesen zu sein und stattdessen auf andere zu zeigen. Diese Anderen, das sind die Feinde, die Kapitalisten, die Kulaken, die Intellektuellen oder wer sonst sich eignet. Keine totalitäre Herrschaft, so resümierte Manès Sperber bitter, könnte den Betrug ihrer Vollkommenheit aufrechterhalten, würde sie nicht Verräter verfolgen. Allein in den Demokratien westlichen Musters ist es bisher einigermaßen gelungen, den Sündenbockmechanismus einzudämmen, weil die Opposition versuchen darf, Dinge, die schief gehen, der Regierung anzulasten. Wird diese abgewählt, so erleiden ihre Mitglieder lediglich das Sitzen auf harten Oppositionsbänken.

Rousseau

Bei der Suche nach Schuldigen, denen man die Übel der Welt anlasten kann, kommt man eigentlich nicht an Jean Jacques Rousseau vorbei. Rüdiger Safranski hat ihm 1987 in seiner Studie über *Das Böse* ein eigenes Kapitel gewidmet, und ich will das hier in gebotener Kürze wiedergeben. Rousseau klagte bekanntlich als Ursache aller Übel die Zivilisation an. Er tat dies im Blick auf das ständische Frankreich seiner Zeit, also noch unter vordemokratischen Verhältnissen. Die Zivilisation hätte die Menschen vom Pfad der natürlichen Ordnung abgebracht und sie aus ihrem wahren Selbstsein herausgerissen, so lautete sein Vorwurf. Dieses wahre Selbstsein sei verbunden gewesen mit einer Freiheit, die nicht auf Unterwerfung der anderen zielte. Vielmehr zeigte der natürliche Mensch den anderen gegenüber Sympathie und Mitleid, und beides als Gefühle, die keiner moralischen Gebote bedurften. All dies aber sei verloren, seit die Menschen in die Zivilisation gerieten. Ihren unglücklichen Anfang nahm diese, als Einige sich nicht mehr mit dem natürlich Vorhandenen begnügen wollten, um es in Ruhe zu genießen. Stattdessen wurden sie erfinderisch, steigerten die Erträge durch neue Arbeitstechniken, wollten dann das Gewonnene für sich behalten und sicherten deshalb ihr Eigentum ab.

Später kam durch das Nacheinander der Generationen noch das Ererbte hinzu, und all dieser Besitz wurde nun verteidigt. Das reizte wiederum andere, ihn zu rauben und so kam Gewalt ins Spiel. Der zunehmende Besitz grenzte die Menschen immer mehr voneinander ab, erzeugte Macht und Hierarchien, Konkurrenz und Verfeindungen, schürte Mißtrauen, erzeugte Täuschungen und Maskierungen. Rousseau beschrieb damit die Verhältnisse im Frankreich des 18. Jahrhunderts, doch erklärte er ihr Entstehen eigentlich nicht aus geschichtlichen Umständen, sondern behauptete, es habe eine Art vorgeschichtlichen Sündenfall gegeben. Durch ihn hätten sich die Welt, die anderen und sogar das eigene Selbst in einen Gegenstand verwandelt. Welt und Mitmensch wurden dadurch zu Mitteln der eigenen Selbstbehauptung, ihre Bedeutung reduzierte sich auf die bloßer Werkzeuge. Als Resultat hält Rousseau den reflektierenden Zivilisationsmenschen für ein Bündel berechnender Falschheit und erklärt ihn zum entarteten Tier. Zum versöhnenden Bewußtsein der Vorzeit kann er nur zurückfinden, wenn es ihm gelingt, sich aus dem falschen Leben wieder hinauszureflektieren und das nichtentartete Tier in sich wiederzuentdecken. Diese innere Umkehr ist mit der berühmten Losung "Zurück zur Natur!" gemeint.

Rousseau hält diese Umkehr für möglich, weil der Mensch als freies und erkennendes Wesen an sich selbst arbeiten und sich, anders als die Tiere, selbst verändern kann. Doch hat er die Fähigkeit dazu bisher unzureichend genutzt, denn was er aus sich gemacht hat, ist kein vollendetes Werk geworden. Die ungeheure Wirkung, welche der Ruf "Zurück zur Natur!" erzielte, erklärt Safranski unter anderem damit, daß Rousseau den scheinbar kürzesten aller Wege weist, nämlich den Weg nach innen. Wer in sich geht, hört dort die Stimme der Natur als Stimme des Herzens. Allerdings war er illusionslos genug, um wahrzunehmen, daß die gute innere Natur nicht so dauerhaft und verläßlich ist, wie erhofft. Am besten kann der Mensch es noch bei sich aushalten, so fand er, wenn er in Ruhe gelassen und von den anderen möglichst wenig gestört wird. Diese Erfahrung übersetzte er in eine Geschichtsphilosophie, welche aus seinem eigenen *Abseits* zur Gesellschaft ein Glück *vor* aller Zivilisation macht. Es gab allerdings Zeitgenossen, die der versprochenen großen Kommunikation mit der Natur mißtrauten. Bei aller Kraft, mit der die Liebe Grenzen überwinden kann, bezweifelten sie doch, daß sie im Sozialen die Undurchsichtigkeiten einer sich berechnend verstellenden Gesellschaft wegschaffen kann.

Wo jedoch die Vision des liebevollen Gleichgestimmtseins nicht von allen akzeptiert wird, da verwandelt sich die Welt jäh in eine Welt voller Feinde. Rousseau hatte nun aber in seiner Schrift über den *Gesellschaftsvertrag* eine solche umfassende Gleichgestimmtheit unterstellt. Ein gemeinsamer Wille, die *volonté générale*, sollte sich in den Institutionen und Gesetzen verkörpern. Und diese Gemeinsamkeit war nicht gedacht als ein Kompromiß aus vielfältigen und widersprüchlichen Strebungen, sie sollte kein bloß statistischer Mehrheitswille sein. Die Folgen zeigten sich nach der französischen Revolution im Tugendterror Robespierres, der sich dabei ausdrücklich auf Rousseaus *volonté générale* berief. Durch die große Vereinigung aller sollte den gesellschaftlichen

Verfeindungen ein Ende gesetzt werden. Dazu mußte
das Eigentum beschränkt und die wirtschaftliche Konkurrenz ausgeschaltet werden, und hierfür wiederum
brauchte es eine Staatsmacht mit religiöser Weihe. Die
Menschen sollten den gesellschaftlichen Einrichtungen
mit selbstloser Hingabe dienen und sich als Teil eines
Ganzen fühlen, dem sie alle ihre Leidenschaft und Liebe
schenken. Diese Liebesordnung aber kommt nicht ohne
Bedrohungen aus. Wer seinem Egoismus verhaftet
bleibt, der soll weder Mensch noch Staatsbürger sein.

Rousseau war indes scharfsinnig genug zu ahnen, daß
noch so gute staatliche Einrichtungen und auch nicht
Drohungen den neuen *Gesellschaftsvertrag* sichern
würden. Vielmehr galt es, einen neuen Menschen her-
anzubilden. Dessen Gesinnung sollte der Idee des Organismus entsprechen, in dem alle Glieder füreinander
leben. In den Grenzen des Organismus gibt es zwischen
ihnen keine Verfeindung, wohl aber Aufopferung. Dafür
wiederum darf der Rousseausche Gesellschaftskörper
nur so groß sein, wie der nachbarliche Sinn reicht und
für solidarische Gegenseitigkeit sorgt. Deshalb sollte
der als Betrüger gelten, der die Nachbarschaftsliebe für
zu beschränkt erklärte und behauptete, die ganze
Menschheit zu lieben. Ein Patriot, so widersprach Rousseau, ist nämlich hart gegen den Fremden, gerade weil
er sein Gemeinwesen liebt. Denn es ist besser, nach
außen verfeindet zu sein und dafür im Innern einer Gemeinschaft zu leben, die das Herz befriedigt. Der
Mensch soll ein staatsbürgerliches Glaubensbekenntnis
auf den Gesellschaftsvertrag samt seinen Gesetzen ablegen, das ihn auf das öffentliche Wohl als den höchsten
aller Zwecke verpflichtet. Wer das Bekenntnis nicht

ablegen will, ist aus der Gesellschaft zu verbannen, wer es trügerisch ablegt, verdient die Todesstrafe.

Noch zu Lebzeiten nannte Voltaire Rousseau einen *verachtungswürdigen Irren*. Gleichwohl war seine Wirkung ungeheuer, selbst auf diejenigen, die seine Schriften nie lasen. Innerhalb der Geschichte des 19. und 20. Jahrhunderts veränderte der Rousseauismus das Dasein von Millionen. Ich will deshalb noch einmal auf eine Einzelheit der Theoriebildung Rousseaus zurückblicken, die aufschlußreich ist. Dort, wo er die ursprüngliche gute Menschennatur beschreibt, greift er nämlich nicht auf die üblichen Paradiesvorstellungen zurück. Vielmehr nimmt er in spätscholastischer Tradition den vorgefundenen gesellschaftlichen Zustand als Vorlage, um sie zu verneinen. Aus der Verneinung entspringt das friedliche, hilfsbereite und gefühlsgesteuerte Wesen, das sich nur leider in geschichtlich früher Zeit seiner guten Instinkte entledigte und auf den irrtümlichen und unheilvollen Pfad der Zivilisation einschwenkte. Die Instinktentbindung wird hier negativ gesehen, sie ist böse, sie bedeutet Entfremdung des Menschen von sich selbst. Diese Entfremdung gilt es rückgängig zu machen, um zur guten Natur zurückzufinden. Wir finden diese dreifaltige Figur später auch im Kommunismus und in der Lehre von der Volksgemeinschaft wieder. Beiden geht es um eine konfliktfreie Gemeinschaft der Gleichgestimmten.

Klarsichtig und Böses vorausahnend hat Helmuth Plessner beide Varianten des Gemeinschaftsglaubens 1924 kritisiert. Die von allen Rousseauisten anvisierte Gleichgestimmtheit der Seelen sah er zwangsläufig daran scheitern, daß die menschliche *Innerlichkeit* sich restloser Erschließung entzieht. Und der erhoffte Gleichklang läßt sich ebensowenig *dauerhaft* sichern, weil die menschliche Fähigkeit unausrottbar bleibt, sich selbst immer wieder neu und anders zu entwerfen. Durch diese Einwirkungsmöglichkeit auf sich selbst ist die Existenzform des Menschen künstlich oder sogar künstlerisch. Das hatte ja Rousseau selbst in Anspruch genommen, wo er den Sündenfall erklärte und die Umkehr verlangte. Will jedoch eine neue Ordnung diese menschlichen Gattungseigenschaften stillstellen, dann muß sie die Lebendigkeit der Menschen vergewaltigen. Ein erträgliches Verhältnis zwischen Freiheit und Verpflichtung, zwischen Nähe und Distanz war für Plessner nur organisierbar in einer Ordnung, die er Gesellschaft nennt. Gesellschaft ist der Gegenbegriff zu aller rousseauistischen Gemeinschaftsphantasterei, die im 20. Jahrhundert unter Hitler und in etwas anderer Weise unter Stalin so böse Realisierungsversuche erlebte und so verlustreich scheiterte.

Weil aber die Gemeinschaftssehnsucht trotz alledem nicht stirbt, sondern auf jede neue Generation ihren Reiz ausübt und ihre Anhängerschaften findet, deshalb gilt es immer aufs neue dem Mißverständnis entgegenzutreten, das Wesensmerkmal aller Gesellschaft sei soziale Kälte und wer sich zu ihr bekenne, müsse dem Verlangen nach der Wärme menschlicher Gemeinschaft auf immer entsagen. Plessner hat diesem Irrtum schon 1924 mit deutlichen Worten widersprochen. Der lebendigen Gemeinschaft wollte er weder ihr Recht, noch ihren Adel und ihre Schönheit versagen. Nur wo sie als *ausschließlich* menschenwürdige Form des Zusammenlebens proklamiert wird, wo sie zum alles andere ausschließenden Prinzip erhoben wird, da sieht er sie in einen maßlosen

und menschenverachtenden Radikalismus der Gemeinschaft ausarten. Der Glaube an die natürliche Gemeinschaft hat religiösen Charakter und deshalb hat Voegelin später auch von den Politreligionen des 20. Jahrhunderts gesprochen. Nur in einigen westlichen Ländern
gelang es bisher dauerhaft, die Grausamkeiten religiöser
Verfolgungen und innerer Hexenjagden zurückzudrän-
gen und die errungenen Grundrechte in gelebter Verfas-
sungstradition zu bewahren.

Wer sich ihrer Entstehungsgeschichte zuwendet, stößt
alsbald auf die europäischen Religionskriege. Sie waren
gegenseitige Versuche, das Böse der je anderen Konfes-
sion kriegerisch und mörderisch zu vernichten, und sie
führten in eine allseitige Erschöpfung. Aus dieser Er-
mattung erwuchs schließlich die Idee des weltanschaulich neutralen Staates. Ein wichtiger Nebenschauplatz
dieses geschichtlichen Aufbruchs waren die späteren
USA. Denn hier erkämpften sich Glaubensflüchtlinge
gegen die englische Krone und damit gegen die alten
Obrigkeiten die Staatswerdung ebenso wie die Glau-
bensfreiheit. Noch heute nährt dort die religiöse Be-
kenntnisfreiheit das zivilgesellschaftliche Selbstverständnis. Das Reich aber bildete in den Gründungsjahr-
hunderten der neuen Nationalstaaten den zurückblei-
benden 'Rest'. Deutschland in seiner Mitte, zersplittert
und mit schwachem Bürgertum, fand erst 1871 zu nationaler Einheit. Und diese Einheit wurde unter der Führung Bismarcks herbeigekämpft, nicht unter der bürgerlichen Idee der Menschenrechte. 1935 nannte Plessner
deshalb das zweite Deutsche Reich einen *Machtstaat
ohne Idee*. In ihm geisterte statt der westlichen Gewal-
tenteilung, die der Eindämmung des Machtmißbrauchs
dient, alsbald Nietzsche und der *Wille zur Macht* herum.

Europäertum

Plessner rief angesichts des Nationalsozialismus in Erinnerung, daß die Konkurrenz der Völker eine Konkurrenz ihrer Sinnordnungen ist. Diese Konkurrenz ist dem Umstand geschuldet, daß der Mensch kein natürliches und fragloses Verhältnis zu seiner Umwelt besitzt. Zwar ist ihm die eigene Ordnung vertraut und scheint ihm natürlich. Jedoch erfährt er in der Begegnung mit dem Fremden das andere Sein als Möglichkeit. Sie wirkt beunruhigend, erscheint bedrohlich, und aus der inneren Abwehr erwächst die Unterscheidung von Freund und Feind. Von altersher führte sie in die kämpferische Auseinandersetzung. Dieses Konkurrenzverhältnis, in dem die eigene Form als die richtige behauptet wird, ist sehr sehr schwer zu überwinden. Denn es genügt nicht, die Gegensätze theoretisch in *einer* universalen Humanitätskonzeption aufzuheben. Vielmehr ist verlangt, in der Vielfalt der Völker, Rassen, Staaten und Kulturen die eigene vertraute Lebensform als relativ zu sehen, als eine Möglichkeit unter vielen - und dies zu akzeptieren. Nur im alten Europa ist diese unwahrscheinliche Wende historisch einmal geglückt und strahlt bis heute in die anderen Weltzonen aus. Eine Sphäre der Freiheit war damit gewonnen, in der auch dem Fremden zugestanden ist, sich nach eigener Willkür selbst zu bestimmen.

Diese Freiheit nannte Plessner *Europäertum*, und er hielt es für möglich, im Sinne des Fair play eine neuartige Konkurrenz mit den anderen Völkern und ihren Kulturformen zu beginnen. Vorausgegangen sah er das politische Entstehen von Nationalstaaten, die in ihrem Inneren solche Freiheit etablierten. Unter ihren Regeln kann ein Volk unter Völkern nur soweit notwendig sein, wie es sich nötig und notwendig macht. Seine Politik soll den Sinn haben, die eigene Tradition mit anderen und gegen andere durchzusetzen als eine Idee allgemeingültiger Menschlichkeit. Dabei aber wird das Bewußtsein um die Relativität des Eigenen eine Beschränkung auf die Kunst des Möglichen nahelegen, werden die Ziele relativer, die Kampfmittel andere sein. In Deutschland haben seine Darlegungen dem Europäertum nicht zum Durchbruch verholfen, haben seine Warnungen das Unheil nicht abwenden können. Das radikal Böse, von dem Kant 1792 sprach und an das Christoph Schulte 1988 in einer Studie anknüpfte, es hat sich in Deutschland ereignet. Als die Untaten nach der Niederlage von 1945 ans Licht kamen, war das Land geteilt. Im kommunistisch beherrschten Osten wurde die Schuldfrage schnell abgewehrt, indem die politische Führung ihr Herrschaftsgebiet für antifaschistisch erklärte.

Im westlichen Teil, der Bundesrepublik, verdächtigte nach den ersten Jahren des Wiederaufbaus eine Studentenbewegung alle Väter der Mittäterschaft und betrieb lautstark nachholenden Ungehorsam. Der Nationalsozialismus wurde, um ein Wort Manès Sperbers zu benutzen, durch einen *Nationalpazifismus* ersetzt. Und unter dem moraltheologischen Einfluß der Frankfurter Schule galten die deutschen Verbrechen fortan als eine absolute Schuld, die man durch eine rituelle Praxis ständigen Andenkens gegen eine geschichtlich vergleichende Betrachtung immunisierte. Dieses Forschungstabu wurde 1986 im sogenannten Historikerstreit verteidigt und noch einmal nach der Wiedervereinigung, als Martin Walser 1998 in der Paulskirche die moralische Instrumentalisierung von Auschwitz kritisierte. Dabei wäre es vermutlich höchst aufschlußreich zu fragen, warum der Protest gegen den politischen Humanismus Westeuropas in Deutschland so besonders virulent wurde, und wie das neuzeitliche deutsche Verliererschicksal der Popularität Nietzsches Auftrieb gegeben haben mag, eine Popularität, die ja weit über den Kreis seiner Leser hinausreichte. Es wird zwar heute um unser Selbstverständnis durchaus gestritten - das Reizwort heißt *Leitkultur* - und ebenso um die deutsche Rolle in der Welt draußen.

Jedoch geschieht beides weiterhin im Banne eines quasitheologischen Schuldkomplexes, der eine selbstbewußte Idee von Deutschland ausschließt. Sie aber ist Voraussetzung, um im Sinne des Plessnerschen *Europäertums* auf die erweiterte EU gestaltend und wetteifernd einwirken zu können. Aus gebotener Vorsicht möchte ich an dieser Stelle einfügen, daß meine Überlegungen weder Auschwitz leugnen noch die deutschen Verbrechen bagatellisieren sollen. Aber der vielzitierte Spruch 'Wer seine Geschichte nicht kennt, ist dazu verurteilt, sie zu wiederholen', er bedeutet doch eben auch, daß wir unsere Geschichte nicht im Stil der achtundsechziger Jahre auf einen zeitlich kleinen Ausschnitt davon einengen und diesen für das Ganze nehmen dürfen. Zu vieles bleibt auf diese Weise unbewußt wirksam, was schon vor den Nazis bei uns grassierte, zum Beispiel der Glaube an den väterlichen Staat; zum Beispiel die Amerikafeindschaft, welche vorher dem perfiden Albion, also England galt; zum Beispiel auch das Gerede von einem deutschen oder dritten Weg. Ausgeblendet bleibt so ferner, daß die autonome Vernunft, welche Kant dem Menschen zuschrieb, ebensogut oder ebensoschlecht ein planmäßiges Handeln *gegen* das Sittengesetz anleiten kann. Der Marquis de Sade hat das in seinen Schriften durchgespielt.

Seither konnten und können wir wissen, daß das Gutsein oder Gutseinwollen eine bewußte und systematisierte Bosheit zur Schwester hat, und daß wir das Böse mithin nicht einfach als das Ungeistige abtun können. Philosophisch, so fasste Schulte die Lage zusammen, ist nach dem Tod Gottes die Frage nach dem Sinn des Bösen und des innerweltlichen Leidens nicht mehr zu beantworten. Und besonders beunruhigend fand er, daß Theorien des *individuell* Bösen das Verbrechen nicht erklären können, das den Namen Auschwitz trägt. Die Organisatoren bedurften *keiner* über-banalen Bosheit, sie handelten vorschrifts- und pflichtgemäß. Das wollte Hannah Arendt 1964 mit ihrem Buch über Eichmann zeigen. Schulte zieht daraus den Schluß, daß die Definition von Recht und Unrecht nicht dem Staat überlassen werden dürfe. Er hätte hinzusetzen sollen: dem Staat, der sich rousseauistisch als große Gemeinschaft der Gleichgestimmten versteht. Denn es war wiederum Hannah Arendt, die an den bösen und fatalen Erfolgen der totalitären Regime etwas aufdeckte, das sich unserem Verstehen besonders schwer erschließt. Es sind nämlich gerade edelste menschliche Fähigkeiten, und zwar unbedingte Treue und Aufopferungsbereitschaft, welche in totalitären Prozessen ihre bösen Dienste leisten.

In ihrer Propaganda beschwören sie das Ideal der großen Gemeinschaft, sie predigen den moralischen Kampf gegen Egoismus und persönliche Vorteilssuche, sie schüren Haß gegen Markt und Geldwirtschaft als eine Welt des Feilschens und der privaten Bereicherung. Dann stacheln sie den Neid der Hungrigen zur Wut auf und wenden die Gewalt der Straße gegen die Demokratie. Noch 1963 hat Arendt die bange Frage beschäftigt, wie die Demokratie gegen Wiederholungen solcher Art zu schützen sei. Und 1987 hat der Philosoph Hermann Lübbe in einer kleinen Studie dargelegt, wie die Moral, wenn sie unter solchen totalitären Bedingungen zu entarten beginnt, allein noch durch einen Common sense verteidigt wird, der sich dem staatlich verordneten Gemeinschaftsgefühl gerade verweigert. Lübbe sieht sehr wohl, daß solcher Widerstand von schwacher Kraft ist. Das liegt zum einen am Unverhältnis zwischen dem Einzelnen und der Gesellschaft. Doch zum anderen hängt die Zahl der Mutigen wiederum mit dem Verhältnis zu unserer Geschichte zusammen. Denn Selbstgefühl haben wir als Bürger in dem Ausmaß, in dem wir unserer Geschichte zustimmen können. Und damit komme ich am Ziel meiner Überlegungen an.

Wie vorhin dargelegt, hielt Schulte Auschwitz mithilfe bloß individueller Psychologie für nicht erklärbar. Aus dieser Verlegenheit rettete er sich mit der Bemerkung, zur Erinnerung an Auschwitz bedürfe es auch nicht gleich einer Theorie, *sondern, bescheidener, des An-Denkens.* Da aber benutzt er genau die geistige Denksperre, welche mit dem Relativierungsvorwurf arbeitet und die deutsche Geschichte der vergleichenden Betrachtung entzieht. Solange wir dieses Tabu respektieren, werden wir dem Unbehagen in unserer Schuldkultur nicht entkommen. Es ist uns nicht gelungen in den Jahren, als wir noch die Flucht nach Europa anzutreten suchten. Es gelingt uns ebensowenig durch die vielen kleinen Fluchten, die wir so massenhaft begehen, daß unser Land Reiseweltmeister wurde. Und auch die grassierende sprachliche Flucht in Amerikanismen halte ich für ein Symptom, das keinen Ausweg bietet. Nein, wenn Adler recht hatte mit dem Wort, der Mensch sei von Natur weder gut noch böse, dann sollten wir die bösen Zeiten deutscher Geschichte mit Arendtschem Mut vergleichend betrachten und uns überdies besinnen auf die guten und erstaunlichen Leistungen in unserer Vergangenheit. Beides wird jenem bürgerlichen Common sense am ehesten aufhelfen, an dem es vor einem Dreivierteljahrhundert so bitterlich fehlte.

Literatur

Adler, Alfred (zus. m. Ernst Jahn): Religion und Individualpsychologie: Eine prinzipielle Auseinandersetzung über Menschenführung. Wien / Leipzig 1933, S. 58 - 92.

Arendt, Hannah: Tradition und Geist der Revolution. In: dies., Über die Revolution. - (1963), 4.Aufl., München 1994, 277-362.

Löwith, Karl: Die beste aller Welten und das radikal Böse im Menschen. - (1959), in: ders., Wissen, Glaube und Skepsis. Zur Kritik von Religion und Theologie. Sämtl. Schr. 3, Stuttgart 1985, 275-297.

Lübbe, Hermann: Politischer Moralismus. Der Triumph der Gesinnung über die Urteilskraft. – Berlin 1987.

Marquard, Odo: Exkulpationsarrangements. - In: W. Oelmüller (Hg.), Worüber man nicht schweigen kann. Neue Diskussionen zur Theodizeefrage. München 1992, 24-29.

Plessner, Helmuth: Die Grenzen der Gemeinschaft. – (1924), Ges. Schr.V., Frankfurt am Main 1981.

ders.: Macht und menschliche Natur. Ein Versuch zur Anthropologie der geschichtlichen Weltansicht. (1931), - Ges. Schriften V., Frankfurt am Main 1981, 135-234.

ders.: Einführung zu: Die verspätete Nation. – (1959), Ges. Schr. VI., Frankfurt am Main 1982.

Safranski, Rüdiger: Der gute Mensch und seine Feinde. - In: ders., Das Böse. Das Drama der Freiheit. – München 1997, S. 154-170.

Schulte, Christoph: radikal böse. Die Karriere des Bösen von Kant bis Nietzsche. – München 1988.

Sperber, Manès: Brief vom 19.12.1983 an Rainer Schmidt. Abgedruckt bei Schmidt, Rainer: Vom gehassten Krieg und vom friedlosen Frieden. – In: Z. f. Individualpsychol., 28.Jg., 2003, S. 221f.

Die Kunst des Lügens

> Mitunter fälscht wer, gar nicht schlecht,
> Ein Krankheitsbild, als wär es echt.
> Dann wird, es richtig zu bewerten,
> Der Doktor gar zum Kunstexperten.
> Eugen Roth

Im täglichen Leben sammeln sich die Lügen an wie schmutzige Wäsche. Gelogen wird in der Werbung, wo es zum Beruf gehört, aber auch in der Wissenschaft, wo es bekämpft wird. Beim Fußball ist es die "Schwalbe", im Sexfilm das lustvolle Stöhnen, welche allesamt die menschliche Fähigkeit zur listigen Verstellung anzeigen. Und doch waren diese Fälle für Nietzsche nur die "kleine Fälschung". Das große Lügen hingegen sah er als welterklärende Religion auftreten. Und wo der Religion darin durch Wissenschaft Konkurrenz gemacht wird, rechnete er auch diese hinzu. Nietzsches Namen gleich zu Beginn erwähnen, heißt allerdings abschrekken. Denn die Lektüre seines Werks greift das Gemüt des Lesers an, und sie ist auch neben dem Beruf kaum zu bewältigen. Nehmen wir aber einmal an, es sei Alfred Adler damit schon ganz ähnlich gegangen, dann mag er dankbar festgestellt haben, dass Hans Vaihinger in seiner 1911 erschienenen "Philosophie des Als Ob" auf nur zwanzig Seiten recht übersichtlich darstellte, wie Nietzsche zu diesem Thema gekommen war und welchen Verlauf sein Nachdenken darüber nahm. Ich trete also auf dem Wege der Vermutung in Adlers Fußstapfen und versuche noch dankbarer als er, Vaihingers verdienstvolle Kurzfassung Nietzsches ihrerseits kurzzufassen.

Leitende Fiktion

Nietzsche war durch Schopenhauer und Richard Wagner durchaus belehrt darüber, dass Leben und Wissenschaft ohne erdichtete, also falsche Vorstellungen nicht auskommen. Ihm war auch bekannt, wieviel Nutzen die unbewußte Anwendung solch falscher Vorstellungen im Alltag wie im Wissenschaftsbetrieb mit sich bringt. In Erstaunen versetzte ihn erst die allmähliche Erkenntnis, dass auch aufgeklärte Köpfe, welche sich der Falschheit bewußt sind, die Vorstellungen dennoch weiter anwenden. Mit Blick auf die Wissenschaften wurde ihm deutlich, welch große Rolle hier der Schein, das Dichten und Fälschen spielen. Auf der anderen Seite wurde ihm klar, dass in einer Welt des ständigen Werdens, des Schwankens und Zerfliessens dieses Erdichten eine notwendige Tätigkeit ist, sofern wir überhaupt etwas begreifen und feststellen wollen. Demnach ist der Mythos berechtigt und unentbehrlich fürs Überleben, und die Begriffe "wahr" und "falsch" gelten zu Recht als relativ. Das bewußte und absichtliche Erregen von Schein ist zuerst ja in der Kunst zu finden, wo Nietzsche es als "Lüge im aussermoralischen Sinne" benennt.

Denn jedes Drama operiert mit fingierten Wesen, in denen wir uns in einem anderen Leib wiedererkennen. Solche Illusionen des schönen Scheins machen das Leben überhaupt erst lebenswert, und wer sie in sich und anderen zerstört, den bestraft das Leben. Diesen Erkenntnisstand seiner Jugendschriften erreichte er freilich erst unter Qualen, denn er mußte akzeptieren, in welch einem Illusionsnetz aus Wahnvorstellungen und Trugmechanismen wir leben. Ihre lustvolle Bejahung gelingt ihm schließlich, indem er uns beim Erzeugen dieser Phantomwelt als Schaffende betrachtet. Das Schaffen sieht er nicht allein in Kunst und Kultur vor sich gehen, sondern auch in unserem Erkennen. Überall wo wir den Begriff einer Sache gewinnen, verstärken wir ihre Hauptzüge und vergessen die Nebenzüge. Obwohl wir auf diesem Wege Nichtgleiches miteinander identifizieren, tun wir so, als wäre der Begriff etwas Tatsächliches. Zeit, Raum und Kausalität sind uns deshalb *mehr* als bloß Symbole, Bilder und rhetorische Figuren, weil sie uns wertvolle Hilfsmittel sind, die uns dienen, "Gerüste", die uns nützen.

Später wird Nietzsche sagen, dass überhaupt schon die Sprache mit ihren Worten und Begriffen dazu verführt, uns die Dinge einfacher zu denken als sie sind. Aber obwohl auch in der Sprache eine philosophische Mythologie steckt, ist auch sie uns als Mittel unentbehrlich und gehört wie die wissenschaftlichen Glaubenssätze und Überzeugungen zu den regulativen Fiktionen. Das ist nichts Bitteres, sagt er dann irgendwann, wir müssen das Irren lieben und pflegen, es ist der Mutterschoß des Erkennens. So glauben wir denn an das beharrende Ding, an das Sein und auch an ein Ich, wiewohl alles sich im Fließen und Werden befindet. Wir rechnen mit falschen Grössen und irrtümlichen Grundannahmen und gelangen dadurch zu festen Ergebnissen. Große Zustimmung äußert er in bezug auf Kants Aussage, dass der Verstand seine Gesetze nicht aus der Natur schöpft, sondern sie der Natur vorschreibt. Gerade in dieser erfindenden, dichtenden, fälschenden Tätigkeit bekunde sich die schöpferische und schaffende Kraft des Geistes. Wie die Kunst als eine Art Kultus des Unwahren aus dem guten Willen zum Schein hervorwächst, so ist ihm die schöpferische Kraft auch anderswo das wirkend Lebendige.

In den späten Äußerungen Nietzsches finden wir Wahrheit nicht länger als den Gegensatz zum Irrtum, sondern als die Bevorzugung gewisser Irrtümer gegenüber anderen Irrtümern. Wir bevorzugen die älteren, weil sie uns tiefer einverleibt sind oder weil wir ohne sie nicht zu leben wissen. Wahrheit ist jetzt der zweckmässigste Irrtum; das Perspektivische unseres Wahrnehmens wird betont. Die Perspektive ist eine notwendige Täuschung, die auch dann wirksam bleibt, wenn wir sie durchschaut haben. Die falschen Urteile, zu denen er auch Kants Grundkategorien zählt, sie sind uns unentbehrlich, weil der Mensch nicht leben kann, ohne die Wirklichkeit an der von ihm erfundenen Welt zu messen. Er ist das phantastische Tier. Aus seinem mythenbildenden Trieb entspringt die ganze Bilderrede der Wissenschaft. Subjekt und Objekt sind deshalb ebenso Fiktionen wie Ursache und Wirkung. Es gibt kein *Ding an sich*, und insbesondere kein feststehendes *Sein*. Glaube ist vonnöten, solange dies Hypothetische unseres Erkennens nicht ertragen wird. Wo es aber durchschaut ist, da braucht es den starken Geist, der an der Fiktivität regulativisch festhält und nach ihr handelt.

Aus der Stoa entnimmt Nietzsche den dazu passenden Gedanken, es sei unsere Art zu leben und zu handeln als eine Rolle zu betrachten. Und in diesem Sinne warnt er an anderer Stelle vor dem Schaden, der entsteht, wenn den regulativen Fiktionen irrtümlicherweise Realitätscharakter zugeschrieben wird. Womit wir endlich bei der christlichen Weltanschauung angelangt wären und ihren, in Nietzsches Augen, armseligen und schlechten Jenseits-Fiktionen. Vaihinger bricht seine Darstellung hier ab mit dem Argument, Nietzsche hätte die Nützlichkeit und Notwendigkeit auch der religiösen Fiktionen sicherlich noch anerkannt, wäre seine gedankliche Entwicklung nicht durch die Erkrankung von 1888 vorzeitig abgebrochen worden. Denn einige Äußerungen Nietzsches scheinen ihm in diese Richtung zu deuten. So fragte er einmal, ob man nicht an Gott glauben solle, gerade *weil* er falsch ist? Ob nicht das Lügen und Umfälschen, das Sinn-Einlegen ein Wert, ein Sinn, ein Zweck ist? Und obwohl er den Religionen eine schlimme Rechnung ausstellt, preist er sie andererseits doch auch als Erziehungs- und Veredelungsmittel. Zwar entspringen sie einem Willen zur Unwahrheit um jeden Preis, aber die *homines religiosi* seien eben darum doch unter die Künstler zu rechnen, und zwar als ihr höchster Rang.

Gegenfiktion

Endlich zitiert Vaihinger noch einen, wie er sagt: merkwürdigen Aphorismus, in welchem Nietzsche es dem 19. Jahrhundert als Verdienst anrechnet, vom übertriebenen Vernunftglauben des 18. Jahrhunderts abgegangen und gegen die Religion wieder toleranter geworden zu sein. Solche Toleranz finden wir dann auch bei Alfred Adler, der 1912, also ein Jahr nach Vaihingers *Philosophie des Als Ob*, seine Programmschrift *Über den nervösen Charakter* veröffentlichte. In ihr zeigen sich mannigfache Entsprechungen zwischen der Fiktionenlehre Nietzsches und der von Adler angebotenen Neurosenlehre. So steht die Psyche unter der Leitung einer fiktiven Persönlichkeitsidee, ist die Neurose von einem fingierten Endzweck her organisiert, hat der Neurotiker keine Einsicht in die Fiktivität seiner selbstgeschaffenen Leitlinie. In aktueller Terminologie könnte man sagen: Der Neurotiker ist ein Fundamentalist. Der Gesunde hingegen ist sich der Leitlinien als Kunstgriffe bewußt, doch schätzt er sie wegen ihrer Brauchbarkeit.

Der Gesunde ist mithin derjenige, von dem Nietzsche als einem starken Geist sprach. Der starke Geist braucht die Fiktion nicht zu glauben und wird gleichwohl nach ihr handeln. Nur der schwache Geist, so ist demnach zu folgern, bedurfte und bedarf des Glaubens, um nicht aus der Rolle zu fallen und das Zusammenspiel zu stören. In Adlers Neurosenlehre entspricht dem schwachen Geist der Neurotiker, dem die Rolle nicht paßt, die er spielen soll. Er kann aber nicht offen aufbegehren und seinem Wunsch nachgeben, die anderen zu überwältigen, weil er sonst von vorneherein die Anknüpfung von Beziehungen stören würde. Also muß er ihn frühzeitig unkenntlich machen, muß ihn maskieren. Diese Verschleierung geschieht nun durch Aufstellung einer Gegenfiktion, die vor allem das sichtbare Verhalten leitet. Diese Gegenfiktion entwirft er nicht selbst. Sondern Adler sieht den Schleier, den der Neurotiker da nimmt, gewebt aus *stets gegenwärtigen korrigierenden Instanzen*, aus *Rücksichten*, aus *sozialen, ethischen Zukunftsforderungen*. Das klingt einigermaßen unbestimmt, und es wird nicht viel klarer, wenn er nachschiebt, in der Gegenfiktion seien die *sozialen und kulturellen Formeln*, die *Traditionen der Gesellschaft* wirksam.

Wir sind wiederum an der Stelle, an der es bei Nietzsche hieß, Glaube sei vonnöten, solange das Hypothetische nicht ertragen wird. Und den christlichen Glauben kritisierte er ja vor allem deshalb, weil hier den regulativen Fiktionen irrtümlicherweise Realitätscharakter zugeschrieben wurde. Irrtümlicherweise: Man könnte fragen, um wessen Irrtum es sich da handeln soll? Ob es die Priester sind, die den Glauben lehren und seine Befolgung überwachen, oder ob es eher die Gläubigen sind, weil sie es für real nehmen, wenn ihnen durch Auslegung der Jenseits-Fiktionen Strafe angedroht oder Belohnung verheißen wird? Geschichtlich betrachtet, erledigte sich die Irrtumsfrage bekanntlich auf andere Wiese. Denn mit der protestantischen Bewegung kamen unterschiedliche Auslegungen ins Spiel, und nach dreißig blutigen Kriegsjahren war der Alleinvertretungsanspruch Roms gebrochen. Die Beziehung zwischen den Gläubigen und Gott war individualisiert.

Weil der erfolgreiche Protestantismus sich nun jedoch ebenfalls kirchlich etablierte und als solch äußere Instanz begehrte, zwischen den Gläubigen und ihrem Gott zu vermitteln, entwickelte sich erneuter Protest. Er ging aus vom aufkommenden Pietismus. Die Pietisten wendeten sich von der äußeren Welt überhaupt ab und verschoben die Wahrheitsfrage ins innere Erleben. Sie übten sich in Einsamkeit und betrieben dort gottsuchende Selbsterkundungen. Spürten sie die Einwirkung Gottes auf ihre Seele, so empfanden sie dies als einen inneren Schatz. In den Versammlungen der Mitgläubigen berichteten sie einander darüber und versuchten, das Erlebte in Herzenssprache wahrnehmbar zu machen. Unvermeidlich jedoch wurde dabei das privatreligiös Erlebte hier nun nach äußeren Kriterien beobachtet. Das Berichten durfte deshalb keinen bloß äußerlichen Eindruck machen, es durfte nicht weltlicher Beredsamkeit verdächtig sein. Überließ sich der Berichtende deshalb lieber seinen inneren Affekten, so stand er hier wiederum vor der Aufgabe, dies in möglichst kunstloser Weise zu tun.

Mit Gewinn und Vergnügen habe ich diese Zwickmühle beschrieben gefunden in einer Studie von Ursula Geitner über *Die Sprache der Verstellung*. Sie zeigt darin auf, dass damals auf weltlicher Seite parallele Vorgänge abliefen. Es gab Moralische Wochenschriften, die sogenannte Natürlichkeits-Konzepte propagierten, und die die pietistische Konkurrenz in der Gestalt der Betschwester kritisierten, welche für Frömmigkeit und Echtheit belohnt werden möchte, ohne deren Besitz wirklich nachzuweisen. Die Pietisten revanchierten sich, indem sie die sogenannten Weltmenschen unedler Motive verdächtigten. Auf beiden Seiten war das Problem nur, wie denn die innere Aufrichtigkeit sich nach außen glaubhaft machen läßt. Von pietistischer Seite wurde vorgebracht, dass dies nicht so sehr an den äußeren Gesten zu erkennen sei. Als Beispiel führten sie eine zu ihrem Glauben bekehrte Adelige an, deren äußeres Gebaren nach der Bekehrung gleichgeblieben sei. Den Unterschied mache vielmehr, dass ihr Verhalten jetzt *von Herzen* komme und *Redlichkeit* aus ihm hervorleuchte.

Friedrich Schlegel fand diesen Fall beispielhaft dargestellt in der Figur der schönen Seele, welche Goethe in seinem *Wilhelm Meister* auftreten läßt. Die Ironie dabei war, dass das äußerste Maß an Innerlichkeit hier gerade mit einem Vokabular aus der Theatersphäre beschrieben wird. Wo die schöne Seele sich öffentlich präsentiert, muß sie die Zeichen der Innerlichkeit mit höchster Darstellungskunst zu setzen wissen. Der Christ soll nun aber der Versuchung widerstehen, sich der Gelegenheit entsprechend einmal so und einmal anders zu geben und dabei über seine körperlichen Ausdrucksmöglichkeiten spielerisch zu verfügen. Leider nur sind Kriterien für die Echtheit seines Gebarens nicht eindeutig zu bestimmen.

So mögen Tränen, die er während der Andacht vergießt, ein sicheres Zeichen seiner wahren Ergriffenheit sein. Und doch darf das Umgekehrte nicht gelten, dass nämlich der nicht andächtig sein kann, der nicht weint. Überdies verrät dieser Hinweis, mit welch gespannter Aufmerksamkeit offenbar die Gläubigen auf ihre Nebenmenschen auch dann achteten, wenn sie doch eigentlich andächtig sein sollten.

Unverstandene Fiktion

War jedenfalls das pietistische Verhalten nicht von kunstloser Einfältigkeit, so mag es überraschen, dass der Pietismus einen umso heftigeren Kampf führte gegen das Theater und alle Künste, die in irgendeiner Weise Verstellung erfordern. Die Einerleyheit des Christen sah man durch das Bühnenspiel gefährdet, weil Komödianten sich im Lügen üben. Der Schauspieler, der in verschiedenen Rollen auftritt, sei durch den häufigen Identitätswechsel zu keinen wahren Empfindungen mehr fähig, so hieß es. Auch die Dichtkunst wurde angegriffen, weil die Fiktionalität, welche der Dichter bewußt hervorbringt, als Medium der Lüge erschien. Nur solche Literatur galt als akzeptabel, die eigene Erfahrung berichtet und sie auf unverstellte Art mitteilt. Dazu gehörte die Autobiographie, in der der Autor, anders als der scherzende Dichter, keine Differenz zwischen sich und dem Text geltend macht. Unterschieden wurde auch zwischen dem pietistischen Prediger, der beim Sprechen von seinem persönlichen Engagement geleitet wird, und dem orthodoxen Kanzelredner, der auf die Wirkung der reinen Lehre vertraut.

Vermutlich hat das pietistische Bemühen um ein aufrichtiges Verhältnis zwischen dem seelischen Inneren und seiner sprachlichen und gestischen Mitteilung ungewollt dazu beigetragen, die alltägliche Kommunikation raffinierter zu machen. Diese seelische Aufrüstung wurde beantwortet durch verfeinerte Beobachtungs- und Schlußfolgerungsmethoden, wie sie uns gerade auch Alfred Adler reichlich dargeboten hat. So deckte er mit detektivischem Scharfsinn die hinter der Neurose und Psychose wirkende Lebenslüge auf. Als Motiv der Täuschungsmanöver entlarvte er die Weigerung, für das eigene Leben Verantwortung zu übernehmen. Gleichzeitig jedoch nannte er das vom Patienten dargebotene Symptombündel ein hervorragendes Kunstwerk. Den Vorwurf seiner Lügenhaftigkeit umging er durch den Zusatz: *nur dass die Bewußtheit der Schöpfung fehlt.*

Der neurotische Mensch ist mithin gekennzeichnet durch Absichten, die er unwissentlich verfolgt, dies aber mit großer Kunstfertigkeit. Solche Unwissenheit hat Adler offenbar auch den Kriegsneurotikern des Ersten Weltkriegs zugutegehalten. Soldaten flüchteten sich vor den Schrecken der Front in Symptome, welche sie verwendungsunfähig machten. Naheliegen konnte hier der Verdacht der Simulation, und Adler schreibt denn auch 1918 im Rückblick, es seien entsprechende Maßnahmen wie Gegenschocks, autoritative Einschüchterung, schmerzhafte Prozeduren und gezielte Situationsverschlechterung reichlich eingesetzt worden. Dabei sieht er wohl, dass es im Krieg nicht darum geht, dem Patienten eine selbstgewählte Lebensführung zu ermöglichen, sondern den Soldaten wieder in den Dienst der *Allgemeinheit* zurückzubringen. Vielleicht soll es eine Kritik ausdrücken, dass er dabei das Wort Allgemeinheit in Anführung setzt. Und er zitiert die Forderung eines Kollegen, es müsse eine Therapie den Konflikt zwischen Staatspflicht und Individualität lösen können.

Jedenfalls wendet Adler gegen den Vorwurf der Simulation, der seines Erachtens viel zu oft erhoben wurde, ein, dass kriegsneurotische Symptome fast immer bei Soldaten mit Sicherungstendenzen auftraten, die seit Kindheit bestanden und Mittel des Ausweichens erzeugt hatten. Eine günstige Prognose hielt er dort für möglich, wo sich im Vorleben des Patienten Anzeichen guten Mitspielens finden, worunter er aufzählt: Fortschritte in der Schule, Freundschaften, Liebesleben, rechtzeitige Ehe, Kinder, Berufstätigkeit. Ungemein wichtig nennt er sodann die Mitteilung eines der von ihm referierten Autoren, dass unter den Kriegsneurotikern auffallend viele ungelernte Arbeiter waren, wohingegen die grob sinnfälligen Kriegsneurosen bei den Offizieren relativ selten auftraten. *Grob sinnfällig* - wenn das soviel heißen soll wie *einfach zu durchschauen*, dann wären die ungelernten Arbeiter offenbar nur ungeschickt gewesen bei dem Versuch, durch die produzierten Symptome den Schrecken der Front zu entkommen. Bedeutet das umgekehrt, die Offiziere hätten gekonnter simuliert und seien deshalb unauffälliger geblieben?

Die Frage ist so vermutlich falsch gestellt, denn Adler meinte ja auch bei den grob sinnfälligen Kriegsneurosen, hier sei bewusste Lügnerei zu oft unterstellt worden. Die Differenz zwischen Lügen und neurotisch Erkranktsein ist ihm wichtig. Das Beharren darauf läßt sich vielleicht durch eine Unterscheidung erklären, die der amerikanische Psychiatriekritiker Thomas Szasz verwendet hat. Am Beispiel der Hysterie unterschied er nämlich zwischen Zwangsspielen und Kooperationsspielen. Zusammenarbeit gelingt dann, so will ich das verkürzt wiedergeben, wenn die Beteiligten sich untereinander als Gleiche verstehen. Zwangsspiele hingegen gehören auf die Seite der Ungleichheit, in ihrem Feld gibt es Herrschaft und Unterwerfung. Wenn wir von hier aus geschichlich zurückblicken, könnten wir sagen: Zu Zeiten, da die Menschen allzumal Sünder waren, da versündigten sie sich durch Lügen gegen Gott und mithin gegen die Obrigkeit. Wo Menschen aber neuzeitlich psychisch krank sind, da zeigt ihre Lebensführung Muster selbstschädigenden Verhaltens. Das aber heißt: Neurotiker sind Menschen, denen ihre Lebenslüge lauter Nachteile einbringt und die deshalb nicht rational handeln.

Verleugnete Fiktion

Die historische Achsendrehung, welche hier aufscheint, verlief über die protestantische Kritik an der römischen Kirche, deren Mittlerrolle zwischen Mensch und Gott, zwischen unten und oben sie in Frage stellte. Die Gläubigen sollten stattdessen in eine direkte und individuelle Beziehung zu ihrem Gott treten können, was sich als eine basisdemokratische Wende interpretieren läßt. Danach setzte der Pietismus die Kritik fort und wendete den Blick nach oben um in einen Blick nach innen. Weisungen für die rechte Lebensführung wurden fortan im Inneren der Seele gesucht. Über das dort Erfahrene aber konnte nurmehr der Gläubige selbst Auskunft geben, und er war dazu aufgefordert im Öffentlichkeitsraum seiner ihm gleichgestellten Glaubensgenossen. Wir haben gesehen, wie es in dieser Praxis zum Problem wurde, die Aufrichtigkeit der in Herzenssprache vorgetragenen moralischen Bekenntnisse zu prüfen. Um welche Gefahr es dabei ging, läßt sich ablesen an der scharfen Kritik gegen jegliche Art der Schauspielerei.

Vom Schauspieler galt, dass er zu keinen wahren Empfindungen mehr fähig sei, weil er in verschiedenen Rollen auftritt und jedesmal die Identität wechselt. Die Verstellungskunst als lügenhaft abzuwehren, entsprach in Deutschland dem Geiste Luthers. Denn der hatte im Konflikt mit den alten Obrigkeiten die Innerlichkeit zum Ort eigentlichen Menschseins ausgerufen und das weltliche, öffentliche und berufliche Leben als bloß äußerliche Existenz abgewertet. Helmuth Plessner hat es später eine bloße Unterstellung genannt, wenn so die eine Hälfte als die "von Natur" bessere hingestellt wird. Er fand es klüger, zwischen rollenhafter Berufswelt und intimer Privatwelt, den beiden Seiten der modernen Existenz, ein Gleichgewicht zu suchen. Besonders in den USA erwies sich ja der Rollenbegriff durchaus als Mittel demokratischen Selbstverständnisses, weil sich mit seiner Hilfe die ethnische Vielfalt der Bevölkerung neutralisieren ließ. Gesellschaft als ein Funktionszusammenhang, dessen einzelne Rollen sinnvoll ineinandergreifen, ist ein rationales Modell leistungsbezogener Gerechtigkeit. Hier sollen nicht mehr Standesunterschiede und Geburtsprivilegien über die Besetzung einer Rolle entscheiden. Dass dies ein Modell ist, besagt zugleich, dass die gesellschaftliche Wirklichkeit meist hinterherhinkt.

Jedenfalls aber ist das moderne Rollenspiel nicht mehr im altehrwürdigen Bilde des großen Welttheaters zu denken. Zu diesem gehörte ja die Vorstellung der sinnhaften Geschlossenheit einer kosmischen Ordnung, in der nach dem Willen ihres Schöpfers und Regisseurs

jeder seinen Platz findet. Noch die pietistische Bemühung, auf dem Wege der Selbsterkundung die göttliche
Anordnung zu vernehmen, benutzt die Unterscheidung
zwischen wahrer weil göttlicher und lügenhafter weil
menschlicher Rolleninterpretation. Später sollte es die
Natürlichkeit sein, welche den anständigen Bürger von
der höfischen Lügenhaftigkeit unterschied. Es ist in
diesem Zusammenhang übrigens ergötzlich, die Wider-
sprüche zu verfolgen, in welche beispielsweise die
Tanzlehrbücher des 17. Jahrhunderts gerieten, sobald sie
sich die Aufrichtigkeit des Körpers zum Thema machten. Gerade die natürlichen, unangeleiteten Bewegungen
beim Tanzen galten seinerzeit nämlich als krumme
Sprünge und Pickelspossen, während wahrhafte Ga-
lanterie die souveräne Beherrschung der Bewegungen,
schickliche Conduite und Aufführung verlangte. Doch
ein Tanzunterricht, der dahin führte, förderte eigentlich
die Simulation.

Aus der Verlegenheit geholfen hat dann der Begriff
einer göttlichen Natur im Menschen, die ihm aufgrund
seiner Sündhaftigkeit verlorenging. Deshalb kann er nur
noch auf eine unförmliche und fast viehische Weise
tanzen. Der Tanzunterricht soll nun gewissermaßen wie
ein Gebet dahin wirken, dass die göttliche Gnade das
Heil der natürlichen Anmut zurückbringen möge. Ma-
rie-Thérèse Mourey, deren kleiner Studie ich hier folge,
sieht deshalb das Einüben der Kunst des Tanzens darauf
abzielen, im Menschen eine zweite, bessere Natur zu
schaffen, deren moralische Wohlordnung sich in den regulierten Bewegungsabläufen abbildet. Haltung und
aufrechter Gang sollen die seelische Aufrichtigkeit verdeutlichen. Gegner des Tanzens waren seinerzeit die
Kalvinisten und fast alle Pastoren, später auch die Pieti-

sten. Ihnen hielten die Tanztheoretiker entgegen, es sei das Tanzen ursprünglich auf einen vom Schöpfergott eingepflanzten Affekt der Freude zurückzuführen. Deshalb sei der im angeleiteten Tanz wiederaufgerichtete Körper analog zu setzen mit der Seele, die sich durch Andacht und Gebet wieder aufzurichten vermöge.

Fiktive Natürlichkeit

Werden nun aber die göttliche Absicht und der kosmische Plan gestrichen, so läßt sich der theatralische Rollenbegriff nur noch anthropologisch rechtfertigen. Auf diese logische Konsequenz hat Helmuth Plessner verwiesen, und mit seinem Namen verbunden ist für mich auch der glücklichste Versuch, die geforderte Natürlichkeit des menschlichen Verhaltens mit seiner kulturellen Geformtheit zu vermitteln. Andere Versuche, die eine menschliche Natur entdecken wollten, um aus ihr eine Ordnung des menschlichen Zusammenlebens abzuleiten, blieben unbefriedigend. Die psychoanalytische Trieblehre kam nicht aus ohne eine kulturelle Gegenkraft, deren Herkunft sie nicht erklärte. Der völkische Rassebegriff, als aktivistische Abwandlung des Darwinschen Selektionsprinzips, hat ungeachtet seiner Banalität schreckliche Kräfte des Bösen freigesetzt. Und die Theorie vom Menschen als kompensierendes Mängelwesen, welche nach dem verlorenen Zweiten Weltkrieg florierte, erklärt nicht seine freie Schöpfertätigkeit.

Plessners Anthropologie deutet den Menschen als ein Wesen, das sich selbst bemerken kann, das gleichsam neben sich steht. Dadurch kann der Mensch seine Impulse hemmen und auf sein Verhalten formend einwirken. Aus dieser Gabe erwachsen ihm Vorteil sowohl als auch Irritation. Vorteil bietet die Formbarkeit der Bewegungsmuster, mit denen er auf seine jeweilige Umwelt reagieren kann. Irritation erwächst ihm daraus, dass er sich selbst zwar beeinflussen kann, indessen keine sichere Antwort hat auf die Frage nach dem richtigen Verhalten. Er lebt in einem offenen Möglichkeitsraum, und aus Angst davor überdeckt er ihn mit Erzählungen, die ihm einen geistigen Wurzelgrund bieten. Die Mythen und Religionen der Menschheit wurden deshalb als kollektiver Besitz stets aggressiv verteidigt. Sie als Produkte der menschlichen Einbildungskraft zu durchschauen, gelang erst durch eine Entwicklung in Europa, die dort und zunächst nur dort zu konkurrierenden Weltauslegungen führte. Voraus gingen Glaubenskriege zwischen den Trägergruppen, deren gegenseitiges Hinschlachten in beiderseitiger Erschöpfung mündete. Erst dann gelang es, die Verquickung von staatlicher Herrschaft und religiöser Glaubensverwaltung in einer neuartigen Machtorganisation aufzuheben.

Der weltanschaulich neutrale Staat verzichtete fortan auf einen metaphysischen Wahrheitsanspruch. Stattdessen sollte er garantieren, dass das Ende der Glaubenskriege anhielt. Innerhalb privater Glaubensgemeinschaften hingegen durfte und darf der religiöse Wahrheitsbegriff weiterhin gelten, solange die verschiedenen Trägergruppen nur die Regeln ziviler Konkurrenz dabei einhalten. Von religiöser Bevormundung befreit wurden auch die wissenschaftlich-technische Forschung und die unternehmerische Tätigkeit. Durch die industrielle Organisation der Arbeit erhielt nun aber das Selbstverständnis der Menschen einen doppelten Impuls. Denn der Einzelne vermochte sich jetzt von seiner privaten Existenz her als Rollenträger zu verstehen, der "draußen" seinen Mann stehen, das heißt, seine Rolle spielen muß. Auf der anderen Seite gewann von der öffentlichen Welt der Rollen her seine Privatexistenz einen intimen Charakter und einen Gefühlswert, wie sie vorher unüblich waren. War die Rolle hier auch nicht mehr im Bild des göttlichen Welttheaters überhöht, so zogen jetzt doch die meisten aus ihr ihre Würde, ihr Gefühl, jemand zu sein, etwas darzustellen. Und das galt nicht nur für die Berufsrolle.

Auch die Rolle des Sportwarts, des Vereinsvorsitzenden oder des Kirchenältesten gab und gibt einiges her. Dabei haben es die Rollen an sich, dass der Einzelne in ihnen nicht restlos aufgeht, sondern immer noch mehr und anderes ist als bloß sie. Dieser Abstand zur Rolle läßt eben gerade auch Raum für eine private Zone der Intimität und der persönlichen Freiheit, was durchaus tröstlich wirken mag. Andererseits kann das Spielen von Rollen auch Gefühle der Uneigentlichkeit nähren und die Frage nach dem Selbst hinter den Rollen aufwerfen. Das hieraus erwachsende Orientierungsbedürfnis war jedoch durch religiöse Selbstversenkung allein nicht mehr zu befriedigen, weil die vom Pietismus noch verpönte Rollenvielfalt des Schauspielers unterdessen alltägliches Geschick geworden war. Und es kam hinzu, dass mit dem Auswandern der Arbeit in den industriellen Bereich der Raum des Privaten weniger durchregelt war als früher. So erzeugten Rollenvielfalt und privater Selbstfindungsbedarf zusammen eine wahrhaft historische Wende. Denn just die verpönten Verstellungskünste, Romane und Trivialliteratur, Theater und Film, später dann das Fernsehen wurden nun zu Ratgebern der richtigen Lebensführung.

Bezahlte Fiktion

Eines der säkularen Angebote nannte sich Psychoanalyse. Freud hat sie 1927 bekanntlich *weltliche Seelsorge* geheißen, um sie von der geistlichen zu unterscheiden. Das betraf weniger die innere Organisation des von ihm abgesteckten neuen Tätigkeitsfeldes, denn hier fand er die römische Kirche vorbildlich. Sein Projekt wurde dann allerdings schneller vom Protestantismus ereilt als jene. Triftig war Freuds Abgrenzung vielmehr, soweit im christlichen Seelenregiment von Sünde gesprochen wird. Als Sünde gilt nämlich menschliches Autonomiestreben gegen den göttlichen Willen. In moderner psychologischer Betrachtung beruht Fehlverhalten gerade darauf, das eigene Leben *nicht* in eigener Verantwortung führen zu wollen. Hier soll der Einzelne unter prinzipiell Gleichen durch berufliche Leistung, ehelichen Fortpflanzungswillen und soziales Engagement vorankommen und eben dadurch zum Gedeihen des Ganzen beitragen.

Wo jemand sich mit List und Verstellung anders verhält und sich im psychotherapeutischen Prozeß uneinsichtig zeigt, da sieht die tiefenpsychologische Diagnostik nicht so sehr Lüge oder Simulation, als vielmehr Widerstand am Werk. Auch Adlers Rede von der Lebenslüge meinte nicht mehr sündhaftes Handeln gegen Gottes Gebot, sondern irrationales, weil letztlich selbstschädigendes Fehlverhalten. Widerstand gegen das psychotherapeutische Ziel, dem Patienten eine selbstgewählte Lebensführung zu ermöglichen, wie Adler formulierte, ist jetzt Auflehnung gegen die Prinzipien von Freiheit, Gleichheit und Brüderlichkeit. Denn diese republikanischen Glaubensartikel, durch die französische Revolution beschworen, formten auch den tiefenpsychologischen

Begriff seelischer Gesundheit mit. Leider wissen wir Nachlebenden heute, das heißt zwei Weltkriege später, wie unbrüderlich die Freiheit und die gleichen Menschenrechte durch die Hitlerei und in der Stalinzeit verneint wurden. In beiden politischen Ersatzreligionen wurde abermals dem jeweiligen Dogma Realitätscharakter zugeschrieben.

Als sich dann lange nach dem Krieg unter Intellektuellen herumsprach, dass auch die Modernisierung à la Sowjetunion die falsche Welt erzeugte, da wurden die Postmoderne ausgerufen, alle Weltanschauungen als bloße Konstrukte entlarvt und Dekonstruktion als neues Heilmittel empfohlen. Entsprechende Aufrufe wandten sich gegen patriarchalische Strukturen, gegen Herrschaftsarchitektur und überhaupt gegen den status quo. Das anti-totalitäre Selbstverständnis machte dabei ein gutes Gewissen und so fanden dekonstruktive Prinzipien auch in der psychotherapeutischen Szene Anklang. Ich will das kurz andeuten durch ein Resümee des verstorbenen Hamburger Kollegen Adolf-Ernst Mayer. Unsere Kranken, so meinte er in den neunziger Jahren, kämen mit einem unbestimmten und unsagbaren Mangelgefühl zu uns, und unsere Therapie bestünde eigentlich darin, jenes Mangelgefühl ziemlich willkürlich und beliebig zu bestimmen, als Neid, als Fragmentation oder als Kastration, und damit dieses Unsagbare sagbar zu machen - Hauptsache, es wird irgendwie in irgendwelche sprachliche Kommunikation gebracht.

Hier ist der dekonstruktive Schlachtruf *anything goes!* nicht zu überhören. Die Beliebigkeit, welche vorgeführt wird, läßt mich freilich grübeln, ob sie nicht in ihrer Einseitigkeit ein Negativ der totalitären Verbohrtheit ist.

Vor eine Bewährungsprobe gestellt wird der Dekon-
struktivismus jedenfalls durch einen neuen Gegner, der
die westlichen Demokratien ernsthaft in Frage stellt.
Denn der terroristische Islamismus will den weltanschaulich neutralen Staat nicht anerkennen, und er
schreibt seinen religiösen Fiktionen Realitätscharakter
zu. Wo dies den eingewanderten Muslimen bei uns vorgeworfen wird, da sieht der evangelische Theologe
Friedrich Wilhelm Graf das christliche Abendland mit
der Geschichte seiner eigenen Glaubenskonflikte kon-
frontiert. Der Unfehlbarkeitsanspruch des Papstes taucht
erneut auf als Anspruch islamischer Gottesgelehrter.
Der moderne Rechtsstaat heute will aber kein christlicher Sittenstaat mehr sein. Er muß deshalb auf die säkulare Vernunft seiner Bürger setzen, und damit treibt er
unvermeidlich den ethischen Reflexionsbedarf in die
Höhe. Die unzähligen Ethik-Beauftragten und die Inflation der Ethik-Kommissionen bis hin zum *Nationalen
Ethikrat* belegen es.

Fundamentale Fiktion

In den Wertedebatten werden Rechte des Einzelnen auf
die freie Entfaltung seiner Persönlichkeit abgewogen
gegen Ansprüche der anderen, der Umwelt, der Allgemeinheit. Das Grundgesetz ruft hier hilfsweise *das Sittengesetz* an. Dessen Herkunft aus dem christlichen
Naturrecht birgt jedoch Probleme. Zum Beispiel bezeichnete das Bundesverfassungsgericht noch 1957
männliche Homosexualität als Verstoß gegen das Sittengesetz, mit ausdrücklichem Bezug auf die beiden
großen christlichen Konfessionen. Seither hat sich die
Sittenlandschaft stark gewandelt, und anscheinend hat
sich Nietzsches Rede vom großen Lügen allmählich

herumgesprochen. Im Vorspann von Verfassungen werden jetzt meist Götter angerufen, die für Graf nur noch
blaßgeschminkte Wesen sind, weil sie keine Festlegung
auf ein bestimmtes konfessionelles Tugendkonzept verlangen. Als Präambelgötter dienen sie einerseits Staaten,
die auf Religion nicht gänzlich verzichten wollen, denen
andererseits unsere Religionswissenschaften keinen begründeten Religionsbegriff mehr liefern, weil er ihnen
durch postmoderne Dekonstruktionsübungen verlorenging. So scheint unsere Demokratie gegen die Gefahr
eines gewaltbereiten Islamismus schlecht gerüstet.

Und doch wäre es ein Fehler, ihr durch eine neue religiöse Einheitsfront begegnen zu wollen. So gern die an
Mitgliederschwund leidenden christlichen Kirchen dies
wohl sähen, so nachdrücklich empfiehlt Graf, es solle
der Staat in die Ethik-Kommissionen neben den Kirchenfunktionären viel öfter auch Vertreter der jüdischen
und muslimischen Minderheit berufen. Allen Beteiligten
würden so die Differenzen religiöser Ethiken stärker bewußt und das könnte sie motivieren, um ihres eigenen
Vorteils willen die Neutralität des Staates zu ihrer Sache
zu machen. Im Rückblick sehen wir, dass Adler in diesem Punkt nicht eben glücklich hantierte. Denn den
christlichen Glaubensschwund sollte eine Individualpsychologie kompensieren, welche am Gemeinschaftsgefühl eine wissenschaftliche Wahrheit gefunden haben
wollte. Damit handelte er sich nicht nur die Schwierigkeit ein, die Differenz zur braunen und roten Gemeinschaft zu markieren. Vielmehr verstieß er auch gegen
seine Einsicht von 1912, dass nämlich der Gesunde sich
seiner Leitlinien als Kunstgriffe bewußt sei.

Das lag noch auf der Linie Nietzsches, der vom starken
Geist sagte, er könne sich der Fiktivität bewusst sein

und sie dennoch regulativisch festhalten und nach ihr handeln. Offenbar erschrak Adler jedoch, nachdem er den Fiktionsbegriff als anthropologische Grundtatsache eingeführt hatte, welchen Wirrwar an Weltsichten die schöpferische Kraft des Kindes ins Spiel brachte. Eine Gegenfiktion sollte deshalb die herangewachsenen Normalneurotiker im Zaum halten. Umgetauft in das so vielzitierte Gemeinschaftsgefühl, war darin jedoch eine Einheitlichkeit mitgedacht, die leider nur um den Preis der Freiheit zu haben ist. Freiheitliche Vielfalt hingegen, durch einen staatlichen Rahmen geschützt, ist uns als Pluralismus bekannt. Er wird oft gleichgesetzt mit der Beliebigkeit dessen, was die Bürger als private Einzelne oder als private Glaubensgemeinschaft für wahr halten. Recht verstanden indessen heißt Pluralismus, übrigens auch in den psychotherapeutischen Theoriedebatten, den eigenen Standpunkt lebhaft zu vertreten und *zugleich* die weltliche Macht desjenigen Staates zu verteidigen, der auch Andersdenkenden ein gleiches Recht sichert.

Am 24. Oktober 2007 hat sich nebenbei bemerkt der Westfälische Frieden zum 359. Mal gejährt. Dem Deutschlandfunk war es immerhin eine Meldung wert.

Literatur

Adler, A. (1912): Über den nervösen Charakter. Göttingen: Vandenhoeck & Ruprecht 1997.

Adler, A. (1914): Lebenslüge und Verantwortlichkeit in der Neurose und Psychose. - In: ders., Praxis und Theorie der Individualpsychologie. Darmstadt: Wiss.Buchges. 1965, 170-177.

Adler, A. (1918): Die neuen Gesichtspunkte in der Frage der Kriegsneurose. - In: ders., Praxis und Theorie der Individualpsychologie. Darmstadt: Wiss.Buchges. 1965, 207-216.

Adler, A. (1933): Religion und Individualpsychologie. Eine prinzipielle Auseinandersetzung über Menschenführung. (Zus. mit Ernst Jahn). Frankf.a.M.: Fischer (Ftb 6283) 1975.

Berger, P. L. (1967): Säkularisierung und Legitimierungsproblem. - In: ders., Zur Dialektik von Religion und Gesellschaft (The Sacred Canopy). - Frankf.a.M.: Fischer 1973, 147-162.

Geitner, U. (1992): Gegen die Formularrhetorik / Oberflächliche Tiefe: Zum problematischen Verhältnis von göttlicher "Einschreibung" und menschlicher Lektüre im Pietismus. - In: dies., Die Sprache der Verstellung. Studien zum rhetorischen und anthropologischen Wissen im 17. u. 18. Jahrhundert. Tübingen: Niemeyer 1992, 192-208.

Graf, F. W. (2006): Moses Vermächtnis. Über göttliche und menschliche Gesetze. München: Beck 2006.

Meyer, A.-E. (1993): Nieder mit der Novelle als Psychoanalysedarstellung - Hoch lebe die Interaktionsgeschichte. - In: Zs. f. psychosom. Med., 40.Jg., 1994, 77-98.

Mourey, M.-Th. (2006): Gibt es eine Aufrichtigkeit des Körpers? Zu den deutschen Tanzlehrbüchern des späten 17. Jahrhunderts. - In: Benthin, C. & Martus, St. (Hrsg.): Die Kunst der Aufrichtigkeit im 17.Jahrhundert. Tübingen: Niemeyer 2006, 329-341.

Plessner, H. (1960): Soziale Rolle und menschliche Natur. - In: ders., Ges.Schr. X, Suhrkamp, Frankf.a.M. 1985, 227-240.

Schmidt, A. (1986): Die Wahrheit im Gewande der Lüge. Schopenhauers Religionsphilosophie. München: Piper 1986.

Szasz, Th. S. (1961): Verkörperung einer Rolle und Betrug. / Hysterie als ein Spiel. - In: ders., Geisteskrankheit - Ein moderner Mythos? München: Kindler (Geist & Psyche 2135), 1975, 237-276.

Vaihinger, H. (1911): Nietzsche und seine Lehre vom bewusst gewollten Schein. - In: ders., Die Philosophie des Als Ob. Berlin: Reuther & Reichard, ²1913, 771-790.

Wiegand, R. (2002): Helmuth Plessner - Natürliche Künstlichkeit. / Unser Selbst und unsere Rollen. - In: ders., Mutter Natur oder Menschenwelt? Kopernikanische Wenden und Ersatzreligion. Giessen: Psychosozial 2002, 89-115/133-146.

All-Einheit oder Vielfalt

> Eingebildete Gleichheit: das erste Mittel,
> die Ungleichheit zu zeigen.
> Johann Wolfgang von Goethe,
> Maximen und Reflexionen

Die Vorstellung restlosen Einswerdens und Einsseins ist der Idee der All-Einheit verwandt, die sich, wie der Philosoph Dieter Henrich sagt, von der Vielfalt der Welt abstößt und auf den Weg einer allseitigen Verständigung macht. Enthaltsame Skepsis hingegen zeigt gegenüber dem Einheits- oder Ganzheitsgedanken, wer Pluralität und Gegenläufigkeiten im tatsächlichen Menschendasein für unauflösbar hält. Das klingt arg philosophisch und spielte doch ganz früh in der Individualpsychologie eine Rolle. Denn kurz nach der Trennung von Freud schrieb Adlers Freund Carl Furtmüller für die von der neuen Gruppierung herausgegebenen *Schriften des Vereins für freie psychoanalytische Forschung* einen Beitrag über *Psychoanalyse und Ethik*.

Zweierlei Moral

Die Psychoanalyse werde in allen philosophischen Disziplinen tiefgreifende Revisionen herbeiführen, meinte Furtmüller, schon jetzt aber könnten ihre intimen Einblicke in die moralischen, übermoralischen oder antimoralischen Antriebe der Patienten die ethische Reflexion erneuern. Fortan werde es nicht mehr genügen, zur Gewissenerforschung das eigene Bewußtseinsfeld abzusuchen, denn es gebe Motive unterhalb des Bewußtseins - und das Wissen um diese sei ja eigentlich menschheitsalt. So habe das frühe Christentum von Dämonen gesprochen, die im Herzen der Menschen die Stimme Gottes annehmen können. Und Kant habe bezweifelt, dass wir über die Moralität einer Handlung jemals empirische Gewissheit erlangen können. Nun aber leiste der psychoanalytische Begriff des Symptoms ein Doppeltes: Er verbinde das äußere Handeln mit den unbewußt wirksamen Antrieben, und er entlaste zugleich die Person vom Vorwurf der bewusst bösen Absicht.

Psychoanalyse wolle dennoch nicht das Bewußtsein als Richter absetzen, vielmehr die psychoanalytisch erarbeitete Einsicht durchaus in den Dienst des Bewußtseins stellen. Freilich sei dabei der objektive Zweite als Helfer, Frager und Dränger fast unentbehrlich, Selbstanalyse reiche keineswegs aus. Denn man sehe ja an Männern, die andere mit Geschick und Erfolg analysiert haben, wie sie trotz ernstlich versuchter Selbstanalyse weiterhin in Illusionen über ihre inneren Triebfedern befangen sind. Damit zielt Furtmüller wohl auf Freud, von dem man sich gerade getrennt hatte, doch rät er ganz allgemein zu Skepsis gegen sich selbst, gegen das eigene gute Gewissen. Umso spannender ist dann die Frage, worauf denn die Psychoanalytiker, die die Skepsis erzeugen, ihre ethische Objektivität stützen wollen? Und auf welche Weise ethische Forderungen überhaupt entstehen und Geltung gewinnen?

Während Freud hier eine vorgeschichtliche Bruderhorde konstruierte und aus ihrem gemeinsamen Vatermord ein alle Geschichte durchwaltendes Tabu herleitete, achtete Adler mehr darauf, wie der Einzelne mit den immer schon vorgefundenen Moralgeboten umgeht. Neben trotziger Auflehnung und konformistischer Unterwerfung sah er, dass Viele sich die fremden Gebote aneignen, um sie nunmehr den anderen rigoros auferlegen zu können. Die Geste ist häufig in einer der kindlichen Entwicklungsphasen, findet sich nicht selten aber auch bei Philosophen. Sie schwingen sich mithilfe übersteigerter moralischer Ordnungsbilder zu Gesetzgebern der anderen auf und tadeln die Masse. Doch beruht ihr rigoroser Dienst an der Ethik auf Geltungssucht, und Strenge gegen sich selbst üben sie, um als Diener der erhabenen ethischen Idee selbst erhaben zu wirken. Überdies leiten sie aus der Grösse ihrer selbstgewählten hehren Aufgabe das Recht ab, manch peinlicher Alltagsverpflichtung aus dem Wege zu gehen.

Furtmüller bekümmert nun weniger die Frage, ob Moral vorgeschichtlich als Tabu ins Spiel kommt oder ob sie durch Geltungssucht fortlebt. Vielmehr nimmt er die zwei unterschiedlichen Grundsätze ins Visier, von denen her die Theorien ethischen Verhaltens jeweils konstruiert werden. Einmal nämlich wird ein prinzipieller Konflikt zwischen moralischen Regeln und individuellen Interessen geleugnet. Antisoziale Verhaltensweisen gelten als zufällig und überwindbar, ruhige Harmonie ist das höchste Ziel. Anders konstruieren das Christentum und auch Kant, weil sie zwischen Vernunft und Sinnlichkeit einen prinzipiellen Gegensatz sehen. Moral soll hier zwar die Herrschaft der Vernunft sichern, aber es wechseln doch Kampf und Sieg einander ewig ab. Diese Version nennt Furtmüller *Konfliktethik*, und ihr spricht er die tiefere Einsicht zu. Die erste hingegen, weil sie als *Harmonieethik* den Gegensatz für endgültig überwindbar hält, nennt er illusionär.

Gegen sie spricht allein schon, dass die auf Überwindung gerichtete Anstrengung ja den Gegensatz zur Voraussetzung hat. Entwicklungspsychologisch gesehen formt aber der zig-malige Widerstreit zwischen gesellschaftlicher Forderung und individueller Neigung unvermeidlich eine ständige Gewissensinstanz aus. Selbst dort aber, wo beim Einzelnen Pflicht und Neigung nicht sehr weit auseinanderliegen, so fügt Furtmüller mit leichtem Spotte an, wird die Unterscheidung trotzdem oder sogar erst recht gepflegt, weil das Bewußtsein des Sieges über sich selbst hier umso leichter zu erringen und zu geniessen ist. Daneben locken Zusatzgewinne, beispielsweise bei dem Beamten, den seine "Pflichttreue" auch sonntags ins Amt treibt, weil er so der Hausfrauenneurose seiner Gattin entkommt. Ist demnach die Hoffnung auf eine endgültige Harmonie zwischen Ich und Welt eine Illusion, so bleibt doch die Vorstellung eine ständige Verlockung, im Zustand moralischer Vollkommenheit jeden Minderwertigkeitsgefühls endgültig ledig zu sein.

Selbst der Konfliktethiker kommt nicht ohne sie aus, doch siedelt er das Ziel deshalb nicht im Diesseits an, weil gerade seine Entferntheit ihm die Chance eröffnet, im Kampf um moralische Untadeligkeit unentwegt zu siegen. Dazu wird er sich seine verbotenen Neigungen und Antriebe deutlich vor Augen stellen, um gegen ihren Ansturm desto stärkere Sicherungen zu errichten. Wo sich dieses Mittel wiederum zum Selbstzweck auswächst, haben wir einen Sicherungstypus vor uns, wie ihn zum Beispiel Kant verkörperte, dessen historische Leistung in der Aufrichtung von Grenzen besteht. Der Gegentypus will mit ethischen Mitteln von der Ethik loskommen, will durch Überkompensation die Kampfsituation ein für alle Male beenden. Gilt Furtmüller dieses Bemühen als naiv, so läuft der psychologischere Konfliktsethiker dafür Gefahr, über der ethischen Form den angezielten Inhalt zu verlieren und damit den äußeren Maßstab, an dem er die Sachhaltigkeit seines Moralisierens prüfen kann.

So kommt es durch den selbstherrlichen Einzelnen, der ethisch nur noch sich selbst gehorcht, zur individuellen Anmaßung einer Weltvernunft und zur Ablehnung der empirischen Gemeinschaft. Wo nun aber der Psychoanalytiker sich anheischig macht, dem Leben solcher Patienten in der Kur eine neue Richtung zu geben, da bedarf er selber der ethischen Leitlinien. Hier aber will Furtmüller sich nicht anmaßen, positiv Maßstäbe zu empfehlen. Sondern der Psychoanalytiker soll sich damit bescheiden, negativ zu wirken und den inneren Widerspruch extremer ethischer Ideale aufzuweisen, also dem Patienten bewußtwerden zu lassen, dass seine zugespitzte Moralität ihn von den anderen trennt, statt sie mit ihnen ins Einvernehmen zu bringen.

Die allgemeine Meinung allerdings würde von der Psychoanalyse - kurz nach 1900 - ethische Neuorientierung wohl am ehesten auf dem Gebiet der Sexualität erwarten. Hier jedoch zeigen sich sofort Probleme, denn Freud und seine Anhänger sehen die sexuellen Vorstellungen des Neurotikers als reale Äußerungen seiner Sexualität an. Sie wollen von hier aus auf die Psyche des Normalen schliessen, während in der Sicht Alfred Adlers die sexuellen Vorstellungen neurotische Illusionen des Patienten über sich selbst sind. Doch selbst vom Freudschen Standpunkte aus, meint Furtmüller, ist das Maß der Verdrängung eine offene Frage, weil es eine vollkommene Aufhebung der Verdrängung nicht geben kann. Wieviel von der unverdrängten Libido also soll frei verwendbar sein und wieviel sollte sublimiert werden? Schon die Schüler Freuds machen von diesen Spielräumen ethisch recht unterschiedlichen Gebrauch. Nach Adlers Lehre indessen haben die sexuellen Vorstellungen mit den übrigen Charakterzügen gemein, durch gefühlte Minderwertigkeit und die übersteigerte Reaktion darauf geformt worden zu sein.

Adlers Blickrichtung ist zudem stärker sozialpsychologisch. Daraus folgt, dass eine verbreitete Kampfstellung gegen die ethischen Forderungen der Gemeinschaft nur zu mildern sein wird, wenn die realen Belastungen für das Selbstwertgefühl ins Auge gefaßt und durch eine Politik des sozialen Ausgleichs verringert werden. Denn der Konkurrenzkampf und die daraus folgenden "ungeheuren Niveaudifferenzen" steigern die intrapsychischen Spannungen im allgemeinen - und im besonderen trägt die Meinung von der Minderwertigkeit des Weibes zu sexuellen Fehlanpassungen bei. Der "männliche Protest" als Reaktion auf die Gefahr weiblicher Zuschreibungen wirkt dann störend auf die normale Sexualbetätigung ein, indem er die Verachtung der Frau oder aber die Furcht vor ihr zur seelischen Leitlinie macht. Auch hier bastelt Furtmüller keine sexualethischen Leitsätze, sondern empfiehlt wiederum, der Psychoanalytiker möge negativ wirken, indem er die trennende Wirkung solch extremer Standpunkte aufzeigt.

Und doch läßt er es hiermit nicht genügen, sondern wiederholt am Ende die Überzeugung, die Psychoanalyse - gemeint ist die spätere Individualpsychologie - dränge mit der Forderung nach Gleichberechtigung der Frau "auch hier" zu sozialer Zielsetzung. Ein Jahr nach der Trennung von Freud und seinem Zirkel klingt der Arti-

kel also aus wie eine der später so routinehaften Abgrenzungen Adlers gegen Freud. Und zugleich leuchtet
das politische Gleichheitsideal des Sozialdemokraten
Furtmüller durch, wo er auf die "ungeheuren Niveaudifferenzen" verweist, welche der Konkurrenzkampf erzeuge, und wo er Gleichberechtigung *nicht nur* der Frau
fordert. Sozialdemokratisch ist es wohl auch, dass er
nach der anderen Seite hin die kommunistische Vorstellung naiv nennt, es liesse sich das gesellschaftliche Zusammenleben endgültig befrieden. Dies gilt es im Sinn
zu haben, wenn wir bei Handlbauer lesen, Furtmüller
habe den Begriff Gemeinschaftsgefühl geprägt und ihn
Adler nahegelegt.

Monistische Weltverbesserung

Adler verwendete den Begriff Gemeinschaftsgefühl
zum ersten Mal 1919 in *Bolschewismus und Seelenkunde* und grenzte ihn dort gegen die in Russland begin-
nende politische Ausformung der kommunistischen Vision ab. Wenn er ihn später dann propagandistisch immer mehr auflud und ihn mit dem metaphysischen Versprechen befrachtete, Gemeinschaftsgefühl könne einer
als zielgerichtet gedachten kosmischen Evolution voran-
helfen, so zeichnet sich die Richtung seines Wollens
eher 1933 in der Diskussion mit dem evangelischen
Theologen Ernst Jahn ab. Dort nämlich vertrat Adler die
Überzeugung, Individualpsychologie als "Wissenschaft"
könne für den nachlassenden Einfluss der Kirchen kompensatorisch einspringen. Nimmt man Adlers säkularen
Fortschrittsglauben hinzu, so verblüfft die Verwandtschaft dieses Programms mit dem, was Hermann Lübbe
1963 *Weltverbesserung aus "wissenschaftlicher Weltanschauung"* nannte.

Er meint damit jene materialistisch-naturwissenschaftliche Popularphilosophie, welche in der zweiten Hälfte des 19. Jahrhunderts die Naturwissenschaft ins moderne Bildungsbewußtsein aufnahm. Sie brachte die Kirchen unter den Druck, die kosmologische Ausdehnung von Raum und Zeit theologisch anzuerkennen, und besonders seit Darwin wirkte sie daraufhin, dessen Lehre vom Ursprung des Menschen bis in den Konfirmationsunterricht hinein zu akzeptieren. Dies ist in der Folge dann derart weitgehend vollzogen worden, dass uns heute die polemische Wucht zum Beispiel in den Schriften des deutschen Darwinisten Ernst Haeckel ganz fremd anmutet. Damals jedoch gewannen eine naturwissenschaftlich inspirierte Kosmologie und Biologie die Kraft einer Ersatzreligion. Fortschritt der Wissenschaft wurde in diesem Glaubensrahmen aufgefasst als ein fortdauernder Prozess positiver Wissensvermehrung. Freilich war dieses Bild naiv und die Popularphilosophie deshalb von geringem philosophischem Tiefgang.

Denn in ihr blieb unbedacht, wie sehr der Triumphgang der Wissenschaft auf das Subjekt dieses Prozesses zurückwirkt, und ebenso, wie sehr die materialistische Sicht in ihren Leitbegriffen *Kraft*, *Stoff*, *Atom* oder *Kausalität* idealistische Elemente enthält. Mangels also der erkenntniskritischen Reflexion hat Friedrich Albert Lange schon 1865 geurteilt, es sei dieser Materialismus weniger Philosophie als vielmehr eine *schwärmerische Begeisterung für den Fortschritt der Humanität*. Als Echo auf die rasch fortschreitende Industrialisierung und die an sie geknüpften Hoffnungen waren diese Fortschrittsanhänger vom Scheitern der 1848er Revolution weniger enttäuscht als die hegelianisch gesinnten politischen Idealisten, denn jene meinten, der wissenschaftlichtechnisch-wirtschaftliche Fortschritt werde sich gegen alle politische Reaktion durchsetzen.

Die Reaktion war freilich an diesem Fortschritt ebenfalls interessiert, weil die Steigerung der technischen Potenz zugleich eine Steigerung der politischen Potenz des von ihr geführten Staates bedeutete. Doch der weltanschauliche Materialismus war nicht die politische Theorie von Bürgern, die die Macht im Staate erobern wollten. Seine Vertreter agierten vielmehr in der Meinung, dass die positive Vernunft der Wissenschaft auch dem gegenwärtigen Staat gegenüber ein Prinzip von überlegener Durchsetzungskraft sei. Deshalb nennt Lübbe sie *wissenschaftliche politische Besserwisser.* Ihre Entwürfe fielen umso idealer aus, je unpolitischer sie eigentlich dachten. Sie selbst aber sahen sich als spekulationsabgeneigte Realisten, die nichts als Fakten respektierten. Und sie kultivierten ihre reine Programmvernunft über das Jahr 1871 hinaus bis hin zum Ersten Weltkrieg, ohne sich auf eine gesellschaftliche Machtbasis stützen zu können.

Waren sie mithin im politischen Sinne ortlos, so waren sie doch zum Handeln geneigt. Ihr Wille zur Weltverbesserung fand dann Gestalt in der Gründung von Vereinen, die vor allem durch die Universalität ihres Reformzwecks auffielen. Es gab den *Deutschen Freidenkerbund,* die *Deutsche Gesellschaft für ethische Kultur* und endlich den *Deutschen Monistenbund,* dessen Ehrenpräsident Ernst Haeckel war. Lübbe diagnostiziert sie allesamt als Organisationen ersatzreligiöser Weltanschauung, die nach eigenem Bekunden *das Menschenwesen auf eine höhere Stufe der Vollendung* heben möchten. Ihre Lebensideologie soll ein Ganzes umgreifen und bietet, wie die Religionen auch, für jegliche Frage einen Ort. Was in den Religionen die Heiligen Schriften, sind hier die Lehrstücke der modernen Wissenschaft. Sie leihen der Existenz die Sicherheit eines kompletten Selbstverständnisses. Und ergänzend bietet das Vereinsleben die Vertrautheit einer Gemeinde Gleichgesinnter.

Als organisierte Weltanschauung gehören diese Vereine in die Säkularisationsgeschichte des christlichen Glaubens. Sie bestärken die Mitglieder angesichts der Mängel und Nöte der Gegenwart durch den Ausblick auf die künftige Welt der vollendeten monistischen Reformvernunft. Sie teilen allerdings nicht Hegels Einschätzung des Staates als des Subjekts der allgemeinen Sittlichkeit, sondern sie verlegen den Ort der Sittlichkeit und des Wissens der richtigen Praxis in die Gesellschaft. Es ist deshalb kein Zufall, dass bei dieser freien Gemeindebildung ein amerikanisches Beispiel zum Vorbild wurde, nämlich die 1876 von Felix Adler in New York gegründete *Gesellschaft für ethische Kultur*. In den USA leisten kirchliche Sekten die öffentliche Elementarbildung und vertreten aus eigenem Interesse die strenge Trennung von Kirche und Staat. Und ganz ähnlich führt hier die weltanschauliche Gruppenbildung in Gestalt von Sittlichkeits-Vereinen zu einem Rückzug der Bürger aus dem Staat.

Dennoch zeigten die deutschen Monisten keine Staatsverdrossenheit, das Vaterländische verstand sich noch von selbst, Bismarcks Reichsgründung von 1871 fand kritische Anerkennung. Die Kritik richtete sich gegen das kriegerische Zustandekommen der Gründung, weil sie, wie Ludwig Büchner schrieb, *den Fortschritt der*

Zivilisation mit den größten Gefahren bedroht. Anerkennung hieß deshalb nicht Respekt für den Staat, dem
man später auch die nationalistische Identifikation verweigerte. So erteilte Ferdinand Tönnies der Macht-
staatsideologie eine Absage, indem er zum einen betonte, wieviel mehr dem Wohl des Volkes durch die Verbesserung der inneren Verhältnisse des Staates gedient
ist als mit seiner äußeren Stärke; und indem er zum
anderen pragmatisch daran erinnerte, wie sehr auch im
Verkehr der Staaten untereinander der Respekt vor dem
Recht sich längerfristig bezahlt mache. Wo die Monisten ebenfalls auf Trennung von Kirche und Staat dran-
gen, richtete sich das allerdings gegen die Kirchen, weil
diese im Erziehungswesen mit dem Staat eng verflochten waren.

Fortschrittsvernunft

Ihre politische Abgehobenheit zu überwinden, hätte den
positivistischen Vernunftreformern abverlangt, auf das
Bürgertum mit seinen Besitz- und Standesinteressen zu-
zugehen und zudem den vorhandenen Staat in seiner
konservativen Gegentendenz zum Fortschrittsgedränge
der linken Kräfte anzuerkennen und zu rechtfertigen.
Einen entschiedenen Versuch in dieser Richtung hat
David Friedrich Strauß in seinem Alterswerk unternommen, indem er 1872 die Ungleichheit des Besitzes, welche der Sozialismus austilgen möchte, zur notwendigen
Voraussetzung für den Bildungsfortschritt der Menschheit erklärte. *Ohne Reichtum*, so zitiert Lübbe ihn, *ohne
Überfluß gibt es weder Wissenschaft noch Kunst, weil
ohne sie zur Ausbildung beider die Muße, für die Ver-
wertung ihrer Erzeugnisse die Mittel fehlen würden.*
Straußens Versuch fand indes keinen Anklang. Man

schätzte zwar unter Atheisten seine theologische Autorität und seine Kritik am Christentum; eine sozialkonservative Position jedoch widersprach dem reformerischen Selbstverständnis.

Nicht vorhandene Interessenlagen wollte man bedienen, sondern sich allein jener Vernunft verpflichtet wissen, die den Prozess der Wissenschaft mit methodischer Objektivität vorantreibt. Einem Denken, das derart dem Modell technisch-wissenschaftlicher Ordnung huldigte, blieb das eigentlich Politische, die Konkurrenz um Herrschaftspositionen, fremd. *Positivistische Ethik* sollte nichts anderes sein als die Sammlung derjenigen Regeln, die das Glücksstreben des Einzelnen mit dem aller Anderen verträglich machen. Dabei war die Auslegung dieses Glücksstrebens als *Lustprinzip* polemische Antwort auf die bürgerliche Prüderie, welche moralische Reinheit mit begierdeloser kindlicher Unschuld gleichsetzte - jedenfalls vor Freud. Die eigentliche Abwehr aber galt dem Dualismus von menschlichem Wollen und einem ihm übergeordneten transzendenten Willen. Selbst Kant als Aufklärer wurde deshalb zum Vorwurf gemacht, er habe eine Begründung der Moral aus der menschlichen Natur für unmöglich erklärt.

Die positivistische Ethik möchte zeigen, dass der moralische Wille in der Natur des Menschen selbst wurzelt, und eben hierzu benutzen ihre monistischen Verfechter den Ausdruck *Lust*. Sie halten den Widerspruch zwischen dem moralischer Norm unterworfenen Willen und dem normgebenden Willen lediglich für ein Problem der Interessenharmonisierung. In ihrer Sicht dient der Einzelne seinen Interessen, seiner "Lust", dann am besten, wenn er jederzeit die Interessen der Anderen mitberücksichtigt. Er befolgt dann einfach Regeln der Klugheit und anerkennt ihre Vernünftigkeit, wenn er geistig gesund ist. Dass ihm die moralischen Regeln dennoch meist als äußere Gebote entgegentreten, hängt damit zusammen, dass er nicht in jeder konkreten Situation imstande ist, das eigene Verhalten in Hinsicht auf das Ganze seines Lebens kundig genug zu steuern. Hier springen ihm im personalen Bereich die ethischen Normen hilfreich zur Seite, in Bezug auf das kollektive Miteinander sind sie weitgehend identisch mit dem Recht.

In normalen Zeiten gelten dieser Ethik die Interessen des Erwachsenen und sein Streben nach Nutzenmehrung als weitgehend verträglich mit den Maßstäben des sittlich und rechtlich Guten. Treten beide Seiten jedoch in der Ausnahmesituation auseinander, dann verlangt das innere Gewissen das Opfer des eigenen Interesses als Beitrag dazu, diejenigen normalen Verhältnisse zurückzugewinnen, die solches Opfer erübrigen. Der Utilitarismus, welcher hier durchklingt, verträgt sich wenig mit einem nationalistischen Pathos, wohl aber mit der Überzeugung, im Grunde nichts anderes zu verlangen als das, was über Zeiten und Räume hinweg immer schon sittliche Ansicht war. Und es ist der Stolz dieser positivistischen Ethik, die triviale pragmatische Richtigkeit ihrer Ansichten ohne Berufung auf höhere Instanzen allein dadurch bestätigt zu sehen, dass die goldenen Regeln in Heiligen Schriften ebenso auftauchen wie in Sprichwörter-Sammlungen und dass sie mithin auch im Zerbrechen religiöser Formen wahr bleiben.

Ist sie insofern auch frei von bilderstürmerischem Fanatismus, so kämpft diese Ethik doch erbittert gegen das Argument, die Moral sei ohne religiöses Fundament bodenlos. Hier wittert sie die Absicht der Kirchen, sich dem Staate unentbehrlich zu machen. Die Erbitterung wiederum lässt die ehrgeizige Absicht erkennen, Gesellschaft wie Politik der eigenen Reformvernunft zu unterwerfen - ohne die Unterstützung der "höheren Mächte" und zugleich auch "überparteilich", also unpolitisch. Wo die Kirchen den Respekt vor dem Bestehenden fördern helfen, da zielt Reformvernunft auf die totale Mobilität einer Gesellschaft, die sich, dem ökonomischen, technischen und sozialen Wissensfortschritt entsprechend, unentwegt zum gemeinsamen Besten reformiert. Das Vertrauen in politische Führerschaft wird dadurch systematisch zerstört, der gesellschaftliche Fortschritt dem Diktat der Wissenschaften unterstellt - und wo der Einzelne sich ihrer Einsicht widersetzt, muß er pädagogisch geweckt und gestärkt werden.

Die politischen Rationalisierungspläne, welche den monistischen und ethisch-kulturellen Reformvereinen entsprossen, stellten deshalb meist die sogenannte *Gesellschaftsfrage* in den Mittelpunkt. So propagierte Ludwig Büchner, seines Zeichens Materialist und Darwinist, vor allem die Abschaffung von Armut, Roheit und Unbildung, an deren Stelle Überlegung und Selbstbeherrschung treten sollen. Der alles beherrschenden Geldmacht wollte er durch eine *bessere Organisation der menschlichen Gesellschaft* entgegenwirken und durch eine *vernünftige Sozialistik* die soziale Ungerechtigkeit bekämpfen. An die Stelle des Einzelkampfes *um* das Dasein sollte der gemeinsame Kampf aller *für* das Dasein treten. In Lübbes Augen zielte diese Sozialistik auf die Entpolitisierung der Gesellschaft, indem sie alle Verhältnisse abschaffen will, die den Menschen zum Feind des Menschen machen. Wie der Sozialismus auch, bestreitet Büchner damit dem bürgerlichen Gesetzesstaat seine friedenstiftende Wirkung.

Den Bürgern von Besitz und Bildung mochte diese Programmatik zwar sozialistisch vorkommen, und die ethischen Monisten verstanden sich durchaus auch als *links* und *gegen rechts*. Aber indem man zugleich jede parteipolitische Bindung abwies, sollte dieses Wollen nicht als parteiliches Interesse gelten, sondern allein dem *Fortschritt* verpflichtet sein. Gegen Konservatismus, gegen religiöse Orthodoxie und gegen Rom gerichtet, erklärte zum Beispiel Wilhelm Ostwald in seinen *Monistischen Sonntagspredigten* zum allgemeinen Merkmal des Menschengeschlechts die *Einsicht in die wissenschaftliche Tatsache des Fortschritts*, und dies umso ausgeprägter, je höher die betreffende Menschengruppe in der Kultur steht. Weil nun aber just die bevorteilte bürgerliche Schicht sich dem propagierten *Fortschritt* widersetzte, stellt Ostwald sie unter Ideologieverdacht, während er die arbeitenden Klassen zum quasi-natürlichen Subjekt fortschrittlicher *wissenschaftlicher Lebensauffassung* erklärte.

Indessen galt den Monisten die in der Sozialdemokratie politisch organisierte Arbeiterschaft ausdrücklich nicht als die Trägerin der Fortschrittlichkeit. Ludwig Büchner, bereits erwähnt, sah 1894 in der Sozialdemokratie zwar die einzig entschlossene Oppositionspartei im Reichstag und rechnete ihr Verdienste an um die politische Aufklärung der großen und wichtigen Menschenmasse. Aber ihre ökonomischen Prognosen, die sich wissenschaftlich geben, zieh er des Dogmatismus und nannte sie *Thesen einer geschichtsphilosophischen Zukunftstheorie*, die auf den *Weg der Gewalt* verweisen.

So ähnlich las man es dann 1919 bei Adler im Blick auf die russische Revolution. Büchner benutzte als Argument gegen Gewalt den Verweis auf die überlegenen polizeilichen und militärischen Mittel des modernen Industriestaates sowie auf die soziale Festigkeit der besitzenden Klasse. Eine Revolution müsste eine politische Reaktion provozieren, die allen sozialdemokratischen Träumereien für lange den Garaus machen würde.

Indirekt besagt Büchners Einwand natürlich, dass eine proletarische Revolution in industriell und damit auch machtmäßig schwächeren Staaten durchaus Erfolg haben kann. Illusionär nennt er zudem auch die sozialistische Vorstellung, der wissenschaftliche, technische und ökonomische Fortschritt könne von einem Kollektiv-Subjekt übernommen werden. Unter Leitung des Staates könne es niemals die Freiheit und selbständige Entwicklung für das Individuum geben, welche unter dem Sporn der Konkurrenz die menschliche Tätigkeit antreibt. Das Streben nach persönlicher Auszeichnung sei unentbehrlich als Motivation und deshalb jeder Gedanke an die Abschaffung des Privateigentums zu verwerfen. Büchners *Sozialistik* soll deshalb beschränkt sein darauf, die ökonomische und soziale Entwicklung technokratisch zu ermöglichen. Keineswegs ist dabei an parlamentarische Praxis und parteipolitische Auseinandersetzungen gedacht, so sehr sie in Büchners Sicht auch das vorausgesetzte Umfeld bilden.

Über den Parteien

Vernunft und Wissenschaft sind dennoch ein davon Unterschiedenes, sie sind nicht auf das jeweilige Parteiwohl, sondern auf das Gemeinwohl ausgerichtet. Das vernünftige Allgemeine sehen die deutschen Positivisten gerade nicht aus dem geregelten Gegeneinander der gesellschaftlichen Gruppen hervorgehen. Ihre politische Tendenz läuft deshalb, mit Lübbes Wort, auf eine *Entparteiung* hinaus. Der Monistenbund versteht sich ausdrücklich als eine Überpartei. Ferdinand Tönnies sieht es als Vorteil, dass Parteipolitik durch die Satzung ausgeschlossen ist und *dadurch auch hoffentlich Leidenschaft und Vorurteil in der Behandlung politischer Probleme*. Stattdessen soll die Logik des *geraden Weges* gelten. Die entgegenstehenden Hindernisse vielfältiger Meinung und egoistischen Strebens werden auf ihm nicht für prinzipiell gehalten. Überwunden werden sollen sie auch nicht durch eine neue Moral, die dem Einzelnen auferlegte, sein eigenes Interesse mit dem allgemeinen in der Innerlichkeit seines guten Willens zu vermitteln.

Sondern der technische Fortschritt soll diese moralische Funktion übernehmen, indem er die Abhängigkeit aller von allen immer mehr steigert und es dem Einzelnen so nahezu unmöglich macht, aus diesem Zusammenhang zu seinem eigenen Vorteil auszubrechen. In der zunehmenden allgemeinen Verkettung verwandelt sich Moral in *Sachlichkeit*. - Dieser wissenschaftliche Optimismus verleiht dem weltanschaulichen Positivismus heute, so meint Lübbe 1963, ein antiquiertes Aussehen. Doch diese Antiquiertheit sei vermutlich bloße Oberfläche, weil tatsächlich die wissenschaftliche Zivilisation immer weitere technische Sachzwänge erzeuge, die ihrerseits das Politische weiter zurückdrängen. Die Glückserwartung, gerichtet auf die weitere Steigerung des Lebensniveaus, werde auf Dauer dahin führen, dass alle politischen Richtungen den Kampf um den Lebensstandard zur Grundthese ihrer Programmatik erheben. War dieses Urteil Lübbes zeitbedingt, so bleiben wohl seine Warnungen gültig.

Den *schwelgenden Utopismus* jedenfalls, welcher die *wissenschaftliche Weltanschauung* im späten 19. Jahrhundert durchzieht, hält er für geschichtsblind. Denn Furcht und Mißtrauen gehören zur bleibenden Natur des Menschen und werden die Wirklichkeit des Politischen fortdauern lassen. Und nebenbeigesagt bleibt die technokratische Vision auch ohne Verständnis für das Phänomen des Ästhetischen. Dieses ist zwar in den Prozeß der Zivilisation involviert, teilt jedoch nicht dessen Fortschrittscharakter. Der Blick der Bewegung war indes eingeengt auf die historisch unvergleichliche Steigerung der Produktivität, die zum ersten Mal eine kontinuierliche Versorgung und materielle Sicherung aller Menschen möglich erscheinen ließ. Daraus sieht sie eine Kollektivhaftung der Gesellschaft für diese Versorgung und Sicherung erwachsen. Ohne sozialistische Umverteilungsideen zwar, imaginieren Monismus und Positivismus die Industriegesellschaft dennoch als egalitäre Leistungsgesellschaft.

Erziehung und Bildung werden in ihr das erste Grundrecht darstellen. Ja, es gibt Stimmen, die den Staat auffordern, die Verwirklichung dieses Rechts mit starker Hand pädagogisch durchzusetzen, um die Menschen zu ihrem Glück zu zwingen. Das richtete sich gegen die alten ständischen Rangunterschiede, bedeutete indessen keine Absage an Leistungsunterschiede. Jeder nach seinen Fähigkeiten - das schien den Positivisten der humane Inhalt des Fortschritts zu sein, den sie durchaus auch gegen Nietzsches Rede vom Fortschritt als einer *falschen Idee* verteidigten. Ebenso wehrte Ferdinand

Tönnies das Schimpfen auf den "Humanitätsdusel" ab, als welcher dieser Fortschrittsglaube von bürgerlicher Seite ebenfalls abgewehrt wurde. Man hielt fest an einem Humanismus, der die moderne Gesellschaft als eine der gleichen Chancen sah, vermittelt durch pädagogische Institutionen. Die Chance für jeden sollte heißen, im mobilen Gefüge der gesellschaftlichen Arbeitsfunktionen seinen leistungsgerechten Platz zu gewinnen.

Gefühlsgemeinschaftswahn

Der Erste Weltkrieg ließ diese technokratischen Fortschrittsvisionen dahinwelken. Die Sache des Vaterlandes rückte in den Vordergrund, wiewohl Wilhelm Ostwald für ein siegreiches Deutschland unverdrossen die Führerschaft auf dem Menschheitsweg zu einem zivilisatorischen Weltfrieden erhoffte. Das unterschied ihn und die Monisten von der nationalen Borniertheit. Sie hielten fest an der Universalität der positiven wissenschaftlichen Vernunft. Der in Deutschland propagierte Antagonismus von Kultur und Zivilisation, die Frontstellung gegen den Westen fanden bei ihnen keinen Widerhall. Die Einheit des Verstandes wurde höher gewertet als die Einheit des Vaterlandes, man stand außerhalb des im Krieg aktuellen Gegensatzes zu England. Die Republik der Gelehrten blieb das Ideal und deren Gesetzen wünschte man universelle Geltung. Alfred Adler nun, der sich als Student *zum sozialistisch beeinflussten Freigeist und Monisten* entwickelte, wie Handlbauer berichtet, er hält einerseits an der universalistischen Orientierung fest.

Offenbar jedoch schien ihm gegenüber den hochgepeitschten Nationalgefühlen, die in den Ersten Weltkrieg geführt hatten, die wissenschaftliche Monistenvernunft zu ohnmächtig. Er wollte vielmehr Gleiches durch Gleiches heilen und setzte ergo ebenfalls auf ein *Gefühl*. Das ab 1919 von ihm propagierte universale Gemeinschaftsgefühl sollte den partikular auf Nation, Rasse oder Klasse bezogenen Gemeinschaftsgefühlen entgegenwirken. - Hinterher ist man bekanntlich schlauer, und so hat nach dem Ende des Zweiten Weltkriegs, den Adler nicht mehr erlebte, Theodor Geiger 1950 gefordert, die Einzelnen innerlich unabhängiger zu machen von jedweden Appellen an das Gemeinschaftsgefühl. Es habe sein Recht nur dort, wo es dem Zusammenhalt und dem Gedeihen persönlich-intimer Gruppen dient. Ausweitbar sei es allenfalls auf die Anhänglichkeit an Heimat und heimatliche Landschaft.

Über diesen Rahmen hinaus aber wird es nur von sozialen Erbauungspredigern phantasierend erweitert, die die Spannweite menschlicher Sympathie drastisch überschätzen. Sie ermahnen zur Bruderschaft zwischen Millionen, aber statt der gewünschten Idylle kommt bei ihrer Moralpredigt nur *unechte Fühlerei* heraus. Nachdrücklich forderte Geiger demgegenüber eine *Privatisierung des Gefühlslebens* und war dafür bereit, auch dem Liebesgebot des Christentums eine Absage zu erteilen. Die Menschen könnten viel eher in Frieden und Verträglichkeit nebeneinander leben, wenn niemand von ihnen verlangt, dass sie einander lieben sollen. Besonders bedenklich sind ihm pathetisch-heroische Gemeinschaftsgefühle, weil sie in Wahrheit aggressiv und gesellschaftszersetzend sind. Deshalb gehören Gemeinschaftsgefühle der privaten Sphäre vorbehalten, während im öffentlichen Miteinander distanziert-kühle Sachlichkeit angebracht ist. An der *Legende von der Volksgemeinschaft* führt Geiger die negative Seite vor.

Zuerst einmal ist die Nation gar kein ursprüngliches Gebilde, sie entstand im europäischen Kulturkreis als Staat der Fürsten, nicht des Volkes. Die Bevölkerungen waren meist bunt und zufällig zusammengesetzt, und erst nach der Einigung von oben gerinnen die gemeinsamen Erlebnisse zur Vorstellung einer Nation. Und erst aufgrund dieser Entwicklung kann sich der Nationalgedanke dann auch gegen das Machtpotential des absoluten Herrschers richten. Alle Rückführungen auf einen gemeinsamen, sei's sprachlichen, sei's kulturellen Ursprung sind spätere ideologische Masken des gemeinsamen Interesses. Einmal etabliert aber, konnte es wiederum imperialistische Ansprüche speisen. Will man schon auf Volkstum zurückgreifen, so landet man eher beim Bayern oder Friesen als beim Deutschen. Nationalcharakter wiederum ist ein völlig unbestimmter Begriff, schändlich mißbraucht von Romantik und Neuromantik. Die Rasse als ideologischen Hintergrund gar will Geiger nach dem Ende der Hitlerei nicht mehr extra widerlegen.

Wie immer jedenfalls Nation bestimmt wurde und wird, ist sie doch auf keinen Fall eine Gruppe zwischenmenschlicher Gefühlsgemeinschaft. 65 Millionen Deutsche kann man nicht lieben, meinte er, wohl aber zeigt der Versuch, daß das resultierende pathetische Sozialgebilde aggressiv ist. Und die Betonung der nationalen Eigenart fällt am heftigsten aus, wo der Unterschied zu den Nachbarn gering ist. Den Machthabern ist es recht, denn sie finden am übersteigerten Nationalgefühl den psychischen Boden, auf dem eine nationale Ausdehnungspolitik sich gründen läßt. So können sie es dann auch auf einen Krieg ankommen lassen. Doch bringt dieser den Kapitalinteressen nicht einmal Vorteil, denn die Rüstungsgewinne lassen zwar das Großkapital erstarken, doch es bezahlt dafür mit einer Stärkung der Arbeiterorganisationen.

Deren Klassenbegriff jedoch war nur zunächst internationalistisch. Denn die Entwicklung der Sowjetunion zeigt, hervorgetrieben durch den Zweiten Weltkrieg und das Ausbleiben der Weltrevolution, die Entstehung eines proletarischen Neo-Nationalismus, vielleicht ja Schillers Wort gemäß, dass das vaterländische Interesse nur für unreife Nationen wichtig ist. - Eine besondere Rolle spielt in dieser Entwicklung stets auch die bürgerliche Intelligenz. Und innerhalb dieses Feldes kommt nochmal eine besondere Rolle der Lehrerschaft zu, die oft genug Stolz aus ihrer Rolle als *Erzieher der Nation* zieht. Insgesamt bestreitet Geiger zwar nicht, dass die Erweiterung des Solidaritätsgefühls der kleinen Gruppe zum Nationalgefühl eine gesellschaftliche Realität ist. Aber es bezieht sich für ihn auf einen Gegenstand oder Inhalt, den es lediglich als Projektion eben dieses Gefühles gibt.

Derselbe Geist wohnt auch dem sogenannten Klassenbewußtsein inne. Das einende Band ist hier wie dort nicht Liebe untereinander, sondern Haß nach außen. Die Einzelnen sind aufgerufen, Opfer zu bringen, sich für die angebliche Sache aufzuopfern. Es ist jedoch töricht zu behaupten, daß die Menschen stets ein Erhabenes über sich brauchen, um sinnerfüllt leben zu können. Die allgemeine Übereinstimmung in der Gefühlsreaktion ist vorgetäuscht. In religiösen Zusammenhängen ist diese Täuschung nicht durchschaut worden, jedoch haben die Zusammenstöße nationaler Wertegemeinschaften nunmehr die Unaufhebbarkeit unterschiedlicher Werthaltungen gezeigt. Geiger plädiert also für Nüchternheit und er vermutet, daß gesellschaftliche Änderungen zum Besseren nicht dem Kampf solcher Ideen verdankt sind, sondern ihnen zum Trotz zustande kommen. Unbeschönigter Interessenkonflikt und nüchterner Kompromiß kämen der Gesellschaft weniger teuer zu stehen.

Oberste Wertvorstellungen sind meist sehr luftiger Art. Wenn man genauer nachfragt, was denn der Einzelne unter Gott, Nation, Demokratie, Sozialismus, Freiheit oder Gerechtigkeit versteht, kommen ganz unterschiedliche Antworten, und Viele sind nicht einmal imstande, sich genau auszudrücken. Der Glaube an Symbole in Gestalt hehrer Worte ist irrational, weil gefühlsbestimmt. Wo nur der Einzelne solchen Werten huldigt, ist er harmlos, denn es fehlen ihm die Machtmittel, um wesentlichen Schaden anzurichten. Wo aber Millionen sich zu irgendeinem Blödsinn bekennen, hält Geiger solche Wahrheit heute - 1950 - für im höchsten Grade friedensgefährdend, auch weil unterdessen die *eine* Glaubensautorität der Kirche durch die vielköpfige Hydra der Ideenpropaganda ersetzt wurde. Neuartige Gefahr geht dabei von den modernen Kommunikationsmitteln aus, weil sie Massenbeeinflussung und organisatorische Möglichkeiten ganz neuer Größenordnung bieten.

Totale oder plurale Welt

Kommt es dann zu Kriegen, so bewirken die technischen Kampfmittel grauenhafte Zerstörungen. Diese Konsequenz erst macht deutlich, weshalb Geiger die irrationale Form symbolgesteuerter Gefühlsgemeinschaft so entschieden anprangerte. "Rationelle" Technik kann aus seiner Sicht nur einer Menschheit frommen, deren kollektive moralische Haltung dem Dasein gegenüber in hohem Grade vernünftig ist. Weil aber der technische Fortschritt sich nicht zurückschrauben läßt, bleibt nur der Weg, durch Intellektualisierung den Menschen seiner Technik und seinem organisatorischen Daseinsapparat gewachsen zu machen. - Geiger macht also der *Legende von der Volksgemeinschaft* eine sehr kritische Rechnung auf. Wie aber liegt der Fall für die von Adler ins Auge gefasste universale Menschengemeinschaft? Hier entfällt ja die Möglichkeit, innere Einheit durch einen fiktiven oder realen äusseren Feind zu erzeugen. Und überdies steht einer menschheitsweiten Gefühlsgemeinschaft ihre Größenordnung entgegen.

So entsprechen denn der Völkerbund und in seiner Nachfolge die Vereinten Nationen bisher nur sehr eingeschränkt Adlers Vision. Am Sitz dieser Menschheitsvertretung kommen zwar Delegierte aus den meisten Nationen zusammen, doch meistens legen sie dort nur die sehr unterschiedlichen Standpunkte ihrer Länder dar. Militärisch oder gar polizeilich sind die *Blauhelme* der UN nicht imstande, die Menschenrechte überall durchzusetzen. Dafür jedoch wüten seit den zwei Weltkriegen weiterhin viele Kriege, und meist sind sie angetrieben von regionalen oder religiösen Gemeinschaftsgefühlen. Freilich blieb auch Geigers Projekt einer universalen Intellektualisierung bisher Wunschtraum: Um ihres familialen Überlebens willen zerstören Bevölkerungen vielerorts die kollektiven Lebensgrundlagen, und oft genug sind auch die großen imperialen Mächte am Raubbau profitabel beteiligt. Allenfalls tritt *episodische Solidarität* der Weltgesellschaft auf, wenn die Medien von grossen Naturkatastrophen berichten.

Man kann nicht einmal "dialektisch" glaubhaft machen, es könnten die totalitären Regime linker und rechter

Couleur sozusagen die rabiate Vorstufe einer konfliktfrei geeinten menschheitsweiten Vernunft- oder Gefühlsgemeinschaft sein. Vielmehr scheinen in der Ge-
meinschaftslogik *Feindschaft und Anerkennung* unzer-
trennlich verflochten. Jedenfalls hat Hannah Arendt es
schwer begreiflich genannt, wie sehr in den totalitären
Prozessen der moralische Kampf *gegen* Egoismus und
persönliche Vorteilssuche den Gedanken der großen
Gemeinschaft anheizte und wie sehr unbedingte Treue
und persönliche Aufopferung gerade den Zwecken des
Bösen dienstbar gemacht werden konnten. Ingeborg
Nordmann hat in ihrer Arendt-Studie herausgearbeitet,
wie die ununterscheidbare Gleichheit, welche der totalitäre Prozeß als die *Utopie des Einen Menschen* anzielt,
den Menschen just diejenige *Welt* raubt, in der sie sich
als Verschiedene *und* Gleiche aufeinander beziehen und
einander wechselseitig anerkennen können.

Erhalt der Demokratie war deshalb für Arendt gleichbedeutend mit dem Erhalt dieser *Welt*. Ihre Grundlage ist
Bewegungsfreiheit ebenso wie die Anerkennung des tatsächlich Vorhandenen ohne transzendente Begründungen. Das Ideologische, Moralische und Metaphysische
muß an der tatsächlichen Pluralität der Menschen, an
ihrem vielfältigen Nebeneinanderleben, scheitern können. Leider nur flüchtete schon Platon vor der Unsicherheit der vielen Meinungen in die Sicherheit der einen
philosophischen Wahrheit. Seitdem hat sich diese Ver-
kehrung in wechselnden Konstellationen wiederholt,
und deshalb zählt Nordmann einige der Metaphern auf,
unter denen im Namen hehrer Prinzipien widerrechtlich
Staatsgewalt ausgeübt wurde: *die Wahrheit, der
Mensch, die Menschheit, das Volk, Rousseaus volonté
générale, die Geschichte, das Klasseninteresse.* Jedes-

mal wurde an die Stelle vielfältiger Meinungen und Urteile ein in sich stimmiger und durch keine Erfahrung ir-
ritierbarer *Supra-Sinn* gesetzt.

Wo Politik sich in solcher Weise der alltäglichen Welt
des Mit- und Gegeneinander entfremdet, wo sie als
Vollzug geschichtlicher Gesetze, als Sachzwang, als
Monopol von Parteien, als Kampf von Politprofis betrieben wird, da scheint Freiheit nur noch in den gesellschaftlichen Bereichen *jenseits* der Politik möglich. Mit
der Professionalisierung und Instrumentalisierung der
Politik aber geht die Vorstellung einher, dass man Geschichte *machen* könne. Arendt nannte dies eine Meta-
theorie, die das politische Denken bis in feinste Veräste-
lungen durchdrungen hat. An der Unterscheidung von
Herstellen und Handeln versuchte sie zu verdeutlichen,
dass die spezifische Gewaltsamkeit des Herstellens dort
in den politischen Bereich eingedrungen ist, wo die
Logik der Zweck-Mittel-Relation gilt. Damit ist ein souverän planendes und berechnendes Subjekt unterstellt -
ein schadensreicher Irrtum, weil der Mensch im Handeln zwar frei ist, aber nie souverän: Niemals ist er Autor der Prozesse, die er durch sein Handeln in Gang
setzt.

Ist also das Handeln nicht absehbar in dem, was es bewirkt, und ist dieser Gedanke für Viele erschreckend
unannehmbar, so kann doch *Erfahrung* die abgründige
Nichtnormierbarkeit des menschlichen Wollens mildern. Das gilt für den Gründungsakt von Verfassungen,
der erfahrene Gründerväter braucht. Und das gilt in
anderer Weise für die schöpferische Subjektivität. Erfahrung hilft, die Sinnhaftigkeit des Augenblicks, des
Einzellebens gegen den Zwang des "Fortschritts" zu
retten und gegen seine Tendenz, das Individuelle auszu-

radieren. Damit Erfahrung jedoch politisch zum Zuge kommen kann, muß sie sich öffentlicher Diskussion stellen und dort ersetzen, was vorher Tradition leistete. Und diese Diskussion darf eben *nicht* geführt werden unter dem Blickwinkel der Gattungsgeschichte, um aus ihrem angeblichen Ziel und Ende den Lebenssinn für die Einzelnen herzuleiten. Revolutionäre oder evolutionäre Versuche solcher Art enden in der Melancholie, weil sie die hier und heute Lebenden stets vertrösten müssen.

Nun ist allerdings ein unabhängiges, auf den einzelnen Fall bezogenes und vom öffentlichen Meinen nicht gestütztes Urteilsvermögen stets nur Wenigen eigen. Deshalb wurde Arendt vorgeworfen, eine Elitentheorie zu vertreten. In der Tat kritisierte sie unerbittlich die Vermengung von Moral und Politik im abendländischen Denken, weil Moral stets tendiert, die Besonderheit um der Sicherheit willen auszulöschen. In der Ununterscheidbarkeit nationalen Zwanges wird dann Heimat gesucht. Die Pluralität schien ihr auch durch Kompromisse nicht zu retten, wenn an ihnen Parteien beteiligt sind, die Stabilität aus einer kulturellen oder ethnischen Homogenisierung erhoffen. Wo Demokratien sich durch einen wuchernden Pluralismus bedroht fühlen, sind Gegenmaßnahmen vom Übel, die mit Metaphern des Organischen oder Natürlichen arbeiten. Alle Konzeptionen nicht hinterfragbarer Gemeinschaft, so resümiert Ingeborg Nordmann, sind unbrauchbare Hilfskonstruktionen, um das zerbrechliche Gefüge der Demokratie zu stützen.

Ethikschwemme

Schon bald nach Gründung der Bundesrepublik Deutschland zeigte Reinhart Koselleck in *Kritik und Krise*, wie beispielsweise der Friedenswille durch Berufung auf das moralisch reine Gewissen zu einem verschärften Totalitätsanspruch führt und im Namen von Aufklärung das Politische verfemt. Nun ist ungefähr seit der letzten Jahrhundertwende abermals eine Moralwelle zu notieren, eine Konjunktur ethischer Kommissionen, ethischer Leitlinien und sogenannter Ethikbeauftragter. Ethik hat als Wissenschaft zur Aufgabe, unübersichtliche moralische Problemlagen methodisch zu reflektieren. Diese Ansicht vertritt der Rechtsphilosoph Kurt Seelmann, und er nennt für die Naturwissenschaft als Beispiel: die aus der biotechnologischen Forschung entstehenden Möglichkeiten; für das kulturelle Miteinander: die terroristische Bedrohung und die Probleme kultureller Integration; für den alltäglichen Nahbereich: die mit der Frauenemanzipation verquickte Änderung der Eltern-Kind- und Kind-Eltern-Beziehungen.

Das wissenschaftliche Auseinanderlegen moralischer Problemknäuel ist indessen etwas anderes als die moralische Rechthaberei. Die Völkerrechtlerin Silja Vöneky verweist hier auf Fälle praktischen Handelns, in denen mehrere Wege zielführend sein können, deren Wert oder Unwert sich moralisch gar nicht unterscheiden lässt, und in denen Verantwortliche unter dem Gesichtspunkt entscheiden müssen, wer sie oder wer wir sein wollen. Und genau hier spricht sie den Ethikern jede besondere Autorität ab und nennt sie vielmehr politische Bürger wie alle anderen. Auch die Politik aber ist nicht frei von dem, was Furtmüller rigorosen Dienst an der Ethik aus Geltungssucht nannte. Herrmann Lübbe hat vor geraumer Zeit auf die Unzahl von Wertebekenntnissen verwiesen, die in der Politik üblich geworden sind. Wer diese öffentlichen Bekenntnisroutinen verletzt oder bloßstellt, dessen Karriere wird häufig genug von eifrigen Correctnesswächtern massenmedial abgewürgt.

Wertebekenntnisfreudigkeit in der Politik ersetzt nun aber politische Interessenabwägung durch moralische Rigorosität. Die Gründe hierfür findet Lübbe, etwas weiter ausgreifend als Seelmann, in der fortdauernden weltweiten Ausbreitung des Industriesystems. Der Punkt ist dabei nicht, dass sich die Räume wechselseitiger Abhängigkeit ausdehnen und sich die Regeln moralischen Verhaltens entsprechend erweitern und verschärfen. Der Punkt ist vielmehr, dass uns bei größerer Unübersichtlichkeit der Verhältnisse die moralische Beschwörung ethischer Werte Erkenntnismühen mit hohem Zeitverbrauch erspart. Zwar genügt es heute nicht mehr, im Kantischen Sinne guten Willens zu sein und ein paar Grundregeln zu beachten wie: nicht zu lügen, ein Versprechen auch tatsächlich zu halten oder ein anvertrautes Gut zurückzuerstatten. Aber gerade deshalb bekennt man sich umso entschiedener zu höchsten Werten, um rhetorisch auf der richtigen Seite zu sein - und konkret nicht zu fassen.

Hinzu kommen leider Fälle, wo derjenige des blanken Zynismus verdächtigt wird, der überhaupt herauszufinden sucht, was tatsächlich der Fall ist. Lübbe nennt als Beispiel einen energiepolitisch engagierten Professor, den man moralisch erledigte, weil er für die Kernenergietechnik plädierte mit dem Argument, ihre Nutzung ziehe trotz Tschernobyl statistisch weniger Tote pro Energieeinheit nach sich als die Kohleförderung und schone ausserdem die Atmosphäre. Man nannte sein

Argument *menschenverachtend.* Freilich bekundete man so unfreiwillig und gleichzeitig, dass man es nicht versteht, Großrisiken statistisch fachkundig abzuschätzen. Aus der Verlegenheit sollen dann "Experten" helfen, denen man solches zutraut. Aber nicht einmal beim Arzt ist es heutzutage möglich, die Verantwortung dafür zu delegieren, ob man die ungewollten lebensverkürzenden Nebenwirkungen einer Therapie in Kauf nehmen will oder lieber leidend etwas länger leben möchte.

Entsprechend wären energiepolitisch die Folgelasten dieser oder jener Option abzuschätzen. Weil nun aber in der Demokratie politische Mehrheiten entscheiden, kommen Wahlkämpfer hier eher zum Einsatz als die Fachleute im Physischen. Nur sieht Lübbe keinen Anlass, den Volkswillen zu verherrlichen. Am besten beraten und informiert sind solche Mehrheiten noch dort, wo die Bürger nicht nur wählen, sondern zu Sachfragen abstimmen können. Dann ist das Motiv stärker, sich sachkundig zu machen, und deshalb bedienen die Medien dann den Informationsbedarf der Bürger gezielter. Leider gilt aber auch hier, dass der Zeitaufwand direktdemokratischer Prozesse gross ist und ebenso gross die Versuchung der Politiker, die Desinformiertheit der Bürger zu konservieren, indem sie statt aufzuklären lieber höchste Werte beschwören. Realitätsprüfung wird vollends erdrückt, wo das Verdikt "menschenverachtend" an sich verfügbare Wissensbestände verbarrikadiert.

Politik sollte dem Ausgleich von Interessen im Rahmen einer rechtlich geregelten Werteordnung dienen. Die fortgesetzte rhetorische Berufung auf hohe Werte wirkt demgegenüber politisch interessenschädigend. So hat sich der politische Erfolg der europäischen Union eingestellt, nicht weil sie eine Gemeinschaft höherer Weihe war, sondern durch die wechselseitige Berücksichtigung nationaler Interessen. Mithin ist die besonders aus Deutschland oft ertönende Mahnung wenig rational, Europa solle sich nicht immer nur über den Markt definieren, sondern endlich als Wertegemeinschaft organisieren. Sie ist einerseits trivial, weil ja die Teilnehmerländer über ihre Zugehörigkeit zum Europarat zum Geltungsbereich der Europäischen Menschenrechtskonvention gehören. Sie ist andererseits naiv, weil die in Europa entstandenen Literaturen, die religiösen und ethischen Überlieferungen, die Forschung und die Technik längst über Amerika, Australien und Neuseeland hinausgedrungen sind und in anderen Geschichtsräumen assimiliert werden.

Nicht einmal den Frieden sieht Lübbe der beschworenen europäischen "Wertegemeinschaft" verdankt. Vielmehr ergab sich der europäische Nachkriegsfriede aus den Zwängen des Kalten Krieges, und gesichert wurde er nicht durch den Geist der Römischen Verträge, sondern durch die Vormacht USA. Und die Nagelprobe auf den Gedanken der Wertegemeinschaft läge wohl darin, die europäischen ständigen Mitglieder des Weltsicherheitsrats zur Abtretung ihres Vetorechts an die Europäische Union aufzufordern . . . In der rhetorischen Ermunterung zur Abgrenzung einer europäischen Wertegemeinschaft von den USA sieht Lübbe denn auch nichts anderes als einen Rückfall in den älteren europäischen Antiamerikanismus, in welchem rechte wie linke Zivilisationskritiker sich stets einig waren. Vom Ausland her gesehen ist diese Haltung in das Bild des weltfremden deutschen Idealisten gefasst worden, zum Teil bewundernd, von Heinrich Heine aber auch mit Befürchtungen.

Das Absolute und das Relative

Denn Heine ängstigten die *Transzendental-Idealisten* als zumindest potentielle moralische Höchstwert-Exekutoren. *Weder durch Furcht noch durch Eigennutz zu lenken* seien sie. Positiv bewertet wären das die selbstaufopferungsbereiten Helden bis hin zu den antitotalitären Widerstandskämpfern. Kritisch gesehen jedoch sind es Fanatiker, die in extremer moralistischer Weltfremdheit agieren und die heute Nachfolger finden in Großterroristen, welche das Welthandelszentrum als Symbol des Bösen begreifen und angreifen. Wir erinnern uns, wie Furtmüller in *Psychoanalyse und Ethik* den Harmonieethikern vorwarf, sie leugneten den prinzipiellen Konflikt zwischen der Befolgung moralischer Regeln und den individuellen Interessen. *Prinzipiell* bedeutet: nicht endgültig überwindbar, und das wiederum muss heissen: Politik als mühsamer - und hoffentlich demokratisch-parlamentarischer - Ausgleich von Interessen lässt sich nicht abschaffen, Geschichte kommt an kein Ende. Adlers "evolutionäres" Gemeinschaftsgefühl samt kosmischem Ziel ist hier nicht unterzubringen.

Sollte Furtmüller wohl als Freund und enger Mitstreiter Adlers dieses Unbehagen empfunden und deshalb so wohlweislich wie vorbeugend jede Harmonieethik *illusionär* genannt haben und den Versuch *naiv*, den Gegensatz zwischen dem Einzelnen und der Allgemeinheit endgültig überwinden zu wollen? Und hat er wohl die Kritik dadurch zu mildern versucht, dass er anschliessend die Konfliktethik und ihre Versuchungen kritisch abhandelte? Oder ist nicht auch hier die Kritik gemünzt auf alle, die andere moralisch bevormunden und sich über das Politische erhaben fühlen? Ethikkommissionen und Wertedebatten beschwören jedenfalls kompensatorisch das Wahre und Gute, wo die geschichtlich-politische Wirklichkeit unübersichtlicher und die moralische Orientierung schwieriger geworden ist. Hüten wir uns gerade deshalb vor der deutschen Träumerei von einer grossen moralischen Menschengemeinschaft.

Hüten wir uns aber auch, ins andere Extrem zurückzufallen und die reine Machtstaatsidee wieder aufzugreifen, die Ferdinand Tönnies mit guten Gründen kritisierte. Seine Enkelin Sibylle Tönnies räumt zwar ein, dass die Norm abstrakter Gleichheit aller Menschen tatsächlich zu Überlastungen führen kann, weil sie die gewachsenen Zugehörigkeiten der Menschen benagt, ohne daß die *gesellschaftlichen* Spielregeln den verlorenen Gefühlshalt ausreichend ersetzen können. Ausländerfeindlichkeit sieht sie als Symptom einer solchen Überlastung. Statt aber ein Entweder-Oder zwischen konfliktfrei gedachter Gemeinschaft und der demokratisch um Kompromisse ringenden Gesellschaft zu konstruieren, schlägt sie ein Sowohl-als-auch vor, ein Spannungsverhältnis also, dessen oftmals tragisches Wesen sie nicht leugnet. Der reichlich negativ stilisierte Machtbegriff aber, wie er in der Individualpsychologie als Gegenstück zur Gemeinschaftsutopie gehandhabt wurde und wird, bedarf einer realitätsoffenen theoretischen Läuterung.

Literatur

Adler, A. (1919): Bolschewismus und Seelenkunde. In: ders., Psychotherapie und Erziehung I. - Frankf.a.M: Fischer (Ftb 6746), 1982, 23-32.

Furtmüller, C. (1912): Psychoanalyse und Ethik. In: ders., Denken und Handeln. Schriften 1905-1950. (Hrsg. von Lux Furtmüller). - München: Reinhardt 1983, 53-73.

Geiger, Th. (1950): Gefühlsgemeinschaft auf Irrwegen. In: ders., Demokratie ohne Dogma. Die Gesellschaft zwischen Pathos und Nüchternheit. - München: Szczesny 1964, 115-208.

Handlbauer, B. (1984): Die Entstehungsgeschichte der Individualpsychologie Alfred Adlers. - Wien/ Salzburg: Geyer 1984. Besonders auch: Der metaphysische Lebensphilosoph, S. 256ff.

Henrich, D. (1985): Dunkelheit und Vergewisserung. In: ders. (Hg.), All-Einheit - Wege eines Gedankens in Ost und West. - Stuttgart: Klett 1985, 33-52.

Holzer, B. (2008): Das Leiden der Anderen. Episodische Solidarität in der Weltgesellschaft. - In: Soziale Welt, 59.Jg., H.2, Sept. 2008.

Koselleck, R. (1959): Die politische Struktur des Absolutismus als Voraussetzung der Aufklärung. In: ders., Kritik und Krise. Eine Studie zur Pathogenese der modernen Welt. - Frankf.a.M.: Suhrkamp (stw 36) 1973, 11-39.

Lübbe, H. (1963): Weltverbesserung aus "wissenschaftlicher Weltanschauung". In: ders., Politische Philosophie in Deutschland. - Basel: Schwabe 1963, 127-172.

Lübbe, H. (2006): Wert und Interesse. - In: F.A.Z., 11.01.2006, Nr. 9, S. 6 – Die Gegenwart.

Nordmann, I.(1994): Das vergessene Politische. In: dies., Hannah Arendt. - Frankf.a.M.: Campus (Tb 1081) 1994, 94-102.

Seelmann, K. (2008): Ethik als Frühwarnsystem. Zum gegenwärtigen Boom von Ethikzentren. - In: Neue Zürcher Zeitung, Nr.72, 28.03.2008, S. B2 Dossier.

Tönnies, S. (1995): Der westliche Universalismus. Eine Verteidigung klassischer Positionen. - Opladen: Westdeutscher Verlag 1995.

Vöneky, S. (2008): Die Grenzen der Argumentationskraft. Ethikexperten und moralischer Autoritarismus. - In: Neue Zürcher Zeitung, Nr.72, 28.03.2008, S. B2 Dossier.

Wiegand, R. (2002): Feindschaft und Anerkennung. - In: ders., Mutter Natur oder Menschenwelt? - Giessen: Psychosozial 2002, 173-190.

Einsamkeitsbedürfnis

Ein hohes Lob für Zeitgenossen
Ist heute, dass sie aufgeschlossen.
Wir aber wüßten manchmal gern:
Wie wärn sie wieder zuzusperrn?
Eugen Roth

Das Oberthema der Jahrestagung lautet "Intersubjektivität oder Robinson Crusoe". Als ich es zum ersten Mal las, begann ich leise den Kopf zu schütteln. Denn offenbar wurde hier kein Einerseits-Andrerseits vorgegeben, keine Gegenüberstellung, die eine Wahl zwischen zwei Polen offenließe oder zwischen denen ein Gleichgewicht zu suchen wäre. Das Thema mutete mich vielmehr an als eine Dichotomie von Gut und Böse, in der das Werturteil schon gefällt und eine Wahl überflüssig ist, fast sogar unmöglich. Denn bei der Romanfigur Robinson Crusoe ebenso wie bei ihrem realen Vorbild Alexander Selkirk handelt es sich ja um eine Person, die ihre Einsamkeit nicht selbst wählte, sondern in sie hineingeworfen wird, sei es vom Schicksal oder von bestimmten Tätern. Auf der anderen Seite ist Intersubjektivität ein wissenschaftliches Allerweltswort. Manche verstehen darunter die Fähigkeit des Einzelnen, allgemeingültige Sätze zu verstehen, mitzuteilen und nachprüfen zu können. Manche sprechen von der Fähigkeit, Zugang zum anderen durch Ausdrucksverstehen zu gewinnen, und zwar auf Grundlage der gleichen Strukturiertheit des Bewußtseins.

Erleidet Robinson also unfreiwillig ein Schicksal, das ihn vereinsamt, so ist gleiche Strukturiertheit des Bewußtseins wohl ein Ziel des deutschen Psychotherapiegesetzes, aber eigentlich kein Schicksal. Denn die menschliche Unzulänglichkeit ebenso wie ein Art Schweikschen Freiheitsdurstes lassen erwarten, dass zwar immer weitere Einzelfallstudien immer weitere "Wirkungen" nachweisen werden, nicht aber die gleiche Strukturiertheit des Bewußtseins als Therapieresultat. Wir müssen also mit dem Fortdauern menschlicher Ungleichheit rechnen, wie sie sich zum Beispiel bei Gesellschaften als das bunte Durcheinander von Geschmacksrichtungen, Weltanschauungen und Körpergrößen darbietet. Berufsmäßige Partygänger erleben das keineswegs als Reizüberflutung, sondern wissen Ausdrucksverhalten zu verstehen und auch signalgebend zu erwidern. Allerdings gibt es auch Nörgler, die die Intersubjektivität zwischen Vielen eher als belastend empfinden. Eine Art Vaterfigur dieser Defätistensorte war bekanntlich Schopenhauer. Als Rettung vor dem, was er Gesellschaft nannte, sang er das Lob der Einsamkeit.

Schopi schimpft

Sich selbst zu genügen, nannte Schopenhauer das höchste Glück, und er berief sich dabei auf Cicero, Seneca, Aristoteles und andere mehr. Denn jede Gesellschaft erfordere zunächst einmal, dass die Teilnehmer sich miteinander arrangieren, wozu auch gehört, einander gegenseitig zu belügen. Und je größer sie wird, desto fader wird solche Versammlung, denn umso weniger darf ein Jeder noch er selbst sein. Zwang ist deshalb der Gefährte jedweder Gesellschaft, und das Opfer der Freiheit wird umso größer sein, je bedeutender die eigene Individualität ist. Weil um der Fiktion willen, alle ihre Mitglieder seien gleich, alle Verschiedenheiten im Geistigen und im Moralischen ausgeblendet werden müssen, entziehen sich diejenigen der Gesellschaft, die dadurch verlieren. In der Folge davon wird, je zahlreicher eine Gesellschaft ist, umso mehr das Gemeine vorherrschen. Mögen andere Unterschiede geduldet bleiben, übt man gegen die geistige Überlegenheit Strenge, denn sie verletzt ohne jegliches Zutun durch ihre bloße Existenz. Geistreiche Reden sind in der gewöhnlichen Gesellschaft geradezu verhasst.

In vollkommenem Einklang mit sich selbst kann ein Jeder freilich nicht einmal mit dem Freunde oder mit seiner Geliebten stehen. So eng Freundschaft, Liebe und Ehe die Menschen auch verbinden mögen, bleibt doch immer ein Rest an Dissonanz. Ganz ehrlich ist der Mensch eben nur mit sich selbst und höchstens noch mit seinem Kinde. Infolgedessen ist derjenige besser dran, dessen Lebensumstände es ihm erlauben, möglichst wenig mit den Menschen in Berührung zu kommen. Denn jede Gesellschaft ist heimtückisch, so sehr sie das hinter dem Schein der Kurzweil, der vertraulichen Mitteilung, des gemeinsamen Genießens auch verbirgt. Man sollte deswegen der Jugend beizeiten nahelegen, die Einsamkeit ertragen zu lernen. Denn was die Menschen gesellig macht, ist ihre Unfähigkeit, die Einsamkeit und in dieser sich selbst zu ertragen. Innere Leere und Überdruß an sich selbst treibt sie sowohl in Gesellschaft als auch in die Fremde und auf Reisen. Viele suchen die Erhöhung auch im Wein und werden zu Trunkenbolden. Oder sie suchen Ergänzung in der Art eines Beisammenseins, die jener russischen Hornmusik ähnelt, bei welcher jedes Horn nur einen Ton hat und erst durch das Zusammenspiel eine Musik herauskommt.

Treten indessen irgendwo einmal bessere Menschen zu einem Verein zusammen, um einen edlen, einen idealen Zweck zu verfolgen, so ist der Ausgang meistens ein unglücklicher. Denn aus jenem großen Haufen der Menschheit, der in zahlloser Menge alles erfüllt und ergreift, um damit seiner Langenweile abzuhelfen, gelingt es meistens einigen, sich auch hier einzuschleichen oder einzudrängen. Bald ist dann die ganze Sache zerstört oder so verändert, dass das Gegenteil der Gründungsabsicht herauskommt. Die Geselligkeit eines jeden steht ungefähr im umgekehrten Verhältnis zu seinem intellektuellen Wert. Wird also jemand "ungesellig" genannt, so besagt das für Schopenhauer schon beinahe, dass er ein Mann großer Eigenschaften sein dürfte. Geselligkeit gehört für ihn zu den verderblichen Neigungen, und zum Beleg zitiert er eine Sentenz des Bernardin de St. Pierre, welche übersetzt lautet: Die Enthaltsamkeit in der Ernährung sichert uns die körperliche Gesundheit, und die Enthaltsamkeit im Umgang mit Menschen die Seelenruhe. Saint-Pierre war ab 1797 Direktor des botanischen Gartens in Paris und durch Naturbeschreibungen bekannt geworden.

Schopenhauer aber traut sich dann doch nicht, die Einsamkeit einen natürlichen Zustand des Menschen zu nennen. Denn er sieht, dass jedes Kind die Welt nicht allein betritt, sondern zwischen Eltern und Geschwister, also in Gemeinschaft hineingeboren wird. Demzufolge kann Einsamkeit kein ursprünglicher Hang sein, vielmehr entsteht er erst durch Erfahrung und Nachdenken. Dazu trägt sowohl die Entwicklung der eigenen geistigen Kraft bei als auch die Zunahme der Lebensjahre. Der Geselligkeitstrieb - diesen Ausdruck übernehme ich hier wörtlich - steht demnach in umgekehrtem Verhält-

nis zum Alter. Das kleine Kind stimmt ein Jammerge-
schrei an, sobald es auch nur Minuten allein gelassen
wird. Dem Knaben ist die auferlegte Einsamkeit noch
eine Strafe. Den meisten Jünglingen fällt es noch
schwer, einen ganzen Tag allein zuzubringen. Erst dem
Manne ist dies ein Leichtes, und der Greis endlich findet
an der Einsamkeit sein eigentliches Element. Immer jedoch wird diese Zunahme nach Maßgabe des intellektuellen Wertes der Person erfolgen. *Alle Lumpe sind gesellig*, zitiert Schopenhauer, und nennt Einsamkeit das
Los der edleren Geister, weil es in der Welt nur die
Wahl gibt zwischen Einsamkeit und Gemeinheit.

Zur triebartigen Gewohnheit ist Einsamkeit dann in den
sechziger Jahren des Lebens geworden, meint er. Was
sonst am stärksten zur Geselligkeit zieht, nämlich Wei-
berliebe und Geschlechtstrieb, wirkt nicht mehr. Tausend Täuschungen und Torheiten liegen hinter einem,
die eigene Generation stirbt hinweg. Die Zeit vergeht
immer schneller, aber geistig möchte man sie noch benutzen. Der Kopf ist jetzt reich an Kenntnissen und Erfahrungen, das Studium jeder Art fällt leichter als jemals. Weil man Dinge klarer sieht, die früher noch im
Nebel lagen, empfindet man Überlegenheit, ist den gewöhnlichen Täuschungen nicht mehr ausgesetzt, weiß
auch, dass die meisten Menschen bei näherer Bekanntschaft nicht eben gewinnen. Freilich steht diesen Vortei-
len auch eine Kostenseite gegenüber. So macht das fortgesetzte Zuhausebleiben den Leib empfindlicher gegen
Abkühlung, und durch die Zurückgezogenheit antwortet
das Gemüt auf Worte und gar bloße Mienen anderer
ängstlicher. Wer die Öde des ständigen Alleinseins nicht
aushält, dem rät Schopenhauer, einen Teil seiner Einsamkeit in die Gesellschaft mitzunehmen, den anderen

das innerliche Erleben weniger mitzuteilen und deren Worte nicht so genau zu nehmen.

Casanova kombiniert

Solches reservierte Dabeisein besitzt zudem den Vorteil der Toleranz. Der Tolerante verhält sich objektiver und ist durch den zu den anderen gewahrten Abstand weniger verletzbar. Vergleicht man die Gesellschaft mit einem Feuer, so wird er sich an ihm in gehöriger Entfernung wärmen, nicht aber hineingreifen wie der Tor, welcher sich mit verbrannten Fingern in die Kälte der Einsamkeit flüchtet und darüber jammert, dass das Feuer brennt. — Ich lasse es hier gut sein, und verlasse Schopenhauers Einsamkeitsmonolog. Bei allen Übertreibungen, die diesem Miesepeter und Menschenverächter vorzuwerfen wären, liefern seine Tiraden doch auch manch wertvolle Erkenntnis. Sein Vorschlag etwa, einen Teil der eigenen Einsamkeit in die Gesellschaft mitzunehmen, zeigt in einem ganz anderen Zusammenhang, welche Konsequenz daraus fließen kann. Das Beispiel betrifft den jungen Casanova, und ich entnehme es Hans Blumenbergs dickem Buch über "Die Vollzähligkeit der Sterne". Der junge Giacomo wurde an seinem neunten Geburtstag im Jahr 1734, so berichtet Blumenberg, von seiner Mutter und dem Abt Grimaldi von Venedig nach Padua gebracht, um ihn eine Weile der ungesunden Luft Venedigs zu entziehen.

Die kleine Gruppe reiste mit einem auf der Brenta täglich verkehrenden Wasserfahrzeug, einer hausartigen Gondel, die den Reisenden des Nachts unter einem Segeltuchdach das Schlafen ermöglichte. Casanova hat später sein Erwachen auf dem fahrenden Schiff geschildert. Die Mutter hatte ein Fenster geöffnet, die Frühsonne schien herein und er sah die am Ufer des Flusses vorbeiziehenden Wipfel der Bäume. Das Schiff glitt so sanft dahin, dass er von seiner Bewegung nichts spürte und glauben konnte, es seien in Wahrheit die Bäume, die sich vorbeibewegten. Als die Mutter ihn über seinen Irrtum aufklärte, setzte sie bei ihrem jungen Sohn eine Denkoperation in Gang. Wenn es so sei, erwiderte er seiner Mutter, dann wäre es durchaus auch möglich, dass die Sonne sich gar nicht bewegt, sondern dass wir uns mit der Erde von Osten nach Westen bewegen. Diese kecke Bemerkung des Neunjährigen spaltete sogleich die Anwesenden in Anti-Kopernikaner und Kopernikaner. Während die Mutter und der Abt den Unverstand des Kindes beklagten, weil sie ihrerseits naiv dem Augenschein vertrauten, gab ein mitreisender Herr namens Baffo dem kleinen Selbstdenker einen begeisterten Kuß.

Blumenberg erkennt in Casanovas Schilderung die philosophische Grundsituation: Unangefochten vom Unverständnis seiner Umwelt, erwacht in dem Knaben ein Vertrauen in die eigene Vernunft. Das geschieht allerdings unter der glücklichen Voraussetzung, dass er mit seiner Überlegung nicht allein bleibt. Sonst hätte Feigheit wohl das eigene Urteilsvermögen gleich wieder abgestumpft. Weil Signor Baffo ihm aber sogleich die Grundzüge der kopernikanischen Theorie erläutert, kann Casanova in Padua auch seinem Quartiergeber standhalten. Dieser Magister Gozzi war nämlich ein Anhänger des Ptolemäus. Er zwang den Knaben, das Planetensystem des Ptolemäus zu erlernen und geriet in Hitze, wenn der Knabe darauf mit Spott antwortete. Für Gozzi schwebte die Erde unverrückbar im Mittelpunkt des Weltalls, das Gott aus dem Nichts erschaffen hatte. In seinen Erinnerungen sah Casanova später das Erlebnis auf der Brenta als die Geburtsstunde seines persönlichen Leitbildes an. Denken hieß für ihn, sich vom natürlichen Weltbild abzusetzen, in dem die Sonne weiterhin auf- und untergeht. Es bewog ihn übrigens auch dazu, sich abzusetzen von den literarischen Überzeugungsgemeinschaften seiner Zeit.

Sich gegen die geistigen Moden reserviert zu verhalten, ist jedoch ein Unterfangen, das verschiedene Gestalt annehmen kann. Rund eineinhalb Jahrhunderte vor Casanovas Zeit, nämlich um 1580, hatte Michel de Montaigne Zeugnis abgelegt von seiner gewollten Einsamkeit. Er lebte zurückgezogen auf seinem ländlichen Besitztum und schrieb für die Nachwelt auf, dass es nicht genüge, sich von der großen Herde räumlich zurückzuziehen. Man müsse sich auch von dem Herdentrieb in sich selbst befreien. Zwar ließe sich das auch inmitten der Städte und der Königshöfe versuchen, doch ungestörter sei das Vorhaben im Stillen zu betreiben. Fast mönchisch sei das tägliche Gespräch mit sich selbst zu führen, und weder die Beziehung zu Frau und Kindern, noch die zu Besitztum und Dienerschaft dürfe hier Zutritt finden. Es klingt hart, war aber wohl den unsicheren Zeiten geschuldet, wenn er zur Begründung des Verzichts auf innere Bindung sagt, *damit, wenn das Ereignis ihres Verlustes eintritt, es uns nichts Neues sei, ihrer zu entbehren.* Auch war es der fast Fünfzigjährige und zeitweilige Bürgermeister von Bordeaux, der hier meinte, es sei nun genug für andere gelebt und das letzte Endchen des Lebens sei für uns.

Rousseau klagt

Montaigne gilt durch seine Essais als Begründer der modernen Skepsis. Ein anderer Skeptiker, nämlich der

Philosoph Odo Marquard, hat das Thema Einsamkeit 1983, mithin 400 Jahre nach Montaigne, erneut behandelt. Marquard, damals 55 Jahre alt, gilt unter den deutschen Nachkriegsphilosophen als der witzigste. Seinem eigenen Fach, der Universitätsphilosophie, hatte er 1973 angeraten, sie solle ihrem eigenen Bedeutungsverlust durch mehr Inkompetenzkompensationskompetenz entgegenwirken. Hier nun, beim Thema Einsamkeit, beginnt er mit einem Rousseau-Zitat, weil Rousseau nach Nietzsches Meinung der erste moderne Mensch war, und zwar deshalb, weil er nicht mehr wußte, wo er eigentlich hingehört. Auf stillen Waldspaziergängen hat er das begrübelt, hat sich dabei besonders einsam gefühlt und hat nachher immer alles aufgeschrieben. So konnte die Nachwelt seit ungefähr 1782 alles nachlesen und ihm das Klagen abschauen. Zweihundert Jahre Einsamkeitsklage sind also zu betrachten. Marquard sieht vor allem in der zunehmenden Verstädterung ihren Grund. Darauf hatte um 1900 bereits der Philosoph und Soziologe Georg Simmel hingewiesen, allerdings ohne in das modische Klagen einzustimmen.

Simmel zeigte auf, dass die Menschen in den Städten eben deshalb eine seelische Distanz gegeneinander entwickeln, weil sie dort räumlich immer enger zusammengedrückt leben. So schützen sie sich vor allzu großer Reizüberflutung, oder, wie Marquard sagt: Nur wenn man die anderen Städter nicht zur Kenntnis nimmt, kann man mit ihnen leben. Das wurde auch als sogenanntes Hochhaussyndrom diskutiert, weil besonders hier immer wieder mal ein toter Nachbar wochenlang unentdeckt bleiben kann. Wer sich nun aber aus Gründen seelischen Selbstschutzes gegen allzu viele und allzu beliebige Intersubjektivität abschirmt, erlebt dies innerlich als

Einsamkeit. Zu ihr trägt auch die gestiegene Mobilität bei. Man nimmt lange Anfahrtwege zum Arbeitsplatz in Kauf, um "im Grünen" zu wohnen, und kehrt dann abends in die ausufernde Vorstadtsiedlung zurück, um dort seine private Sinnwelt zu gestalten. Vielen fällt das freilich schwer und so flüchten sie lieber in die Fernseh-unterhaltung. Die Medien wiederum produzieren unter dem Diktat hoher Einschaltquoten das, was Vielen gefällt. Die Gleichheit dieser Vielen aber macht sie nur umso austauschbarer und dadurch nochmals einsamer.

Auf diese Lage wird dann wiederum mit Gegengesel-ligkeiten reagiert. Marquard bezeichnet sie als suchthaf-te Anti-Einsamkeitskommunikationen. Die eine Varian-te davon ist das Streben in die Ferne. Man reist in fern-ste Länder, um dort sogenannt *unverbildeten* Menschen zu begegnen; oder man reist ins Utopische und sucht die Menschen der Zukunft; oder endlich: man sucht Über-menschen. Zu ihnen, den Pop-Ikonen, den Primadonnen des Sports, den großen Künstlern, den politischen Füh-rergestalten lebt man in Bewunderungsabstand. Eben dieser aber bewirkt, dass auch die Flucht ins Fernste die Einsamkeit nicht heilt. - Die andere Variante der Ab-wehr von Einsamkeitsgefühlen sieht Marquard in der Konjunktur der Gruppe. Wir merken hieran, dass seine Betrachtung in die hohe Zeit der Achtundsechziger fiel. Deren permanente Forderung nach "Öffentlichkeit" und ihre Kritik alles Privaten als "privatistisch" war Teil ihrer Flucht ins Kollektiv. Gemeinsam lernen, gemein-sam wohnen, gemeinsam Sex haben - alles diente der Einsamkeitsbesiegung. Es gab kein Heil außerhalb der Gruppe. Selbst allein sein durfte man nicht mehr allein.

An den Universitäten duzten sich fast alle und kannten sich doch nicht. Aus dem Massenbetrieb wurde auch hier suchthaft in die Gruppe geflohen. Als Anti-Einsamkeitssymbol war sie die heilige Kuh, egal ob als Fahrgemeinschaft oder Fühlgemeinschaft betrieben. Gemeinsam zu arbeiten, obwohl doch in der Wissenschaft eher unproduktiv, wurde Programm. Selbsthilfegruppen kamen überall auf, die man, wie Marquard spottet, nur durch Selbsthilfe überstand. Besonders schlecht ging es denen, die durch die Gruppe abgehängt wurden. Doch war auch ihre verstärkte Einsamkeit nur Ergebnis dessen, was dem Fluchtgeschehen insgesamt zugrundeliegt. Es ist dies nach Marquards Ansicht der Verlust der Einsamkeits*fähigkeit*. Rousseaus Klagen und die seiner Epigonen sind Zeichen der fehlenden Kraft, Vereinzelung zu ertragen und Einsamkeit positiv zu erleben. So gehört die Einsamkeitsklage zwar zur Moderne, sie ist aber keine unumstößliche Malaise. Man erinnere sich, dass das Wort *Einsamkeit* für die mittelalterlichen Mystiker, etwa um 1300 bei Meister Eckhart, keineswegs negativ klang. Als deutsche Übersetzung von *unio* verwies es vielmehr auf die *unio mystica*, die mystische Vereinigung des Menschen mit Gott.

Einsamkeit, verstanden als Vereinigung, war auch gemeint, wo die Bibel von Mann und Frau sagt, dass sie "ein Fleisch" seien oder es sein sollen. Die intensivste Form der Kommunikation also ist hier angesprochen. Und in der pietistischen Tradition klang das bis ins 18. Jahrhundert nach. Einsamkeit war in ihr diejenige Abgeschiedenheit von den anderen, die zum mystischen Gotteserlebnis gehörte. Einsamkeit im heutigen negativen Wortsinne wurde daraus erst, als Gott sozusagen aus der Mode kam. Diese Entwicklung unterlag aber offenbar keinem historischen Gesetz, denn als Nietzsche 1882 den bekannten Satz "Gott ist tot!" niederschrieb, war dies gar keine neue Erkenntnis. Jedenfalls wies Manès Sperber darauf hin, dass der Satz bereits in der Antike kursierte und auch später immer mal wieder zitiert wurde. Der Glaubensschwund ist mithin ein schwieriges Thema, wissenschaftlich als Prozess der Säkularisierung breit diskutiert, hier und heute aber nicht unsere Fragestellung. Vielmehr ist die Frage nach der Einsamkeits*fähigkeit* gestellt, und dazu bringt Odo Marquard drei Antworten ein. Er spricht vom Skeptiker, vom Universitätswissenschaftler und vom einsamkeits-bedürftigen Menschen überhaupt.

Marquard streunt

Das hat allerdings auch mit seiner eigenen Person zu tun, und seine drei Hinweise mögen deshalb nicht für alle Mitbürger gelten. Der Skeptiker zuerst: Er mag die Einsamkeit und sucht sie. Montaigne als einer der frühe-sten zog sich in seinen Turm zurück, um dort ungestört lesen und schreiben zu können. Skeptiker mögen sich keiner der herrschenden Lehren anschließen, vielmehr lieben sie es, den Zwist zwischen den Lehrmeinungen noch zu schüren. Der Streit hilft ihnen, sich eine eigene Meinung zu bilden, sich ohne die Scheuklappen der einen oder der anderen Schule umzublicken. Wie Machtmenschen das Prinzip *Teile und herrsche!* hand-haben, so betreiben sie ein *Teile und denke!*, und ziehen daraus Erkenntnisgewinn. - Zum zweiten: Der Wissen-schaftler. In den Naturwissenschaften mögen die Dinge etwas anders liegen, aber der Geisteswissenschaftler kommt ohne Einsamkeit nicht recht voran, wenngleich diese Feststellung bei Anhängern des Gruppenglaubens verpönt ist. Seine Studierstube ist eine Art Isolierstation für gesellschaftlich brisante Denkoperationen. Marquard erwähnt das vielgeschmähte Bild des Elfenbeinturms, in dessen Elfenbein er aber gerade eine Art Berstschutz für Gedanken sieht.

Wilhelm von Humboldt erhob mit gutem Grund für die deutsche Universität die Forderung nach Einsamkeit und Freiheit. Die Einsamkeit sichert die Denkfreiheit. Wo den Professoren in der Gruppenuniversität solche Freiheit versagt wird, da stillen sie ihren Einsamkeitsbedarf durch fortgesetzte Kongreßreisen. Nicht die Kongresse sind dabei wichtig, sondern das Fernsein von beiden, dem Kongreß und der Geselligkeitsuniversität. In der Einsamkeit des Reisens läßt sich dann wieder denken. Indem ich Marquard hier wiedergebe, wird noch einmal deutlich, dass er in den achtziger Jahren schrieb, also vor dem Terror durch Mobiltelefone in den Großraumwagen oder Abteilen der deutschen Bahn. Selbst unter dieser Erschwerung jedoch mag der Wissenschaftstourismus schützen vor dem, was Marquard mit dem spöttischen Wort Wissenschaftsverwaltungsgeselligkeit belegt. Und er nennt noch eine weitere Bewegungsart, deren Ausübung ihn vor den Tribunalen der Geselligkeit schützt. Er liebt das Quartalswandern, welches ihn wie den Quartalssäufer in Abständen als Sucht überkommt. Landschaftserlebnis oder städtisches Pflastertreten machen dabei keinen Unterschied.

Denn die Streunsucht hat ihren wesentlichen Sinn daran, der modernen Geselligkeitspflicht auszuweichen, indem man unauffindbar und unbelangbar in rettende Einsamkeiten eintaucht. All das aber zeigt, dass es nicht nur die Last der Einsamkeit gibt, sondern auch eine Lust an ihr.

Die Frage ist demnach, ob und wie sich die Einsamkeit als Last umarbeiten lässt in eine Einsamkeit als Lust, wie also eine Kultur der Einsamkeitsfähigkeit zu entwickeln wäre. Denkt man darüber grundlegend nach, so ist der Umstand in Betracht zu ziehen, dass es eine allgemeinmenschliche und nicht vermeidbare Einsamkeit gibt, weil wir alle irgendwann sterben müssen. Wenn wir abtreten, lassen wir nicht nur unsere Mitwelt allein, sondern auch die Mitwelt muss sich von uns lösen. Und weil wir dies im voraus wissen, durchzieht diese elementare Einsamkeit lebenslang unser bewußtes Leben. Wie aber sollen wir leben, ohne dies durch Einsamkeitsfähigkeit zu ertragen? Wenn wir uns permanent in die Beziehung zu anderen flüchten in der Hoffnung, unsere Lebensaufgaben durch solche Intersubjektivität irgendwie gelöst zu bekommen, dann sind wir für die anderen irgendwann unerträglich, am Ende gar ein Fürsorgefall.

Worin aber hätte demnach eine Kultur der Einsamkeitsfähigkeit zu bestehen? Marquard gesteht, dass eine Antwort hierauf schwerfällt. Er macht aber, ohne Anspruch auf Vollständigkeit, immerhin drei Momente geltend, die ihm für eine Kultur der Einsamkeitsfähigkeit wichtig scheinen. Es sind dies Humor, Bildung und Religion. Humor ermöglicht uns eine gewisse Distanz zu unserer eigenen Einsamkeit, und er wird möglich, wenn und wo wir übersteigerte Erwartungshaltungen vermeiden. Paradoxerweise gelingt nämlich Kommunikation umso besser, je weniger Kommunikation jemand braucht. Diesen Zusammenhang fand ich 1988 einmal von György Konrad so formuliert: *Einsamkeit ertragen die Menschen nur schwer, und das macht sie noch einsamer. Würden sie die Einsamkeit leichter ertragen, hätten sie auch mehr Menschen um sich. Die anderen scharen sich im-*

*mer um denjenigen, der auch allein einigermaßen zu-
rechtkommt.* Leider weiß ich nicht mehr zu sagen, wo
ich diese Weisheit aufgefischt habe. - Ich entwinde
mich der Verlegenheit, indem ich rasch auf Marquards
zweites Moment einer Kultur der Einsamkeitsfähigkeit
zu sprechen komme, auf die Bildung.

Therapeuten streiten

Bildung besteht nicht in einer aufdringlichen Alleswis-
serei und Besserwisserei. Sondern Bildung ermöglicht
uns einen Ausstieg aus bedrängender Gegenwart, indem
wir sie mit Vergangenheiten und mit anderen Wirklich-
keitsbereichen in Beziehung setzen und sie dadurch relativieren können. Herbeirufen lassen sich diese Hilfen
durch Bücher, Bilder oder Musik, durch die Verknüpfung von Phantasie und Erinnerung. Solche Lebenskunst vermag Einsamkeit zu kompensieren, weil wir im
Rückgriff auf solche Hilfen auch allein nicht allein sind.
Ganz ähnlich hat Goethe in einem seiner Aphorismen
gesagt: *Den einzelnen Verkehrtheiten des Tags sollte
man immer nur große weltgeschichtliche Massen entgegensetzen.* - Marquard ergänzt schließlich Humor und
Bildung als Momente der Einsamkeitsfähigkeit auch
noch durch die Religion. Für den religiösen Menschen
sei Gott derjenige, der noch da ist, wenn niemand mehr
da ist. Und zweifellos, so fügt er an, gibt es Einsam-
keitssituationen, in denen allein die Zwiesprache mit
Gott übrigbleibt. Dem Nichtreligiösen freilich sei diese
Anwesenheit fraglich oder nicht ausreichend. Deshalb
setze der kommunikativ lieber auf den profanen Spatz in
dcr Hand.

Unversehens sind wir hier ins Gebirge hochaufgetürm-
ter Problemfragen geraten. Der katholische Theologe

Thomas Lackmann sprach kürzlich vom *zerquasselten Heiligen* und meinte dabei die Not der Kirchen, ihren Glauben in Zeiten langanhaltender Kirchenaustritte besser zu 'verkaufen' und im Zeitalter des Medienlärms und der Quotenkonkurrenz mitzuhalten; andererseits aber doch einen Begriff göttlicher Wahrheit zu verteidigen, den sie nicht beliebiger Manipulation freigeben möchten. Die Psychotherapien andererseits müssen das eigene Berufsfeld gegen Körpermedizin, Kirchenglauben und Kommunismus abgrenzen. Ich erinnere hier an Freuds programmatische Äußerung aus dem Jahr 1927. In seinem Nachwort zur *Frage der Laienanalyse* setzte er dort der Psychoanalyse zum Ziel, den Patienten *nicht durch Aufnahme in die katholische, protestantische oder sozialistische Gemeinschaft zu entlasten, sondern ihn aus seinem eigenen Inneren* zu *bereichern.* Durch Adlers Fiktionsbegriff wiederum wären die Psychotherapien zwar offen für individuelle Lebensstilvariationen. Sie beanspruchen aber wissenschaftliche Allgemeingültigkeit ihrer Verfahren.

Sah Marquard nun in der Zwiesprache mit Gott eines der Momente, das die religiöse Person einsamkeitsfähig macht, so wäre also für Nichtreligiöse die Bereicherung aus dem eigenen Innern das Moment, welches sie einsamkeitsfähig macht. Ob allerdings die Erforschung und Bereicherung der eigenen Person psychotherapeutisch begleitet sein sollte oder aber als Selbstanalyse betrieben werden kann, das ist innerhalb der Profession strittig, soweit ich sehe. Denkbar wären Weisen der Selbsterprobung indessen auch außerhalb des analytischen Formenkreises; Weisen, durch die die Person genügend Vertrauen in die eigene Kraft und Kreativität gewinnt, um einsamkeitsfähig zu sein oder zu werden. Hier nun läßt sich der Kreis schließen, indem wir auf Robinson zurückkommen und fragen, inwiefern diese mythische Romanfigur für einen solchen Prozess der Selbsterprobung in Einsamkeit steht. Vor kurzem wurde des 350. Jahrestags gedacht, an dem der berühmteste Schiffbrüchige der Weltliteratur auf der Insel *Más a Tierra* strandete. In der FAZ hat der Soziologe Jürgen Kaube aus diesem Anlaß die Interpretationen Revue passieren lassen, welche der Roman über die Jahrhunderte erfuhr.

Robinson schuftet

Eine dieser Thesen besagt, *Robinson Crusoe* sei eigentlich eine Predigt und ihre Vorbilder deshalb nicht in der Reiseliteratur zu finden, sondern in der Literatur religiöser Unterweisungen. Sie trat häufig auf in Form schriftlicher Ermahnungen, die Väter ihren abenteuerlustigen Söhnen auf den Lebensweg mitzugeben suchten. So hatte auch zu Beginn des Buches, von den meisten Lesern wenig beachtet, Crusoes Vater den Sohn gewarnt, es seien Abenteuer nur etwas für Ober- und Unterschichten, nicht jedoch für den Mittelstand. Diesen Rat schlägt der Sohn in den Wind, und so läßt sich *Robinson Crusoe* auch als Bußerzählung lesen - was aber die Leser nicht taten, so dass dieser Aspekt nicht in den Mythos eingegangen ist. Weniger Robinson als Stellvertreter für Jedermann beschäftigte die Phantasie, als vielmehr die *Situation* eines Jedermann auf einsamer Insel. Auch Rousseau reagierte auf den Roman mit dem Vorschlag, die Rahmenhandlung wegzulassen und nur die Jahre auf der Insel zu drucken. Diese Lektüre aber sollte der Jugend zur Lehre dienen, weil Crusoe alle Dinge auf ihre Nützlichkeit prüfe und diese Geschicklichkeit außerhalb des gesellschaftlichen Zusammenhangs einübe.

Eine andere Interpretation wollte den Roman als methodische Übung in Einsamkeit sehen. Wo Schopenhauer empfahl, einen Teil seiner Einsamkeit in die Gesellschaft mitzunehmen, da wäre die Robinson-Lektüre eine Übung, in Gesellschaft zu leben, als lebte man nicht in ihr: Was würde ich machen, wenn ich nur der eigenen Kraft und Geschicklichkeit vertrauen könnte? Scharfsichtig merkte der schottische Moralphilosoph James Beattie schon 1782 an, dass offenbar nicht nur Liebesgeschichten einen Roman interessant machen können. Tatsächlich sieht Kaube im 1719 erschienenen *Robinson Crusoe* ein hervorragendes Beispiel für den modernen Individualismus, und zwar für jenen Traditionsstrang in ihm, der nicht auf Selbstentfaltung, ästhetisches Empfinden und die Suche nach Intimität den Akzent legt, sondern auf den Erwerb. Freilich ist es im Falle *Robinson* kein auf Handel beruhender Erwerb, sondern ein handanlegend arbeitsamer. Insofern taugt die Figur gut für Anhänger der Arbeitswertlehre, die Tausch und Markt als sekundäre Erscheinungen deuten. Aber indem Robinson es alleine schafft, sich selbst zu erhalten, bietet er dem Jedermann in uns den mitlesenden Genuß des Selfmademan.

Kaube gelangt zu dem Schluß, dass gerade in der Vielzahl der Deutungen, die das Buch erfahren hat, ein Hinweis liegt auf die Eigenschaft, welche es zu einem Weltbuch gemacht hat. Sie ergibt sich daraus, dass der Hauptfigur das Exzentrische fehlt und dass Defoe darauf verzichtet, dem Geschehen eine tiefere Bedeutung zu geben. Ein solcher Verzicht ist keine unwesentliche Bedingung für eine Kultur der Einsamkeitsfähigkeit, wie ja auch Marquard es in seinen drei Momenten vorführt. Denn erinnern wir uns: Humor bedeutet ihm, sich vor übertriebenen Erwartungen zu hüten und dadurch enttäuschungsfester zu sein. Bildung zum zweiten kühlt die Einmaligkeit des andrängenden Geschehens herunter, indem sie Ähnlichkeiten aus vergangener Zeit herbeidenken kann. Und Religion macht einsamkeitsfähig durch das Zwiegespräch mit Gott, der noch da ist, wenn niemand mehr da ist. Die Situation aber, dass niemand mehr da ist, ist genau diejenige, in der Robinson sich zu behaupten hat, wenigstens zunächst und über eine erhebliche Zeit seines Inseldaseins. Ob nun der Verzicht Defoes auf jede tiefere Bedeutung auch ein Verzicht ist auf das Zwiegespräch mit einem persönlichen Gott, lasse ich dahingestellt sein.

Indem Robinson jedenfalls als ein Muster einsamer Selbstwerdung und Selbstbehauptung gelesen werden kann, ist er ein zwar zugespitztes Beispiel und auch ein karges, aber doch ein Modell. Blicken wir von hier aus auf die andere Seite hinüber, zur Intersubjektivität also, dann geht es hier gerade um die Ausschaltung des Selbst, insoweit es nämlich im wissenschaftlichen Erkenntnisprozess als subjektiver Faktor ein Störfaktor ist. Intersubjektivität ist dem Prinzip wissenschaftlicher Objektivität verpflichtet. Objektivität soll erreicht oder gesichert werden durch die Nachprüfbarkeit aller Aussagen durch andere, durch die Wiederholbarkeit von Experimenten. Das hat in den Naturwissenschaften praktischen Nutzen, der wiederholbare Erfolg ist der Wahrheitsbeweis. Leider nur lässt sich das Prinzip nicht umstandslos auf die Geistes- und Sozialwissenschaften übertragen. Denn wo es in diesen um weltanschaulich gebundene Sachverhalte geht, ist die Übereinstimmung von Vielen nicht gleichzusetzen mit einer Objektivität, die für alle gilt. Ich erinnere hier an LeBons *Psycholo-*

gie der Massen von 1895, diesen polemischen Weckruf, der die mögliche Vernunft*ferne* gleichgesinnter Meinungskohorten vor Augen führte.

Nehmen wir das ernst, dann sind diejenigen, welche mit der Mehrheit nicht übereinstimmen, eben nicht gleich als psychiatrische Fälle zu betrachten, sondern leider nur zu oft der Humanität näher gewesen als die herrschende Meinung. Wo indessen unter Intersubjektivität der Konsens der Vernünftigen verstanden werden soll, da taucht unvermeidlich das Rousseausche Problem auf, wie denn zwischen volonté de tous und volonté générale zu unterscheiden sei. Rousseau hat nicht gezögert, die volonté générale, also den von ihm konzipierten überindividuellen Allgemeinwillen zum Scharfrichter über hartnäckige Dissidenten zu machen. So gesehen, ist Intersubjektivität dann aber ebenfalls ein zugespitztes Muster und ein arges noch dazu. Deshalb sollten wir Einsamkeit und Gemeinsamkeit nicht behandeln, als sei hier zwischen einem Bösen und Guten als einem Entweder-Oder zu unterscheiden. Eine demokratische Gesellschaft braucht den Konsens ebenso wie den Einspruch Andersdenkender. Diese Andersdenkenden aber, sie fallen leicht und leider immer wieder dem Terror der Mehrheit oder dem eines Systems zum Opfer. Einsam schon als Querdenker, ist ihre Einsamkeit furchtbar in den Verliesen der Glaubensmacht.

Horkheimer glaubt

Die Glaubensmacht erwächst in den meisten Fällen aus der Überzeugtheit, das Gute zu wissen und um es durchzusetzen, auch Gewalt üben zu müssen. Den Eingekerkerten wird ihr Unglaube vorgehalten als eine heidnische Verstocktheit gegenüber der frohen Botschaft. Ihre eigene Meinung gilt als Weigerung, am Fortschritt der Geschichte mitzuarbeiten. Man wirft ihnen Unsolidarität mit den Menschheitsinteressen vor. Rudolf Burger, ein Philosoph in Wien, hat dieses Muster 1992 problematisiert, indem er die Kritik Max Horkheimers an Montaignes Skeptizismus aufgriff. Horkheimer übte sie zu einer Zeit, als in Europa der Faschismus wütete. In der Überzeugung, dem Versinken der Menschheit in Barbarei entgegenwirken zu müssen, warf er denjenigen, die in dieser historischen Stunde weiter skeptische Zurückhaltung wahrten, Opportunismus vor und sogar praktisches Einverständnis mit dem verbrecherischen Geschehen. Dagegen setzte er den Aufruf, an die konkreten Handlungsmöglichkeiten des Menschen zu glauben. Welche das waren, deutet Burger durch den Hinweis an, dass Ernst Bloch zeitgleich mit Horkheimer noch sein *Ubi Lenin, ibi Jerusalem* verkündete, während in Moskau schon Schauprozesse liefen.

Nach der späteren Enttäuschung wandte sich Horkheimer von seiner linken Fortschrittszuversicht ab und dem Pessimismus Schopenhauers zu. Womit er aber nun wieder jenes kleine und momentane Glück der Menschen negierte, das nur einer skeptisch reduzierten Erwartung sichtbar wird. Sie glaubt nicht an den großen Fortschritt, dafür aber auch nicht den Prophezeiungen des großen Niedergangs. Wo Hegel in theologischer Manier die Vernunftwerdung des geschichtlichen Ganzen herbeiphilosophiert, da deutet Skepsis solchen Trost bloß als Verdrängung des eigenen Todes. Jede Glaubensmacht begründet ihr todbringendes Geschäft in theologischer Manier. Deshalb sind Skeptiker moralisch interessiert daran zu zeigen, dass die Wahrheit oder das Gute oder das Glück nicht erkennbar ist. Denn das ver-

meintlich gefundene absolute Richtmaß führt immer
wieder ins absolute Verbrechen. Der Skeptiker verneint
nicht das Gute, wohl aber den Glauben an das Gute, soll
heißen, er sabotiert die Überzeugung zu wissen, was den
Menschen guttut. Solche Gewißheitskritik mag dem De-
konstruktivismus geistesverwandt erscheinen, doch teilt
der Skeptiker nicht den metaphysischen Ernst seiner
Metaphysikverneinung.

Der Skeptiker geht nicht aufs Ganze, er spielt nicht den
lieben Gott und auch nicht den Rächer der Enterbten. Er
mag mit diesem oder jenem Bemühen sympathisieren,
sich wohl auch solidarisieren, aber im Wettlauf um die
Opferrolle läuft er nicht mit. Persönliche Empörung ist
ihm nicht fremd, aber er schlüpft ihretwegen nicht in die
Rolle des Propheten einer besseren Welt. Er schätzt das
Sowohl-als-auch, oder um mit Odo Marquard zu sprechen: Er ist ein Freund auch der inneren Gewaltentei-
lung und fördert die Konkurrenz zwischen seinen Gefühlen. So viel lobende Beschreibung verlangt am Ende
just im Sinne der Ausgewogenheit ein kritisches Gegenargument. Burger räumt denn auch ein, dass Enthaltung
und Einsamkeitsbedürfnis ebenso dem Spießer bequem
sein können, der sein privates Glück gefunden hat und
die Rolle des aktiven Mitbürgers zu anstrengend findet.
Und er kommt auf Horkheimer zurück, der den Skeptiker einen Sancho Pansa schimpfte, welcher sich als Don
Quichotte verkleide. Da sind wir denn bei zwei anderen
mythischen Figuren der Weltliteratur gelandet und der
Deutungen gäbe es ebenfalls viele.

Horkheimers Vergleich jedenfalls wollte eine Figur moralisch verurteilen, die sich zum Glauben an einen möglichen Menschheitsfortschritt nicht aufschwingt, dabei

aber betrügerisch den großen Strategen gibt. Aus Burgers Sicht jedoch könnte der Skeptiker hier schmunzeln. Er würde nämlich die Rolle Sanchos durchaus akzeptieren und nur den Vorwurf der Verkleidung verleumderisch finden. Denn es ist ja eben der Knecht, der seinen Herrn immer wieder vor seinen großen Dummheiten warnt, weil der zu viel Geschichte und Theorie im Kopf hat - und der ihm nachher wieder aufhilft. Und wie steht es Horkheimer eigentlich zu Gesicht, sich vergleichsweise auf die Seite des Herrn zu schlagen und den Knecht zu verspotten, da er doch Hegels fabelhafte Dialektik von Herr und Knecht gewiß kannte? Burger wählt hier einen versöhnlichen Schluss und räumt ein, dass Sancho sein Leben vermutlich in seinem spanischen Dorfnest verdöst hätte, wäre er nicht dem verspäteten Ritter begegnet, der ihn die Schönheit der Träume lehrte und ihm neue Horizonte eröffnete. Sein Herr aber, der von der Verbesserung der Welt träumte, wäre ohne seinen skeptischen Knecht schnell unter die Räder gekommen.

Die Versöhnlichkeit dieses Schlusses mag bei der Deutung eines Romans hingehen. Auf die Dichotomie unseres Tagungsthemas übertragen, könnte sie vielleicht lauten, dass Robinsons Schicksal eigentlich furchtbar war und der gute Ausgang höchst ungewiß. Und dass es von daher nur zu verständlich wäre, die Rückkehr in die Intersubjektivität als Erlösung herbeizusehnen. Schopenhauer hingegen empfindet die Gesellschaft der anderen als Strafe und liefert für sein Einsamkeitsbedürfnis hundert Gründe. Aus dem Blickwinkel der Wissenschaft hinwieder sind Einsamkeit und Freiheit als Bedingung kreativer Welterkenntnis nützliche Umwege zu verbesserter Intersubjektivität. Lassen wir es dabei für heute bewenden.

Literatur

Blumenberg, Hans (1997): Kindesrecht, Ptolemäer zu sein - Kindespflicht, Kopernikaner zu werden. In: ders., Die Vollzähligkeit der Sterne. Frankfurt a.M.: Suhrkamp 1997, 311-319.

Burger, Rudolf (1992): Zur Kritik der Skepsis. Verspätete Replik auf Max Horkheimers Montaigne-Essay. - In: Leviathan, 20.Jg., 1992, 291-300.

Freud, Sigmund (1927): Nachwort zur "Frage der Laienanalyse". GW XIV, Frankf.a.M.: Fischer 1968, 287-296.

Kaube, Jürgen (2009): Die Piraten kamen nie. Vor dreihundertfünfzig Jahren wurde Robinson Crusoe an den Strand einer heute chilenischen Insel gespült. - In: F.A.Z., 26.09.2009, Nr. 224 / Seite Z3 - Bilder und Zeiten

Lackmann, Thomas (2009): Oh Wort, du Wort, das mir fehlt. Die säkularisierte Welt kann mit der Predigt nichts mehr anfangen: Warum man über Glaubensgeheimnisse öffentlich schweigen sollte. - In: Der Tagesspiegel, Nr. 20345, 09.08.2009, S. 8.

Marquard, Odo (1983): Plädoyer für die Einsamkeitsfähigkeit. - In: ders., Skepsis und Zustimmung. Stuttgart: Reclam (#9334) 1994, 110-122.

Montaigne, Michel de (1580): Von der Einsamkeit. - In: ders., Essais. 7.Aufl., Zürich: Manesse 1991, 261-270.

Schopenhauer, Arthur (1851): Parerga und Paralimpomena I. (Aphorismen zur Lebensweisheit). - Zürich: Diogenes /dtb 140/VIII 1977, Zweiter Teilband, 457-470.

Sperber, Manès (1985): Friedrich Nietzsche. In: ders., Geteilte Einsamkeit. - Wien/München: Europa-V. 1985, 75-12.

Rezensionen

Alice Rühle-Gerstel: Der Weg zum Wir. Versuch einer Verbindung von Marxismus und Individualpsychologie. - 2.Aufl., Ernst Reinhardt Verlag, München 1980, 246 S., DM 23,80.

In den zwanziger Jahren und wieder nach dem Zweiten Weltkrieg hat es Versuche gegeben, Marxismus durch Psychoanalyse zu ergänzen, von psychoanalytischer Seite begründet mit dem Hinweis auf das Fehlen einer ausgearbeiteten Psychologie bei Marx und Engels. Analog dazu strebte Alice Rühle-Gerstel (1894-1943) mit ihrem 1927 erschienenen "Weg zum Wir" eine "Verschmelzung" von Marxismus mit der Individualpsychologie Alfred Adlers an. Der neuerschienene fotomechanische Nachdruck ist eingerahmt durch ein Geleitwort Manès Sperbers, der seinerzeit wie Otto und Alice Rühle zur Gruppe marxistischer Individualpsychologen zählte; ein Nachwort des heutigen[4] Vorsitzenden der DGIP, Rainer Schmidt, sowie biographische Notizen Henry Jacobys, die mit der Emigration der Rühles nach Mexico und dem Freitod Alice Rühle-Gerstels enden.

Die neuerliche Lektüre eines Textes, der vor den Ernüchterungen durch Stalinismus, nationalsozialistische Volksgemeinschaft und bürokratischen Realsozialismus geschrieben wurde, zeigt einerseits die Unverwüstlichkeit gesellschaftskritischer Gemeinschaftsvisionen, denn viele Vorstellungen R.-G.s fanden sich wieder in den Zielsetzungen der Studentenrevolte 1965/75. Andererseits macht der Text die unaufhebbare Verknüpfung jedes nichtpluralistischen Gesellschaftsmodells mit Gewalt gegen Abweichler deutlich, wenn es am Ende des Buches heißt: "So wie der Psychotherapeut ja den Psychotiker, den er nicht heilen konnte, zum Schutze der Mitmenschen in ein Irrenhaus interniert, so werden durch die Diktatur

---

[4] 1981

des Proletariats die Störer der neurosenfreien Gemeinschaft hintangehalten."

In der Analyse ist R.-G. bemüht, die Parallelität, ja Identität von Kapitalismus und Neurose herauszuarbeiten. Das wirtschaftliche und wissenschaftliche "bürgerliche" Denken gilt ihr als rechenhafte Gleichmacherei, gegen die sie aus einer romantisch-naturverbundenen Emotion heraus protestiert: "Aus der bunten Welt der Farben, Geschmäcker, Gewichte, physikalischen Natürlichkeiten treten wir in das düstere und einförmige Reich der Zahlen". Wird dabei die rein quantitative, rein geldmäßige Profitorientierung als das zentrale Krankheitssymptom der entfremdeten kapitalistischen Produktionsweise angesetzt, so ist in ihrer Sicht der gleiche Sachverhalt individualpsychologisch erfaßt, wenn als wesentliches Kennzeichen des Neurotikers die zum Selbstzweck geronnene Geltungssuche ("Plusmacherei") diagnostiziert wird.

Aus der kapitalistischen Konkurrenz und Anarchie kann uns, marxistisch gesehen, nur eine revolutionäre Wende heraushelfen; ebenso kann, jedenfalls nach R.-G., das zwanghafte Übertrumpfen-Wollen des neurotischen Menschentyps nur durch die völlige Absage an Individualität und persönliches Erfolgsstreben kuriert werden: "So erscheint die Persönlichkeit, jene Haltung der Seele, die einst die Fessel der Gruppengebundenheit zu höherer Sicherung sprengte, nun selbst zur Fessel geworden, die gesprengt werden muß"; alle "müssen zuerst frei werden von ihrer Einzelheit, damit sie zunächst gleich werden können in ihrer Armut". - Aus dem Blickwinkel der zwanziger Jahre verlieren diese Formulierungen wohl manches von ihrer Anstößigkeit. Der verlorene Weltkrieg, die Reparationen, der mühsame und neuartige demokratische Prozeß, die Inflation und Vorboten der Weltwirtschaftskrise, - all diese Bedrängnisse schienen nach radikalen Abhilfen zu rufen. Die Jahre nach 1927 brachten dann in der Tat viel Radikales, leider nur wenig Abhilfe mit sich.

In der Konsequenz des Rühleschen Verschmelzungsversuches unterliegt individualpsychologische Praxis einer drastischen Zielverengung. Sie wird zur Gehilfin marxistisch-revolutionärer Politik, indem sie den neurotischen Massen - Kapitalisten und Proletarier sind "Aggressionsneurotiker" respektive "Verzichtneurotiker" - Klassenbewußtsein beibringt. Wegen des Umfangs dieser Aufgabe verzichtet R.-G. gar darauf, "jeden Einzelnen erst einer individualpsychologischen Therapie zu unterziehen": "Der Abbau der Neurose, die dem Klassenkampf so gefährlich zu werden droht, erfolgt vermittels der Ermutigung". Adlers Distanzierung von der marxistischen Fraktion der Individualpsychologen wird von hier aus noch einmal verständlich. "Der Weg zum Wir" bleibt gerade deshalb ein Lehrstück und ich begrüße, dass die Neuauflage es uns zugänglicher macht.

* * *

Valeriu Marcu: Die Vertreibung der Juden aus Spanien. Matthes & Seitz, München 1991, 215 Seiten, ISBN 3-88221-755-3, 18 €.

Die Wiederauflage des Buches geschah 1991 im Blick auf die 500 Jahre, welche 1992 seit der Vertreibung der Juden aus Spanien vergangen waren. 1934 aber, als in Deutschland mit den Nationalsozialisten der Antisemitismus an die Macht gekommen war, versuchte Marcu [1899-1942] damit, das Kommende für sich und seine Leser abschätzbar zu machen. Seine Spanienstudie, die im Amsterdamer Exilverlag Querido erschien, fragt nach Lehren aus der Geschichte. Marcu war, so sagt Andrei Corbea im Nachwort, ein deutsch schreibender Journalist und Schriftsteller jüdisch-rumänischer Herkunft. Als junger Mann war er aktiver Kommunist und schloß persönliche Bekanntschaft unter anderen mit Trotzki, Lenin, Sinowjew, Radek und Clara Zetkin. 1919 kämpfte er in Ungarn an der Seite Belá Kuns. Mitte der zwanziger Jahre wurde er als "Preuße" naturalisiert, wohnte am Berliner Wannsee. Ab 1928 führte *Kürschners Deutscher Literaturkalender* seinen

Namen. Marcu begann vielleicht schon 1923 sich vom Kommunismus und dessen Geschichtsgesetzen abzuwenden, als der Münchner Putsch Hitlers Namen nach oben gespült hatte und er die "düstere Perspektive einer kommenden, ungeheuren, blutigen Zeit" voraussah. Trotz der Wahlniederlage der NSDAP 1928 zweifelte er an der Fähigkeit der Arbeiterparteien, dem Ansturm des Nationalsozialismus standzuhalten. Nur den Konservativen traute er die Konfrontation mit der "Pythia der Bierhöhlen" (Corbeas) zu, und so nahm er immer engere Beziehungen zu Ernst Jünger, Ernst Niekisch, zum General von Seeckt, zu den katholischen Politikern Brüning und Treviranus auf.

Die Vertreibung der Juden aus Spanien ist eine Mischung aus journalistischer Darstellung von Ereignissen, historischer Reflexion und anthropologischer Betrachtung. Die Studie setzt ein mit der 1413 im päpstlichen Palast zu Tortosa eröffneten Disputation zwischen katholischen und jüdischen Gelehrten. Dass die Rabbanen, die schriftgelehrten und orthodox-konservativen Führer der jüdischen Gemeinden, die Gestalt Christi und ihr Leiden nicht als geschichtliches Großereignis mitempfanden, sondern sich davon gefühlsmäßig als einem Kinderglauben distanzierten, erregte damals die spanische Christenheit. Das jahrhundertelange Zusammenleben von Christen und Juden in Spanien konnte von diesem Moment aus immer wieder gestört werden, wobei christlich getaufte Renegaten, Abtrünnige des jüdischen Glaubens, eine wichtige Rolle als Aufwiegler spielten. Zum zweiten wirkt sich die List der Könige aus, den ihnen für ihre Geldbeschaffung unentbehrlichen Juden oft auch die Steuereintreibung bei der Bevölkerung aufzuladen. So richtete sich der Haß wegen der als Ausplünderung empfundenen Abgaben gegen diejenigen, die doch eigentlich nur Zwischenfiguren waren. Drittes Störmoment im gegenseitigen Verhältnis bildete in Marcus Sicht die konservative Abschließung der Juden gegen die übrige Welt. Wie eine Totenmaske das Gesicht, so gibt der Talmud den Geist und die Gestalt der Juden wieder. Er macht sie immun gegen die Versuchungen des Fleisches. Und deshalb war ihnen die Masse der Gläubigen verächtlich, die in der Kirche um Vergebung ihrer Sünden betete.

Die jüdische Frömmigkeit ist buch- und schriftorientiert. Ihr Gott zeigt sich weder durch Geister noch durch Wunderheilungen, weder durch Erkenntnisrede, noch im Traum. Wer nicht lesen kann, steht außerhalb der Gemeinschaft. Er verbietet ihnen, über die Qual und die Sinnlosigkeit der Welt auch nur zu grübeln, sich jenseitigen Themen zuzuwenden oder dem Kampf zwischen Geist und Materie nachzusinnen. Der Talmud ist vielmehr eine Sammlung praktischer Regeln, die das Leben der Frommen (und Halbfrommen, fügt Marcu hinzu) von Mitternacht zu Mitternacht, von der Geburt bis zum Tode regeln. In ihn ist aus jeder Phase der Diaspora wirtschaftliches Wissen eingeflossen. "Die Rabbanen können aus Belesenheit jedes Geldleihproblem lösen. [...] Und alle frommen Juden, ganz gleich ob reich oder arm, haben eine Kenntnis in Wirtschaftsfragen, weil es aller Pflicht ist, im Talmud zu lesen." In Spanien lebt die zahlreichste Judenschaft, während sie im dreizehnten Jahrhundert aus England, im vierzehnten aus Frankreich und während der ganzen Zeit aus Deutschland herausgepeitscht wurde. Wo aber die Virtuosen des christlichen Glaubens in die Wüste gehen, um Gott zu dienen, da verwalten die jüdischen zu diesem Zweck die Staatsrenten. Diese Einstellung zum Geld unterscheidet sich von der spanischen Neigung zur Grandezza, welche meist über die "Verhältnisse" lebt. Und weil so die wirtschaftliche Rationalität des Talmud dem innersten Wesen Spaniens widersprach, wurde von seinen Gegnern aus ihm stets die Teufelsfratze hervorgezaubert. Gerade die gleiche Grundmoral in Talmud und Christentum verschärft den christlichen Haß.

Das galt nicht im gleichen Maße für Rom. Viele Päpste waren den Juden freundlich gesonnen, die ewige Stadt oft ihr einziger Schutzgeist im Mittelalter. In Spanien aber war die Kirche national, von der römischen Universalität am unabhängigsten.

Achthundert Jahre Kampf gegen die Mauren hatten sie mitge-
prägt, und das Mißtrauen gegen Feinde übertrug sie auf die
"Marranen", die christlich zwangsgetauften Juden, deren Zahl
in die Hunderttausende ging. Überall auf der Erde waren Ungläubige zu Katholiken gemacht worden, die Juden aber gingen in der großen Gemeinschaft nicht auf. Wollte die kämp-
fende Kirche sie deshalb wieder ausstoßen, hätte sie die Un-
wirksamkeit der Gnade einbekannt. So blieb ihr nur die Vernichtung. Hintergrund bildete die Herrschaft Ferdinand II.
und seiner Frau Isabella, der Katholischen. Beide eröffneten
ihren Rittern im Kampf gegen die Mauren weite Gebiete des
Ehrgeizes und der Plünderung, beanspruchten indessen die er-
oberten Gebiete. Und auch die Kirche stellten sie in den
Dienst des werdenden Absolutismus. Ihr übertrugen sie die
Aufgabe, Spanien von allem Befleckten zu reinigen: von den
Granden mit ihrer versteckten Liebe zu den wohlhabenden
Marranen, von der Selbständigkeit der Provinzen, vom Privi-
legienanspruch der Städte. Das Tribunal für die Nivellierung
des Landes wurde ihnen von der Kirche vorgeschlagen, voran
vom sizilianischen Pater Filipp Barberisse, dem Kardinal von
Sevilla, Mendoza, und dem Beichtvater der Königin, Thomas
Torquemada. Bekämpft wurde angeblich die primitive Gold-
sehnsucht des späten Mittelalters - die sündhafte Begierde
auch Ferdinands.

Weil die Inquisition im kirchlichen Kleid auftrat, erschien den
Zeitgenossen das Tribunal durch die Jahrhunderte als ein
kirchliches. Die verfolgten Ziele aber waren weltliche, deshalb wurde die Inquisition von der römischen Kirche, wenn
auch vergeblich, bekämpft. Ihr Vernichtungswerk betrieb sie
so scheinheilig wie arbeitsteilig. Damit die Kirche kein Blut
vergieße, ließ sie die Verurteilten verbrennen; der Henker
jedoch war Beamter des Staates. Und wie so oft spielte das
Nichtausgesprochene die wichtigste Rolle, nämlich die Überzeugung, dass die Sünde des Judaismus nicht nur geistiger Art
war, sondern ein mit jüdischem Blute Belasteter den Teufel in
sich trüge. Jüdische Abstammung widersprach allem Katholi-

schen, aber die Inquisition war von der Romantik der reinen Rasse beseelt, wennschon die Spanier Mischlinge sind aus Iberern, Basken, Kelten, Phöniziern, Römern, Vandalen, Westgoten, Juden, Arabern und Berbern. Trotzdem wurden die Nachkommen der posthum verbrannten Marranen von den Berufen des Priesters, des Arztes und des Kaufmannes ausgeschlossen und mußten ihr Leben lang ein Bußzeichen tragen. Die Weltlichkeit ihrer Ziele aber kam zur Überraschung der einfachen Spanier darin zum Vorschein, dass die Inquisition den reichsten Adel Andalusiens nicht besser behandelte als die Juden. Als Große und Mächtige bestraft wurden, pilgerte das Volk von Sevilla in langen Prozessionen durch die Strassen, füllte zur Feier die Kirchen und zeigte sich dankbar ergriffen. Und als der freiheitsliebende, mit Marranen durchsetzte Adel Aragoniens gegen die Inquisition aufstand, applaudierte das Volk ihrer Rache.

Als 1481 die vereinigten Armeen der Monarchen und der Granden darangingen, das maurische Königreich Granada zu berennen, entwickelte sich daraus ein Belagerungskrieg, der viel Geld verschlang. Mit unbedingtem Durchhaltewillen jedoch beschaffte Isabella Geld von der Kirche, den Klöstern, den Gläubigen. Und sie verstand es, den Geldsinn der Juden einzuspannen. Weil diese ewig Geschlagenen die ewig Optimistischen sind, verstanden sie den Haß nicht, der ihnen daraus im Volke erwuchs. Marcu benennt 1934 hellseherisch den politischen Mechanismus, der ihr Verderben auch im Nationalsozialismus bewirken wird: Der Judenhaß ist ein Gefühl von unten, auf dem die Oberen segeln, indem sie der Gleichheitssehnsucht der Massen diejenigen zum Opfer anbieten, die ihnen über sind, aber nicht bewaffnet. Doch anders als später die Naziführer schreckten Ferdinand und Isabella vor dem hunderttausendfachen Mord zurück und beschlossen stattdessen, die Juden auszuweisen. Als im Januar 1492 alle tausend Festungstürme der Stadt Granada von der spanischen Armee besetzt waren, wurden die Juden das nächste Opfer, und zwar nicht nur die in Granada lebenden, sondern die

Juden ganz Spaniens. Ein königliches Dekret befahl ihre Ausweisung, wobei alles Gold, Silber und Münzen von der Mitnahme ausgeschlossen waren. Der spanische Mittelstand, den die Juden bildeten, wurde so in drei Monaten vernichtet. Die räuberischen Hände indes wußten mit ihrer erbeuteten Habe nichts anzufangen. Die Juden aber fesselte die Ausweisung umso fester an das Judentum, von Dreihunderttausend ließen sich nur eine Handvoll taufen.

Marcu nennt die Juden Sparbüchsen, welche von den Mächtigen zu gegebener Zeit stets zerbrochen und ausgeraubt werden. Nach der Vertreibung aus Spanien gelangen Teile von ihnen nach Rom, Neapel, Venedig; andere finden in Frankreich neues Quartier, andere in England, Holland, Belgien, Dänemark und Schweden. Ein Viertel kommt in der Vertreibung um, ein großer Teil findet im Reich des Kalifen Aufnahme: die Türkei öffnet ihnen die Tore. In den folgenden zwei Jahrhunderten gehören die Juden in Holland und England, weil ihr alttestamentarischer Geist sich mit dem calvinistisch-puritanischen gut verträgt, zum Gärstoff des werdenden Kapitalismus. Bedeutende Pionierarbeit werden sie in der Neuen Welt, im Jahr ihrer Ausweisung erst entdeckt, leisten. Wie in Spanien, so unterscheiden sie sich überall von der Masse und von den Herrschenden. Leben diese als Ritter ständig drohend und bedroht, leben die Juden zwar bedroht, aber sie drohen nicht, sondern schmiegen sich an. Doch leider jagen die Tugenden des Kampfes alle anderen Tugenden in die Flucht. Auf Siebenhunderttausend schätzt Marcu die spanischen Marranen, gegen die die Inquisition wütete. Als Teil der Volksfrömmigkeit erfüllte sie offenbar das Maß an Grausamkeit, welches vielleicht jedes Volk in einer bestimmten Zeitspanne verzehren muß. Dreihundertvierzig Jahre lang jedenfalls kennt die Halbinsel nicht die Bartholomäusnacht und die Bürgerkriege Frankreichs, nicht die Manie der Hexenverbrennungen und die Furien des Dreißigjährigen Krieges in Deutschland. Durch die Vertreibung der Juden wird Spanien jedoch entnationalisiert.

"Das Glaubensgericht hat Mauren, Hebräer, Morisken [zwangsgetaufte Mauren] und Mohammedaner - an die eineinhalb Millionen Menschen - des Landes verwiesen; Menschen, die eine Jahrhunderte alte Bodenständigkeit hatten, um sie durch etwas dreihunderttausend Glücksritter aller Länder zu ersetzen." In dem nun judenreinsten Lande Europas - Marcu benutzt das Wort noch ohne Holocaustbezug - kommt es zu wucherischen Preissteigerungen, als aus den neuentdeckten Ländern Amerikas das Gold hereinkommt. Das Gold ist geraubt, nicht verdient. Die Inquisition hat gegen das Geld gewütet und den reinen Glauben verteidigt, arbeitsteilig aber dem ritterlichen Grandentum den reinen Raub überlassen. So dehnt sich durch kriegerische Leistung die spanische Macht zum Weltreich. Jedoch verbietet es dem Granden sein Charakter, nach der Eroberung in Indien, in Holland, in Mexiko oder am Rhein im Kontor zu sitzen, Frachtbriefe zu schreiben und Waren zu sortieren, um so das Erraffte auch zu besitzen. Der spanische Mensch flieht entsetzt die kalvinistische, lutherische Berufspflicht der reformierten Welt. "In den Kolonien trifft der Hiberer seine Vertriebenen wieder und muß vor ihrem Geist kapitulieren." Sein Raubkapitalismus erweist sich als überholt, die vertriebenen Juden boykottieren in vielen Ländern die spanische Hemisphäre. Immerhin aber hat die spanische Herrschaft sich über eineinhalb Jahrhunderte im Weltmaßstab ausgebreitet. Eine so lange währende Hegemonie kann man im Vergleich der Völkerschicksale nicht Unglück nennen, und so will denn Marcu auch nicht behaupten, Spanien habe sich durch die Inquisition selbst vernichtet. Deshalb bleibt die Vorhersage dessen, was der Nationalsozialismus bringen wird, mit Recht vage.

*　*　*

Marie Theres Fögen [1946-2008]: **Die Enteignung der Wahrsager.** Studien zum kaiserlichen Wissensmonopol in der Spätantike. - (1993), Suhrkamp (stw 1316), Frankf.a.M. 1997, 370 S., ISBN 3-518-28916-0. 12,99 Euro.

Als die mir bis dahin unbekannte Verfasserin 2008 mit nur 61 Jahren starb, erfuhr ich durch Jürgen Kaubes Nachruf in der FAZ von ihrer Habilitationsschrift aus dem Jahr 1993. Kaube lobte zwar auch ihre ausgedehnten Untersuchungen zur römischen Rechtsgeschichte, die Habilschrift jedoch nannte er ein hinreißendes Buch auf der Grenze von Staats-, Religions- und Rechtsgeschichte. Die Studie über die Kriminalisierung der Wahrsager und Astrologen als "Feinde der Menschheit" durch das spätantike Kaisertum ist noch zu haben, ohne erhebliche Lateinkenntnis indes anstrengend zu lesen. Dafür jedoch lernt man das ferne Schicksal einer Intellektuellenschicht kennen, zu der nicht nur Manichäer und Christen gerechnet wurden, sondern auch Astrologen, Philosophen, Magier, Verkünder fremder Götter, sowie Gegenwarts- und Zukunftsdeuter aller Art. Heute wären wohl zeitkritische Psychotherapeuten und Sozialpsychologen hinzuzunehmen. Fögen spricht von "Bewerbern um die zutreffende Weltbeschreibung", und sie ermittelt aus den Schriften von Historikern und aus Gesetzestexten, wie die Macht der Kaiser im römischen Herrschaftskreis jene Leute lange Zeit duldete oder ignorierte.

Diokletian zuerst liess dann im Jahr 294 die Astrologie verdammen, welche damals noch *mathematica* hieß. Auch die Manichäer mit ihren eigenwilligen Theorien über Ursprung und Verlauf der Welt mißfielen ihm, und er suchte sie mit Stumpf und Stiel auszurotten. Unter Diokletians Nachfolgern gerieten endlich auch die *haruspices*, die aus den Eingeweiden von Opfertieren wahrsagten, in die Schußlinie der Kaisergesetze, dann die Magier und endlich alle Gegenwarts- und Zukunftsdeuter. Weil alle Kaiser bei ihrem Tun von Beamten und Beratern umgeben waren, befragt Fögen auch diese Gefolgschaft. Insgesamt mündete die Verfolgung der einzelnen Wahrsager 357 in ein gesetzliches Verbot der Gotteserforschung. Es lohnt wohl kaum nachzuerzählen, wer in welchem Jahr welche Dekrete gegen welche Deutungspraxis erließ und die entsprechende Trägergruppe kriminalisierte. Und es mag auch Nebenbemerkung bleiben, dass Constantius gegen die

Traumdeuter zu Felde zog, welche Kontakte zum Übernatürlichen herzustellen versprachen. Aufschlussreich hingegen
scheint mir, dass schon in der Spätantike, wie Fögen die ersten Jahrhunderte der neuen Zeitrechnung nennt, die Pluralität
von Zeitdiagnosen als Problem empfunden wurde.

Als Abwehr dieser Gefahr setzte sich eine Praxis durch, die
der Philosoph und Kirchenvater Laktanz inauguriert hatte.
Geboren in Nord-Afrika zwischen 250 und 260 n.Chr., gestorben in Trier nach 317, wurde Laktanz oder Lactantius von
Diokletian als Lehrer der Beredsamkeit nach Nikomedia berufen, und er war Erzieher von Konstantins Sohn Crispus in
Gallien. Sein Hauptwerk "Divinae institutiones" ist eine Verteidigung des Christentums gegen heidnische Angriffe. Laktanz nun behauptete gegen Cicero, dass zwischen göttlichem
und menschlichem Wissen streng zu trennen sei, und dass nur
Gott dem Menschen "bisweilen die Augen geöffnet und ihm
die Kenntnis der Wahrheit zur Aufgabe gemacht" habe - wobei in seinen Äusserungen Gott und Kaiser oftmals ineinan-
derflossen. Von der Vielfalt der Sichtweisen jedenfalls unterschied er ein göttliches Wissen, das dem Streit wissenschaftlicher Meinungen enthoben sein soll. Vorangegangen war eine
überaus lange Diskussion, in der fatalistische Sterndeuterei
und die Theorie menschlicher Willensfreiheit einander entge-
genstanden. Der fatalistischen Sicht wurde vorgeworfen, sie
ruiniere das Streben nach Tugend, verführe zur Lethargie und
zum Laissez-faire und entziehe den Strafen ihren Sinn.

Aber die Theorie der menschlichen Willensfreiheit hat die
Kehrseite, Unbeherrschbarkeit der Untertanen zu begünsti-
gen, die Verbindlichkeit der geltenden Ordnung zu gefährden
und die Zahl der Weltauslegungen ins Unendliche zu steigern.
Hiergegen nun boten die Christen ein Konzept zur Bändigung
ebendieses Willens an, das einen neuartigen Ausweg bot. Sie
verzichteten darauf, den Kaiser als göttliche Person zu interpretieren, die im Einklang mit den Sternen stehe, schrieben
ihm dafür jedoch die Funktion zu, als Stellvertreter Gottes auf

Erden zu handeln. Nicht er als Mensch fordere also Ehrerbie-
tung, sondern Gott fordere sie für seinen Imitator. Auf diese
Weise ließ sich der urchristliche Widerstand gegen die Ver-
göttlichung des Kaisers umgehen und zugleich die Ehrerbie-
tung gegen ihn als Stellvertreter begründen. "Unter der Prämisse des von Gott eingesetzten Kaisers werden nun Gott und
Kaiser zu Komplizen gegenüber den Menschen", formuliert
Fögen. Die alte Götterfurcht wird dabei nicht von "oben" bewirkt oder erzeugt, sondern von den Christen als egalitäre
Volksbewegung im Wege der Selbstverordnung verbreitet -
ein gewaltiges Angebot an die Macht, wie Fögen findet.

Aufgefangen ist so auch der über Jahrhunderte gewachsene
Zweifel am Wissen der Sternkundigen. Aus christlicher Sicht
- Fögen zitiert aus Augustinus' *De civitate dei* - heisst es nun:
Wo bliebe die Gewalt Gottes (und per delegationem auch des
Kaisers), über die Taten der Menschen zu richten, wenn diese
Taten unter dem Zwang der Himmelskörper stünden? Das
war gegen die Deutungskonkurrenz der Astrologen eine
Kampfansage. Denn wenn der Kaiser fortan doch auch Herrscher über die Sterne ist, kann deren *ars mathematica* besten-
falls noch den Kaiserwillen ausdeuten, wird jedoch blasphe-
misch, soweit sie beansprucht, einen kaiserfreien, ihm wo-
möglich übergeordneten noch höheren Willen zu offenbaren.
Das gilt jetzt in Diokletians Worten als *damnabilis*. Auf der
anderen Seite aber entwickelt sich eine Verträglichkeit zwischen der politischen Willensherrschaft, die der Kaiser, vom
fatum emanzipiert, konkurrenzfrei auszuüben trachtet, und
dem christlichen Streben nach einer disziplinierten Willensfreiheit. Für die Christen war Gottes Wille auch für den Kaiser verbindlich, was freilich mit der problematischen Frage
verknüpft war, wer diesen göttlichen Willen gültig interpretieren darf.

Die alten Deuter kamen ja nun nicht mehr in Frage, der allgemein menschlichen Wissbegierde aber durfte nicht einfach
freier Lauf gelassen werden. Auch der Erkenntnisverzicht der

Skeptiker, beispielsweise des Sextus Empiricus, schien massenpolitisch kein brauchbarer Weg. Der schliesslich gefundene Ausweg ergab sich, indem zwischen Wissen und Glauben unterschieden wurde und die durch die Heilige Schrift bewahrte Lehre an die Stelle der alten vielfältigen Weltinterpretationen gesetzt wurde. Sich zwischen ihnen zu entscheiden, entfiel mit der einheitlichen Glaubenslehre; ihre Einfachheit befreite vom Lernzwang; die von der mächtigen Redekraft des Paulus beeindruckten Juden und Griechen schworen den vorwitzigen Künsten ab, brachten ihre Bücher herbei und verbrannten sie öffentlich. Die von allem Ballast des Wissenwollens befreite Seele wurde zum Ideal des Christenmenschen, eine Seele, *wie sie von der Gasse, der Strassenecke, der Werkstatt kommt*, hiess es bei Tertullian. Nur gab es wie stets auch hier eine Kehr- und Kostenseite: Das Programm christlicher Einfachheit überliess das antike und lebensnotwendige Wissen den heidnischen Wortführern. Die alte selbstbewußte spöttische Elite am Kaiserhof konnte frohlokken.

Es nimmt deshalb nicht wunder, stellt Fögen fest, dass alle Kirchenväter bis hin zu Augustinus angestrengt nach Kompromissen suchten. Und wie erwähnt bietet Laktanz dann die Lösung an, Gottes Willen für unerkennbar zu erklären, aber doch einzuräumen, dass Gott einigen Menschen bisweilen die Augen geöffnet habe. Daraus folgt die Unterscheidung zwischen Gebildeten, die zur wahren Weisheit gelangen, und Ungebildeten, die zur wahren Religion, zum rechten Glauben geführt werden sollen. Laktanz spaltet also zwischen *Wissenschaft* von den irdischen Dingen, die Gott seinen Untertanen gestattet, und *Religion*, die den Ansprüchen der erforschenden, erklärenden und zweifelnden Wissenschaft entzogen wird. Aus Fögens Sicht hat dieses Modell, wenngleich nicht ohne Grabenkriege und Grenzstreitigkeiten, in den folgenden Jahrhunderten seine Schuldigkeit getan. Der Kaiser als Stellvertreter des undurchschaubaren Gottes bleibt hier der menschlichen Beurteilung entzogen. Erst die Neuzeit wird es

dann unternehmen, die weltliche Herrschaft anders zu legiti-
mieren als durch ihre göttlichen Ursprünge. In unseren Tagen
laufen Versuche dieser Art unter Begriffen wie Werte, Ethik
und Leitkultur.

* * *

**Joseph Sandler und Anna Dreher: Was wollen die Psy-
choanalytiker?** Das Problem der Ziele in der psychoanalytischen Behandlung. - (1996), Stuttgart: Klett-Cotta 1999, 253
S., ISBN 3-608-91901-5. 30 €.

Das Buch ist nicht mehr neu und ich will hier auch nur auf es
hinweisen und keine ausführliche Besprechung liefern. Der
1998 verstorbene Joseph Sandler war britischer Lehranalytiker und 1989-93 Präsident der IPV. Anna Dreher ist Psycho-
analytikerin in freier Praxis und Mitglied der DPV. Die Autoren behandeln Freuds Zielvorstellungen, die der frühen Freu-
dianer, die Emigration und direkten Nachkriegsjahre, die 50er
Jahre mit dem verbreiterten Indikationsbereich. Sie berichten
über wachsende Spannungen und das Aufblühen eines Pluralismus in den 70er Jahren, und sie sehen in der zeitgenössi-
schen Lage Pragmatismus walten und die Bereitschaft zur Integration in Anbetracht einer - unterhalb theoretischer Differenz - weitgehend ähnlichen Praxis des Sprechzimmers. Den
Schluß der historischen Darstellung bildet ein zusammenfas-
sendes Kapitel, in dem die Autoren die Vielschichtigkeit des
Problems aufzeigen.

So wurde in den zahlreichen Diskussionen zwischen Prozeß-
und Ergebniszielen, zwischen Behandlungs- und Lebenszielen und zwischen Nah- und Endzielen unterschieden. Die
häufig benutzte Formulierung, Ziel der Analyse sei eine
Strukturveränderung, meint Unterschiedliches, je nachdem sie
vom Standpunkt der Ich-Psychologie, der Selbstpsychologie
oder der Objektbeziehungstheorie aus vorgetragen wird. Auch
kann mit Strukturveränderung eine im Verhältnis zum Über-
Ich gemeint sein oder zum Ich oder zu psychischen Repräsen-
tanzen oder im Verhältnis zu den inneren Objekten. Früher

wurde oft Heilung als Ziel angegeben, daneben kursierte die vorsichtigere Version, Psychoanalyse sei primär Forschung und Heilung ein Nebenprodukt. Bescheidener geworden sieht man heute, dass der psychische Konflikt nicht völlig beseitigt werden, die Analyse nie vollständig sein kann. Einsicht wird weiter angestrebt, auch die Wiedergewinnung der Kindheitserinnerungen, doch wird eine Analyse auch dann als erfolgreich betrachtet, wenn die Übertragung nicht völlig aufgelöst werden konnte, wenn die Fähigkeit zur Selbstbeobachtung immerhin angeregt wurde.

Dennoch liegt den Behandlungen weiterhin ein Konzept seelischer Gesundheit zugrunde. Und dieses ist, abgesehen höchstens von so eindeutigen Zuständen wie schweren Depressionen oder Zwangsneurosen, stets eingebettet in einen kulturellen Kontext, enthält also ein Menschenbild, eine Weltanschauung und deren moralische Wertungen. Deshalb wirkten sich Verschiebungen in den Ansichten über Homosexualität, über Jugendkriminalität, über die Rolle der Frau auch auf die Ziele der Behandlung aus. Die Individualisierung warf die Frage auf, welche Zielsetzung welchem Patienten am dienlichsten sei. Freud wollte sich 1895 mit dem Ziel bescheiden, hysterisches Elend in allgemeines Unglück rückzuverwandeln. Heute schwankt der Praktiker eventuell zwischen dem Ziel, eine sexuelle Perversion zu beseitigen oder aber dem Patienten zu helfen, damit zu leben, ohne in Schwierigkeiten zu geraten und ohne sich oder andere zu schädigen.

Die Behandlungsziele sind unauflösbar verwoben mit den Lebenszielen des Patienten - und auch des Analytikers. Weil in der "Gegen"-Übertragung nicht nur die Wertewelt des Patienten eine Rolle spielt, ist das Ergebnis der Behandlung wesentlich mitbestimmt durch das Passungsverhältnis zwischen den beiden Persönlichkeiten. Auf den Prozeß wirkt außerdem zunehmend die Frage nach der Rentabilität psychoanalytischer Therapie ein. Ideale Ziele, etwa das der Strukturveränderung, werden auf realisierbare Ziele zurückgeschraubt, etwa auf die Hoffnung, der Patient könne am Ende der Behandlung trotz all seiner Eigenheiten und Einschränkungen in seiner Realitätssituation mit mehr oder weniger Erfolg zurechtkommen. Wegen der Gummiformulierung "mehr oder weniger" wird hilfsweise empfohlen, keine Behandlung als abgeschlossen zu betrachten, sondern eine Open-door-Politik zu betreiben, so dass der Patient für ein weiteres "Stück" Analyse zurückkommen kann. Am Ende erwähnen die Autoren, dass Psychoanalytiker mit impliziten Konstrukten und privaten Theorien arbeiten, die nicht immer mit den anerkannten oder öffentlichen Theorien übereinstimmen - ohne das zur Empfehlung zu erheben.

*   *   *   *   *

Karl Heinz Bohrer: **Der Abschied.** Theorie der Trauer: Baudelaire, Goethe, Nietzsche, Benjamin. - (1996), Frankf. a. M.: Suhrkamp 2.A. 1997, 626 S. 56 DM (28 €).

Zur Vorbereitung auf die Delmenhorster Fortbildungstage 2000 mit dem Tagungsthema *Abschied und Neubeginn* wollte ich diesen Text lesen. Doch die schwierigen belletristischen Zusammenhänge, welche Bohrer abhandelt, und die stupende literarische Bildung, die er dabei vorführt, hinderten mich am Durchhalten ebenso wie die Zumutung des Textes, sich der eigenen Endlichkeit und der Unwiederholbarkeit jedes gelebten Augenblicks zu stellen. Dieses, *die Reflexionsfigur des je schon Gewesenen,* stellt Bohrer zuerst an Baudelaires Gedichten und Prosa dar. Dass seine Auslegung dabei eine Kampfansage bedeutet an die Interpretation, welche Benjamin dem Werk Baudelaires gab, können nur Kundige merken, zu denen ich nicht gehöre. Weil Baudelaire (1821-67) in Deutschland aber vorwiegend über Benjamins Lesart aufgenommen wurde, ist Bohrers Attacke, mehr noch als nur gegen Benjamin, gegen eine ganze literarische Tradition gerichtet. Mit Grund warnt er deshalb einleitend davor, das Thema im Sinne Freuds mißzuverstehen. Dieser hat das Erfahrungsfeld des Abschieds bekanntlich auf eine kindliche Früherfahrung zurückgeführt, bei der das Kind der Mutter schmerzliches Verschwinden in einem symbolischen Spiel ihres Wiederkommens sublimiert.

Mag auch der literarischen Produktion und ihrem ästhetischen Konsum die alltägliche Lebenswirklichkeit zugrundeliegen, so besitzt doch der Abschied als literarisches Phantasma am Verschwinden ohne Wiedersehen eine Variante, welche, anders als das Freudsche Kind, die Endgültigkeit nicht phantasierend wieder aufhebt. Der Abschied erzeugt hier nicht seelischen Schmerz oder löst wehmütige Erinnerung aus, sondern ihm entspricht die Bewußtseinsform eines immer schon Sich-Verabschiedethabens. Anders als beim heilsgeschichtlichen Abschied oder beim Abschied in der Tragödie, denen die Aussicht auf Wiederkehr oder ewigen Ruhm die Schärfe nimmt, ist hier die Zeit als Abschied von ihrem eigenen Präsenz gedacht, und es wird dieser Gedanke durch keine geschichtsphilosophische Perspektive kompensierend gemildert. Auch die Vergangenheit ist betroffen, denn weder gibt es die elegische Klage über das Verlorene, noch die Rückbindung an einen erinnerten Mythos. Und wo die griechische Welt aus der Einsicht in die Endgültigkeit des Todes das Horazesche *Pflücke den Tag!* (Carpe diem) ableitete, die Romantik wiederum den schönen Augenblick feierte, da macht schließlich Baudelaire in stolzer Einsamkeit mit dem Gedanken des endgültigen Abschieds ernst.

An Freuds Text über Vergänglichkeit (1916; X, 357ff.) zeigt Bohrer paradigmatisch, dass der endgültige Abschied für Theoretiker oder Philosophen undenkbar ist, weil sie *von der Sonne der untergehenden Theologie* geblendet sind. Nur die Kunst vermag das rein subjektive Bewußtsein verlorener Zeit zu artikulieren. Die wissenschaftliche Zeitdiagnostik ergeht sich stattdessen in melancholischer Rede und bastelt derweil an neuen quasi-theologischen Entwürfen. Hinter Benjamin als Paradebeispiel ragt hier die Gestalt Hegels empor, der im Begriff des *unglücklichen Bewußtseins* versuchte, die romantische Entfremdung von der Realität als eine vorübergehende

zu deuten, um die angeblich defizitäre Subjektivität im sich
vollendenden absoluten Geist aufgehen lassen zu können.
Gegen dieses theologieförmige Denken Hegels wie Benjamins setzt Bohrer 280 Seiten Baudelaire-Interpretation. Hier
notiert er dessen Argwohn gegen Rousseau (165), seine Absage an das mythische Kunstschöne (180, 206), die Differenz
zu Prousts Bemühen um die wiederzufindende Kindheit
(225), die geradezu brutale Kritik, welche den Liebhabern des
Fortschritts gilt (279), den Spott für die Touristik als Versuch
der Zeitüberlistung (281), und endlich die Aufdeckung des
Lügenhaften am Paradiesbegriff, dieser alten Fata morgana
(315).

Auf Goethe kommt Bohrer als auf einen Vorläufer Baudelaires und als Pionier des Abschieds von der Geschichtsphilosophie zu sprechen. Wo diese von Epochen und von Fortschritt
redet, da sieht er, im Rückgriff auf Reinhard Koselleck, den
Goetheschen Geschichtsbegriff durch *Inkommensurabilität*,
das heißt Zufälligkeit, Unberechenbarkeit geprägt (339). Des
Individuums Schicksal wird als einmalig gefaßt, ihm fehlt die
Einbindung in überindividuelle Gattungszwecke. Diese Aufhebung der mythischen Tröstung versucht Bohrer ausführlich
am Torquato Tasso aufzuzeigen (396), in dem an die Stelle
der Ewigkeitshoffnung, wie später auch bei Baudelaire, die
Ewigkeit des Verlorenen tritt. War im zweiten Teil des Faust
der höchste Augenblick, welcher literarisch so oft mit über-
zeitlicher Bedeutung aufgeladen ward, zwar der Augenblick
des Todes (400), so leistete er hier doch noch die Sinngebung
des gelebten Lebens. Weil Goethe indes auf die antikische
Zeitvorstellung zurückgreift, erfolgt diese Sinngebung allein
in Hinsicht auf körperlich-ästhetische und anthropologische
Gewißheiten und bleibt frei von transzendenten Motiven
(406). Im Alterswerk dann sieht er in der *großen Trennung*
den Keim des Wahnsinns und empfiehlt: *Man muß sich hüten,
ihn nachdenklich auszubrüten und zu pflegen* (414f.).

Nietzsche endlich spricht der modernen Kunst die bedeutsame Tiefe ab, welche einst aus dem Blick ins Innere und Schreckliche der Natur hervorging. Er drückt diesen Verlust in der Metapher der Maske aus und vergleicht das moderne Kunstwerk mit dem Maskenhaften des *schönen Gesichts einer geistlosen Frau* (452f.). Mit diesem Bild, so meint Bohrer, bereitet er die spätere Symbolik des Mannequins und die Warenästhetik vor. Das Bild meint aber zugleich auch, dass in der Enttäuschung über die Sinnleere moderner Kunst noch *ein unbewußtes Wissen von der Herkunft aus dem Grauen* nachklingt. Das Bild der Maske ist somit bei Nietzsche ineins die Reflexion auf das Verlorene und die Trauer darüber. In der fortschreitenden Moderne wird daraus die Faszination durch eine Erscheinungswelt, deren Bedeutungsleere nurmehr resignativ verzeichnet werden kann, weil es keinen Ersatz gibt für das archaisch Schöne. Zwar strebt moderne Kunst ersatzweise über Lakonie und Horror nach Bedeutsamkeit, doch läßt sich daran kein geschichtsphilosophisches Vorwärts anknüpfen. Nietzsche selbst versuchte, dem Weg ins Nichts, in den Nihilismus der Bedeutungsleere, zu entkommen durch seine Konzeption der *Ewigen Wiederkehr* (473). Diese Absage an den Fortschrittsglauben aber wurde philosophisch nicht ertragen.

Das bezeugen für Bohrer die Philosophien Heideggers und Blochs (502), mehr noch aber ist ihm Benjamin das typische Beispiel hierfür. Sein Absehen von der Subjektivität ist von Adorno beschrieben, aber nicht kritisiert worden (534). Benjamins Denken bleibt eschatologisch, Gott ist für ihn nie gestorben (546). Seine Rückversicherung bei den Müttern des Seins erinnert an den Archetypus C. G. Jungs (562). Die Bemühungen um eine neue Mythologie, wie sie vor allem von Schlegel ausgingen (586ff.), stellt Bohrer lehrreich dar als Vorbereitung des Surrealismus und der ganzen *Fauna der sogenannten postmodernen Mythologie* (598). Benjamin gehört für ihn zu der breiten Geistesströmung, die sich gegen die von Max Weber konstatierte Entzauberung der Welt stemmte und stemmt. Mit seinem Erinnerungsglück an kindliche Zustände

hat er den modernen Leser verzaubert und erfolgreich eine
Aura des Geheimnisses darumgelegt. So brachte er dem modernen Intellektuellen, der sich vom absoluten Abschied der
heroischen Epoche Baudelaires wegsehnte, eine Wiederkehr,
einen *Advent des Geistes* zurück. - Mit Benjamin wurde Literatur abermals Rede gegen den Tod, Zeitlichkeit aufs Neue
verewigt, weil man, wie Bohrer sagt, Baudelaire nicht leben
konnte.

Wirklich nicht? Im Unterschied zu den Ekstasen der gläubigen Intelligenz, so deutet Bohrer an, wäre Baudelaires Theorie der Trauer immerhin mit einer Ethik verträglich, wie sie
der *kontingenten Skepsis Montaignes* eignet (603). Die unter
Sozialwissenschaftlern verbreitete Gegenmeinung, es sei die
menschliche Gläubigkeit konstant und nur die Formen der
Religiosität wandelten sich, ist durch philosophische Anthropologie nicht gedeckt. Und auch jene, die Religion in psycho-
hygienischer Absicht befürworten, werden widerlegt durch
eine Hamburger Psychologin, die kürzlich über die Frage
promovierte, ob Gläubige wirklich weniger zu Depressionen
neigen als Ungläubige. Sie fand heraus, dass die stark Gläubigen tatsächlich in geringerem Maße von depressiven Gefühlen geplagt wurden. Ähnlich jedoch verhielt es sich mit den
dezidierten Atheisten. Am meisten unter Depressionen litten
jene Gemäßigten, die sich im Ungefähren, zwischen Glaube
und Unglaube, zwischen Himmel und Erde bewegten. Psychotherapeuten dürfen sich also ruhig selbstkritisch fragen,
inwieweit sie in der "Tiefe" des Seelischen den archaisch
rohen Gefühlen nachspüren oder es lieber mit der Maske
halten wollen, diesem *Nachschimmer der apollinischen
Schönheit, die den Schrecken verdrängt hat* (453).

* * *

Harald Bluhm: Die Ordnung der Ordnung. Das politische
Philosophieren von Leo Strauss. - Berlin: Akademie Verlag
2002, 370 Seiten. ISBN 3-05-003573-0. 49,80 €.

Welchen Sinn macht es, ausgerechnet in einer psychotherapeutischen Fachzeitschrift auf ein Buch über politische Philosophie und politische Theologie hinzuweisen, und noch dazu
auf ein so "schweres", eine Habilitationsschrift? Was geht es
den von ICD-X und OPD umstellten Praktiker an, dass
Straussens akademischen Schülern großer Einfluß auf das
konservative politische Establishment in den USA spätestens
ab der Reagan-Periode nachgesagt wird? Wer sich als Indivi-
dualpsychologe dennoch auf die Lektüre einläßt, wird bald
frappiert sehen, wie ähnlich Alfred Adler und Leo Strauss in
mancher Hinsicht über das Zusammenleben der Menschen
nachgedacht haben. Wo Adler in seiner Entwicklungspsychologie (N.Ch. 1912) den individuellen Leitfiktionen in der
Gegenfiktion ein kollektives Überich assoziierte und dieses
nach dem Ersten Weltkrieg als Gemeinschaftsgefühl dem
Egoismus der Individuen eindeutig überordnete, da hält der
eine Generation jüngere Strauss (1899-1973) in der Weimarer
Zeit dem modernen Individualismus, der von den Rechten des
Einzelnen her denkt, ebenfalls das Prinzip einer ganzheitlich
vom Gemeinwohl her bestimmten Ordnung entgegen.

Den Individualismus sieht Strauss mit der Rationalität der Naturwissenschaften verbunden. Deren quantitatives Denken un-
terbindet es, in der Tradition der klassischen, antiken Philosophie nach der besten Ordnung und nach dem besten Leben im
qualitativen Sinne zu fragen. Was die Alten an Gültigem er-
dacht haben, geht so verloren, Maßstabsverlust ist die Folge,
und der allgemeine Relativismus, Subjektivismus und libera-
les Laissez-faire führen zum Niedergang des Ganzen. Adler
hat seine Wertschätzung der Alten 1912 unpersönlich formuliert, für ihn sind sie gegenwärtig und maßstäblich als "Erfahrungen und Belehrungen, die sozialen und kulturellen Formeln, die Traditionen der Gesellschaft". Strauss fragt aus der
Erfahrung des Nationalsozialismus heraus nach der (Neu-)-
Gründung der besten Ordnung und nach ihrem Erhalt. Sein
Augenmerk richtet sich deshalb auf die bedeutenden Sozialfi-
guren des Philosophen, Propheten und Gesetzgebers, und auf

die Frage, wie eine einmal geschaffene gute Ordnung Bestand haben, ja unantastbar gemacht werden kann. Eines der Mittel dazu besteht für ihn in der Kunst des doppeldeutigen Schreibens.

Zum einen nämlich ist der Philosoph unter Bedingungen von Verfolgung und Zensur gehalten, seine Wahrheiten so mitzuteilen, dass sie nur von Kundigen *zwischen den Zeilen* erkannt werden, der für die breite Öffentlichkeit bestimmte Text aber dennoch Sinn macht. Zum anderen ist Strauss überzeugt, dass jeder Philosoph für sein Gemeinwesen gefährlich ist, weil in diesem stets nur bestimmte Meinungen dominieren, während er auf der unbedingten Suche nach Wahrheit ist. Bei Adler ist die Tendenz, ein der Menge überlegenes Wissen zu beanspruchen, nicht so deutlich, aber auch bei ihm finden wir zum Beispiel die Kritik von Psychologen zurückgewiesen damit, dass der mehr oder weniger große "ungelöste Rest vorgefaßter Meinungen" sie von der (individualpsychologischen) Wahrheit entfernt hält (RuI 1933). Für Strauss wirft die Erfahrung, dass aus der Weimarer Republik, einer im Prinzip liberalen Demokratie, das Gegenteil hervorging, die Frage auf, wie eine liberale Ordnung gegen derartige Gefahren garantiert und ein unabänderlicher Denkrahmen geschaffen werden kann. Die Religion scheint ihm hierfür, je säkularisierter sie sich gibt, desto weniger geeignet. Eine Metaphysik also muß her - eine von Adler ähnlich ausgesprochene Forderung -, die gegen Relativismus und Nihilismus schützt.

Strauss versucht sich daran im Rückgriff auf Platon und Aristoteles, indem er den Menschen als ein von Natur aus soziales Wesen bestimmt, wobei aber Anlagen und Vermögen der Menschen ungleich sind, so dass in jeder menschlichen Gesellschaft eine hierarchische Rangordnung entsteht. Die gute naturgemäße politische Ordnung bewerkstelligt dann, dass diese Ungleichheit an bestimmte Grenzen gebunden, dass Vertrauen und Übersichtlichkeit gewahrt bleiben. Strauss ebenso wie Eric Voegelin oder Hannah Arendt identifizieren diese Ordnung weitgehend mit der amerikanischen Republik, welche ihnen als Emigranten nicht nur ermöglichte, den Totalitarismus in Europa zu überleben, sondern auch ein vergleichsweise gutes Leben zu führen. Seine Schüler leitete Strauss dazu an, die Philosophie dieser Ordnung den Edlen/Besten, den Bürgern und der Menge in je verschiedener Sprache und Dosierung zu vermitteln. Ein wesentlicher Grund für den Einfluß, den die Strauss-Schule gewonnen hat, dürfte in der relativ abgehobenen, der konkreten Stellungnahme ausweichenden Behandlung ihrer bevorzugten Autoren und Themen liegen. Zumindest darin zeigt sich ebenfalls eine gewisse Ähnlichkeit zu Adler.

* * *

Andreas Merkt: Das Fegefeuer. Entstehung und Funktion einer Idee. - Darmstadt: Wiss.Buchges. 2005, 131 S. ISBN 3-534-16318-4. 29,90 €.

Die Theologie hat vieles von dem schon erörtert, was Psychotherapeuten heute unter anderen Bezeichnungen abhandeln. Mit dieser Erwartung ging ich an die Lektüre der 81 Seiten Text, von denen die überlangen ersten sechzig freilich den französischen Mediävisten LeGoff widerlegen und zeigen sollen, dass die Fegefeuervorstellung nicht erst im Mittelalter aufkam, sondern schon in den Anfängen des Christentums zwischen den Jahren 180 und 258, und dass dabei sogar auf noch ältere pagane Vorstellungen zurückgegriffen wurde. Zum Hauptbeleg nimmt Andreas Merkt, Professor für Alte Kirchengeschichte und Patrologie in Regensburg, die *Passio Perpetuae,* ein Dokument aus dem Jahr 203. Damals wurden in Karthago acht Christen eingekerkert, weil sie nicht für das Wohl des Kaisers opfern wollten. Bevor sie bei den Pythischen Spielen zum Geburtstag des Kaisersohns Geta den Tod fanden, schrieb eine junge Frau unter ihnen namens Perpetua eine Art Gefängnistagebuch. Sie entstammte offenbar einer vornehmen Familie, war schulmässig gebildet und verheiratet. Sie berichtete unter anderem von einer Vision, in der sie ihren jungverstorbenen Bruder in einem angrenzenden abgelegenen Raum dürsten sieht.

Durch Gebete suchte sie sein Leiden zu lindern und sah in einer zweiten Vision, dass es ihm besser geht und sie ihm also helfen konnte. Psychoanalytische Deutungen würden hier nichts hergeben, merkt Merkt an, weil es sich um bewusste und unbewusste Jenseitsvorstellungen Perpetuas handelt und nicht um ihre seelische Verfassung. Er resümiert schliesslich, dass schon vor dem Jahr 250 in der afrikanischen Kirche für die Verstorbenen Opfer gebracht wurden, um ihnen in einem Zwischenzustand zu helfen, der nicht Hölle und ewige Verdammnis war, aber auch nicht Seligkeit des erlangten Himmels. Als Ort der Läuterung war das Fegefeuer ein Sinnbild, das von der freien heidnischen Totenfrömmigkeit zur Bindung an den Gemeindegottesdienst überleitete. Die Gemeinde von Rom umfasste Mitte des 3. Jahrhunderts bereits mehrere zehntausend Christen, und auch Karthago zählte wohl einige Tausend. Je grösser die Zahl, desto häufiger aber die Erfahrung, dass auch Christen sündigten und so das elitäre Selbstbild der Gläubigen gefährdeten. Doch der Drang zur Volkskirche liess zum Beispiel den römischen Bischof Calixt sagen, so wie die Arche Noah Menschen und unreine Tiere aufnahm, solle auch die Kirche Heilige und Sünder umfassen.

Die Gruppe der sündigen aber bußwilligen Christen unter den Lebenden erhält mit dem Fegefeuer ein sinngemäßes Gegenstück, nämlich die Gruppe der nicht vollkommen heilig Verstorbenen. Als nicht Verdammte, aber auch noch nicht Gerettete bewohnen sie das Jenseits der Volkskirche, den eschatologischen Ort der Durchschnittschristen. Dadurch wurde das elitäre Selbstverständnis der ersten Christen gemildert und zugleich wirkte das Fegefeuer durch seinen Strafcharakter einer laxen Moral der Lebenden entgegen. Denn die normalen Gläubigen, wenn sie für ihre Verstorbenen beten, haben dabei ihr eigenes Geschick vor Augen, welches ihnen auf diese Weise als ernst aber nicht hoffnungslos erscheint. Dass der

Strafcharakter des Fegefeuers das Gerechtigkeitsbedürfnis bediente, gehört sicherlich mit zum Erfolgsgeheimnis des Christentums. Nur die als Märtyrer Gestorbenen, so nahm man an, gelangten direkt zu Christus und konnten für die Lebenden bitten. Daraus entwickelte sich ein erheblicher Märtyrerkult. Die Lebenden aber konnten durch ihr Gebet den leidenden Verstorbenen helfen, und so betrachteten die frühen Christen sich als eine Solidargemeinschaft, durch die der Tod keine Grenze zieht.

Die Idee vom Fegefeuer besitzt noch eine weitere Pointe. Soweit Tertullian (160-220) hieran mitwirkte, verwendete er sie als Argument gegen Markion (85-160). Der hatte zwischen dem Schöpfergott des Alten Testaments, den er den Gott des Gesetzes und der Gerechtigkeit nannte, und einem zweiten, dem obersten und guten Gott unterschieden, der der Vater Christi sei und erst von diesem verkündet wurde. Gegen diese Zwei-Götter-Lehre nun vertrat Tertullian die Theorie des einen Gottes, der Gerechtigkeit *und* Güte in sich vereinige. Wir haben hier also, lange bevor Leibniz den Begriff schuf, das Theodizee-Problem vor uns. Markion will Gott annehmbar machen, indem er den leidvollen Zustand der Welt dem Demiurgen, dem alten Schöpfergott anlastet. Erst dadurch kann der oberste Gott als der Gute und Gütige erscheinen. Doch ermöglicht diese Zweiteilung keinen Übergang, keine Vermittlung zwischen beiden, während Tertullian durch den zeitlichen Hades des Fegefeuers einen Übergangsraum bietet. Einzelheiten beiseitegelassen, erwächst aus Tertullians Strafvorstellung später eine Version von Fegefeuer, die pädagogische Züge trägt. Die Strafanstalt wird zur Besserungsanstalt.

In Klemens' und Origines' Auslegung bestand dann das Schmerzliche am Fegefeuer in der Erfahrung, durch die eigene Sünde noch von Christus getrennt zu sein, ihm nicht ungehindert begegnen zu können. Das unterschied nicht mehr zwischen Lebenden und Toten. Und zugleich war hier nun Christus selbst Hadesfahrer, dem die anderen nachfolgen sollen. Das ewige Schattenreich, Land ohne Wiederkehr, wurde so zu einem Zwischenreich. Zwar weiterhin ein Ort des Leidens, werden doch die einen daraus zur Herrlichkeit auferstehen, und nur für die zum Bleiben Verdammten wandelt es sich zur Hölle. Diese Vorstellung verträgt sich freilich nicht mit der apokalyptischen Naherwartung des Weltendes, wie sie überall im römischen Raum vor dem Jahr 200 verbreitet war. Erst danach "streckte" sich die Zeitachse und gab Raum für die Erwartung, *individuell* im Zwischenreich des Fegefeuers zu büssen und durch diese Reinigung die Auferstehung zu sichern. So bildet der Tod fortan den Beginn der *persönlichen* Apokalypse: Die Taten werden sofort danach durch die Bestrafung offenbar. Das Hinausschieben der *kollektiven* Apokalypse aber eröffnet dem Geschichtsdenken Alternativen.

Denn wo die vielfältigen gnostischen Systeme darin übereinstimmen, Welt und Geschichte abzuwerten, bietet die hinausgeschobene Apokalypse Möglichkeiten, das Feld zwischen individuellem Schicksal und kollektivem Ende sinnhaft auszudeuten - was freilich neue Probleme aufwirft. Um den Gedanken einer am Ende ausgleichenden Gerechtigkeit nicht aufzugeben, muss die Bestrafung ins Jenseits verschoben werden. Dieses verknüpft die Vergehen mit der zugehörigen Strafe durch eine "postmortale Zukunft" (schöner Ausdruck!) und verbürgt so den Wert moralischen Handelns angesichts innergeschichtlicher Katastrophen. So besiegt die leidende Perpetua, ihre ungerechte Hinrichtung vor Augen, den Teufel, indem sie durch ihre Gebete dem toten Bruder hilft, und visionär wird sie vom Herrn selbst im Paradiesgarten zum Mahl empfangen. Indem dies hier und jetzt geschieht und nicht den Anbruch eines Tausendjährigen Reiches voraussetzt, wird die Eschatologie "präsentisch", wie Merkt formuliert. Sie wird ferner individualisiert, indem der Einzelne nicht dem Richter begegnet, sondern seine Taten ihn quasi von selbst richten. Der Glaube an die Auferstehung schließlich verwandelt den Hades in ein "Transitland".

Dieses optimistische Jenseitsbild der Christen geht einerseits einher mit einer Popularisierung aristokratischer Werte, die im Zuge von Predigt und Lesungen der Bibel Angehörigen der Unterschicht bekannt werden. Andererseits besagt die christliche Lehre nicht nur, dass die kleinen Leute in den Himmel kommen können, sondern auch, dass die Hochgestellten ihrer Hilfe bedürfen. Lazarus ist das Paradebeispiel des Armen, dessen Hilfe der Reiche erfleht. Soziologisch betrachtet, stärkte die Aufwertung der Armen indessen die Stellung der Bischöfe, deren Machtbasis sie bildeten und von denen sie zugleich kontrolliert wurden. Verkirchlichung und Disziplinierung entwickeln sich parallel mit dem Römischen Reich, das ab dem dritten Jahrhundert als Zwangsstaat beschrieben wird. Die schichtenübergreifenden Kommunikationsformen des Christentums machen die - auch die Toten umfassende - Solidargemeinschaft zu einer moralischen Anstalt, in der die Kirche von der Wiege bis zur Bahre Sünden und Bußen verwaltet. - Erst die sogenannte Neuzeit wird, so füge ich als Rezensent hinzu, die Disziplinierung lockern und den Markt der Psychotherapien öffnen, in Deutschland jedenfalls bis zum Psychotherapiegesetz.

* * *

Friedrich Wilhelm Graf: Moses Vermächtnis. Über göttliche und menschliche Gesetze. - München: Beck 2006, 97 S. ISBN 3-406-54221-2. 12 €

Anders als die Psychoanalytiker, deren Stammvater Freud meinte, das Moralische verstehe sich von selbst, erfuhren Individualpsychologen 1912 durch Furtmüllers *Psychoanalyse und Ethik*, dass psychotherapeutische Praxis von ethischen Alternativen durchzogen ist. Hellsichtig problematisierte er an der *Harmonie-Ethik* ihre einseitige Betonung des Gemeinschaftsgedankens und warnte indirekt vor einem Tugendterror, wie er 1791-93 der französischen Revolution folgte. Leider wurde seine Warnung seither durch zwei politische Gemeinschaftsreligionen mit Abermillionen Toten im Gefolge grausam bestätigt. Und nach dem historischen Niederbruch von Nationalsozialismus und Realsozialismus wird der westliche säkulare Pluralismus erneut bedroht durch einen religiösen Wahrheitsanspruch, der politischen Kompromiß so wenig achtet wie Zivilität und Rechte der Einzelperson. Und dabei droht der Islam, welcher sich als die dritte monotheistische Weltreligion auf Mose beruft, die westlichen Demokratien trotz ihres christlich-jüdischen historischen Hintergrunds ins Hintertreffen zu bringen, weil ihr weltanschaulich neutraler Staat sich nicht mehr umstandslos auf religiöse Quelle und Autorität zu stützen vermag.

Die darin enthaltene Problematik wurde zahllosemal schon in der Formulierung des Staatsrechtlers und Verfassungsrichters Ernst-Wolfgang Böckenförde aus dem Jahre 1976 zitiert, derzufolge der freiheitliche säkularisierte Staat von Voraussetzungen lebt, die er selbst nicht garantieren kann. Graf erwähnt Böckenförde erst gegen Ende seiner Darlegungen, und doch umkreist seine kleine Schrift eigentlich dessen Diktum. Im Bedenken, seine eigenen Erwägungen könnten dabei gefärbt sein durch die berufliche Brille des evangelischen Theologen, erklärt Graf in einem *Credo* seine Verachtung für klerikale Moralrechthaberei (die er freilich in allen Glaubensrichtungen verbreitet sieht), seine Wertschätzung für den Geistesstreit und für die individuelle Freiheit als höchstem innerweltlichen Gut. Unter diesem Blickwinkel wendet er sodann die Fragen hin und her, wie bei uns eigentlich das Verhältnis von Religionsgesetz und staatlichem Recht bestimmt ist; inwieweit aus dem religiösen Glauben heraus eine relative Autonomie der weltlichen Rechtsordnung anerkannt werden kann; und ob in theokratischen Ordnungsauffassungen alles Recht unmittelbar dem Heilsgesetz entsprechen muß.

Die vormoderne, bildhafte und symbolische Berufung auf *Gottes Gesetz* dient dazu, eine unbedingt bindende Ordnung einzuschärfen, universell im Anspruch und gültig ebenso für das friedliche Zusammenleben der Vielen wie für die Lebens-

führung des Einzelnen. Gottes Schöpferwille habe diese Ordnung sowohl für die Naturgesetze als auch für staatliche Gesetze und für das Sittengesetz vorgesehen, lautet der Kanon.
Dass der moderne Gesetzesbegriff in seinen vielen fachspezifischen Verwendungen "schillert", hielt doch christliche
Theologen nicht von dem kritischen Vorwurf ab, das menschlich gesatzte Recht werde zu Unrecht, wo es nicht dem göttlichen Recht entspreche. Angegriffen wurde diese Position in
den Kulturkämpfen des 19. Jahrhunderts von der protestantischen Mehrheitsgesellschaft. Sie warf der katholischen Kirche vor, in ihrem religiösen Wahrheitsanspruch zeige sich
ihre Demokratieunfähigkeit - ein Vorwurf, wie er sich heute
wiederum gegen die eingewanderten Muslime richtet. Insofern, meint Graf, begegne das *christliche Abendland* hier
seiner eigenen Glaubenskonfliktgeschichte. Der Unfehlbarkeitsanspruch des Papstes taucht nun auf als Anspruch islamischer Gottesgelehrter.

Protestanten wollen keinen Papst und sie brauchen kein Lehramt, das ihnen Gottes Gesetz verbindlich auslegt. Zum Preis
hatte diese Freiheit Naturrechtsdebatten und Gesetzeskontroversen, deren breites Spektrum Ernst Troeltsch im Jahr 1912
(!) dargelegt hat. Es reichte von Innerlichkeitsanarchie bis zu
Staatsfrömmigkeit und von Gesinnungsunmittelbarkeit bis zu
aristotelischer Lex-divina-Metaphysik. Luther war es, der die
Zehn Gebote zur ethischen Haustafel herabgestuft hatte, indem er verkündete, der Christ dürfe neue Dekaloge machen.
Durch den Verzicht darauf, sie als unmittelbar geltendes
rechtliches Gottesgebot auszulegen, schuf er die Möglichkeit,
das weltliche Recht in seiner Vorläufigkeit anzuerkennen.
Folgerichtig zogen dann protestantische Theologen eine
Grenze zwischen Judentum, Islam, Katholizismus und auch
manchen reformierten Kirchen, die sie *Gesetzesreligionen*
nannten, und dem Protestantismus als Religion des Geistes,
der Innerlichkeit oder Liebesgesinnung. Graf räumt ein, dass
die Zurücknahme des weltlichen Geltungsanspruchs manche
reformierten Protestantismen nicht hinderte, das Gottesgebot

dennoch als ein moralisches Kampfinstrument gegen den bösen Rest der Welt zu benutzen.

Die Zehn Gebote waren Gegenstand so vieler verschiedener Auslegungen, dass Graf von Mose als ihrem Überbringer sagt, es sei dessen Gott offenbar viel pluralismusfähiger als manche religiöse Autoritäten und als *modisch monotheismus-kritische Intellektuelle* vermuten. Im geschichtlichen Nacheinander bildeten die Gesetzestafeln Projektionsfläche für vielerlei Normenentwürfe. Besondere kulturelle Erfahrungen, politische Interessen, Machtansprüche, Heilshoffnungen und Bilder göttlicher Souveränität gingen hier ein. Und bis heute liefert ihre Zehnzahl das Muster, sei es für das Bundesgesundheitsamt mit seinen *Zehn Geboten für die HIV-Prävention*, sei es für den ADAC mit seinen *Zehn Geboten für das Verhalten im Sommerreisestau*. Das entscheidende Problem jedoch bildet die Frage, inwieweit aus dem Glauben heraus Legalität und Moralität unterschieden, staatliche Rechtsordnung und moralische Verbindlichkeit in das rechtlich Korrekte und das sittlich Gute gesondert werden können. Oft waren die Motive im Glauben selbst gegeben, etwa wenn in den drei mosaischen Religionen liberale Reformer auftraten und um der wahren innerlichen Seelenbindung willen staatliche Sanktionsdrohungen gegen Ungläubige ablehnten.

Mit schönem Sprachwitz legt Graf dar, wie "die Kirche" mittels *kreativhermeneutischer Auslegung* immer wieder versuchte, ihren Visionen idealer Tugendordnung *Höchstgeltung durch Unbedingtheitsevidenz* zu verschaffen. Nicht nur in islamischen Gemeinschaften, die in Abwehr von Säkularisierung und Globalisierung den Staat wieder auf die Alleingeltung der Scharia festlegen wollen, sondern ebenfalls in christlichen Gegenden haben biblizistische Erweckungsbewegungen immer wieder eine auf *divine law* gestützte neue heilige Ordnung zu errichten gestrebt und ein neues Gemeinschaftsethos gepredigt. Besonders in den USA haben Rechtskonflikte um Religionssymbole in staatlichen Einrichtungen Tradition. Neuerdings nehmen parallel zu den juristischen Auseinandersetzungen bilderstürmerische Aggressionen an Häufigkeit und Heftigkeit zu. So werden immer wieder Dekalog-Stelen - auf Steintafeln eingemeißelte Zehn Gebote - von *Säkularisationsfanatikern* umgeworfen oder übermalt. Streitschlichtung durch Verfassungsauslegung verliert indessen an Wirkung. Der Grund liegt darin, dass der moderne Rechtsstaat eben weltanschaulich neutral und kein christlicher Sittenstaat mehr sein will.

Das Gemeinwesen muß dann aber in unvermeidlichen Streitfällen, bei denen es um normative Fragen geht, auf die säkulare rechtsstaatliche Vernunft seiner Bürger setzen. Die Bürger wiederum müssen diese Vernunft mit ihren religiösen oder sonstwie weltanschaulich organisierten Moralvorstellungen vereinbaren können. Und so treibt, noch vor jeder inhaltlichen Entscheidung, allein schon die Prüfung solcher Fragen den ethischen Reflexionsbedarf in die Höhe. Ethik-Beauftragte und inflationär aufsprießende Ethik-Kommissionen bis hin zum "Nationalen" Ethikrat zeigen dies. Soweit sie nun aber Wertetafeln produzieren, stellt sich die Frage, wie es eigentlich zur religiös-weltanschaulichen Neutralität des Staates paßt, dass er sich darauf stützt? Artikel 2,1 des deutschen Grundgesetzes verteidigt zwar das Recht des Einzelnen auf die freie Entfaltung seiner Persönlichkeit unter anderem, indem *das Sittengesetz* angerufen wird. Aber es ist unklar, inwieweit es dabei als Schwundstufe eines christlichen Naturrechts fungiert. 1957 noch bezeichnete das Bundesverfassungsgericht jedenfalls männliche Homosexualität als Verstoß gegen das Sittengesetz und bezog sich dabei ausdrücklich auf die beiden großen christlichen Konfessionen.

Auch der aus ökonomischen Debatten herstammende Begriff *Wert* ist höchst schwammig. Im 19. Jahrhundert diente er Kritikern mit antiliberaler Einstellung dazu, gegen den Formalismus des Kategorischen Imperativs Kants zu polemisieren und gegen das formale Recht bindende Kulturwerte einzuklagen.

Wird jedoch das Recht nicht gerade geschwächt, so fragt Graf, wenn es auf vorrechtliche Gründe gestützt und an bestimmte Kulturideale gebunden sein soll? Auch beim Streit um die Auslegung des Begriffs *unantastbare Menschenwürde* sieht er die alten Fronten zwischen römisch-katholischem Naturrechtsdenken und protestantischen Zwei-Reiche-Überlieferungen in Kraft. Und wie soll eigentlich "religiös neutral" geprüft werden, ob es sich bei Scientology bloß um eine Modeströmung handelt, die eine Science-fiction-Erzählung vermarktet oder um eine religiöse Lehre? Die Formel vom weltanschaulich-neutralen Staat stellt für Graf bei näherem Hinsehen eine geschichtliche Begradigung aus liberal-säkularem Interesse dar. Jedenfalls sieht er die großen Ursprungstexte des modernen westlichen Verfassungsdenkens von religiösen Pathosformeln triefen und die Autorität Gottes oder eines höchsten Wesens in Anspruch nehmen.

Und nach der französischen Revolution hat auch die Kampfpublizistik der Gegenrevolution auf dieses Bildprogramm dankbar zurückgegriffen. Denn durch die religiöse Metaphorik erhält höchst diesseitig willkürliches Handeln den Anstrich höchster Geschichtsnotwendigkeit. Sind die modernen freiheitlichen Verfassungen auch von Menschen gemacht, so sollen sie doch eine Art höherer Weihe haben, um die einfachen Gesetze und den unabschließbaren Gesetzgebungsprozeß normativ bestimmen zu können. Das Problem ist bei Hegel 1813 beschrieben in der Wendung, es solle die Verfassung, obgleich in der Zeit hervorgegangen, nicht als ein Gemachtes angesehen werden. Graf resümiert die verschiedenen Anrufungen göttlicher Autorität in dem schönen Ausdruck *Präambelgötter*. Wo sie konfessionsneutralisiert und *deistisch blaßgeschminkt* auftreten, bekunden sie für ihn den Versuch moderner Staaten, sich einerseits nicht auf partikulare Tugendkonzepte und andererseits nicht prinzipiell auf Nicht-Religion festzulegen. Wobei er übrigens wertfanatischen Fundamentalismus auch bei denen sieht, die in säkularem Gutmenschentum versuchen, die Bürger auf "fortschrittliche" Kulturwerte einzuschwören.

In Auseinandersetzung mit dem gewaltbereiten Islamismus verschärft sich das Bedürfnis, klare Kriterien zur Unterscheidung von Religion und Nicht-Religion von den Kultur- und Religionswissenschaften zu erhalten. Diesen aber sind ihre Religionsbegriffe durch postmoderne Dekonstruktionsübungen leider abhanden gekommen. So geraten die juristischen Hüter der Verfassung in die Versuchung, sich ihrerseits eine *Transzendenzdeutungskompetenz* anzumaßen. Im Kruzifix-Beschluß von 1995 habe sich die aus frommen evangelischen Christen, guten Katholiken und *kirchendistanzierten Normalagnostikern* zusammengesetzte Richterbank daran versucht. Doch steht es dem Rechtsstaat nicht zu, Glaubenssymboldeutung zu betreiben. Denn wer kann etwa beim Kopftuchstreit, so fragt Graf, über das wahrhaft Abendländische verbindlich entscheiden? Das gilt auch, wo, nach allem was geschehen ist, religionskultureller Korrektheitskonsens den Juden das Tragen der Kippa in der Schule erlauben will. Aus Sicht muslimischer Minderheiten bildet dies eine staatsscheinheilige Privilegierung. Und kirchenscheinheilig ist es wiederum, wenn christliche Kirchenvertreter sie auffordern, zivilreligiöse Glaubensbekenntnisse abzulegen.

Solchen christlichen Staatstugendwächtern hält Graf die Frage entgegen, wer denn im deutschen Diskurs die kirchlichen Hüter hütet? Wohin es andererseits führt, wenn christliche Glaubensprivilegien bekämpft werden, indem Weihnachtskrippen nicht mehr auf öffentlichem Grund aufgestellt werden dürfen, läßt sich in den USA beobachten. Hier bewirkt offenbar die islamistische Herausforderung verschärfte Kulturkämpfe zwischen Mose-Frommen aller Konfessionen und Ultrasäkularisten. Gegen die weitere Klerikalisierung der ethischen Konfliktdiskurse würde es bei uns jedenfalls helfen, wenn der Staat in die von ihm berufenen Ethik-Kommissionen neben Kirchenfunktionären öfter Vertreter der jüdischen und muslimischen Minderheit einlüde. Dies machte die Konflikte angewandter Glaubensethik für alle Beteiligten sichtbarer und würde die Chance erhöhen, dass die Pluralität religiöser Ethiken gemeinsam verteidigt wird, um so auch der je eigenen Glaubenswelt ihr Existenzrecht zu sichern.

Friedrich Wilhelm Graf, Professor für Systematische Theologie und Ethik in München, schreibt als ständiger freier Mitarbeiter in der FAZ, NZZ und SZ. Dort habe ich seine Beiträge schon öfter mit Gewinn studiert, und ich kann sagen, dass die Lektüre der 97 Seiten über göttliche und menschliche Gesetze mein Verständnis der islamistisch initiierten Selbstbefragung des Westens vertieft hat. Die psychoanalytisch Tätigen können aus dem Text wohl ebenfalls Gewinn ziehen für ihren täglichen Umgang mit Wertfragen.

*   *   *

Michael Hampe: Eine kleine Geschichte des Naturgesetzbegriffs. - Frankf. a. M.: Suhrkamp 2007, 201 S., ISBN 978-3-518-29464-2. € 9,95.

Der Leser sollte den Ausdruck "kleine Geschichte" nicht so mißverstehen, als würden hier kleine Probleme verhandelt. Die philosophische Schwierigkeit des Themas macht die Lektüre entsprechend anstrengend, doch wird die Mühe durch die informierte Darlegung belohnt.

Bei der Frage, inwieweit unser Denken und Handeln frei oder aber determiniert sei, nehmen es Vertreter der deterministischen Position mit dem Freiheitsbegriff oft nicht so genau, weil der ja zur "Gegenseite" gehört. Hampe aber blickt auf die deterministische Seite und sieht auch hier ein oft unreflektiertes Verständnis natürlicher Determiniertheit im Spiel. Wenn ein Geschehniszusammenhang als von Gesetzen beherrscht gilt, so fragt er, wer herrscht dann eigentlich? Die Gesetze selbst, ein menschlicher Monarch oder Gott? Wenn aber niemand persönlich herrscht, was steckt dann hinter der Metapher der "Herrschaft der Gesetze"? Überlebte hier der scientistische Glaube des 19. Jahrhunderts? Oder gar noch der theologische Kontext, in dem Descartes und Newton dachten? Das Verhältnis der Gesetze der Natur zu den Handlungen der Menschen ist jedenfalls nicht so einfach, sagt Hampe, wie es in der von Hirnforschern ausgelösten Debatte aussieht. Denn es geht nicht allein um die Frage, ob auch das menschliche Handeln Naturgesetzen unterliegt, sondern ebenso um die Möglichkeit, Naturgesetze als Resultat menschlichen Erkenntnishandelns aufzufassen, woran die Frage anschliesst, wem eigentlich gehorcht wird, wenn wir uns nach Naturgesetzen "richten".

Wenn wir etwas erklären, bewältigen wir Zufälligkeit, indem wir sie auf Gesetzmässiges zurückführen. Wie eine entlaufene Kuh in den Stall zurückgeführt wird, führen wir das zunächst unerklärliche Ereignis ins Bekannte zurück, in diesem Fall auf die akzeptierte wissenschaftliche Theorie, deren Teil das Gesetz ist. Nun lassen sich Naturgesetze auffassen als Notwendigkeiten, die die Naturvorgänge selbst regeln, ebenso aber auch als Annahmen, die die Wissenschaften brauchen, um Naturvorgänge als regelhafte erfassen zu können. Diesen Vorstellungen über die Beständigkeit der Naturvorgänge, etwa über gleichabständige Wiederholung oder über immer regelgleiche Entwicklung, stehen dabei Erzählungen gegenüber, die von revolutionären oder katastrophischen Ereignissen berichten, die "einmalig" sind, weil - oder zumindest insofern - sie die Ordnung durchbrechen, also nicht auf Regelhaftes zurückgeführt werden können. Beides, die Annahme zeitloser Ordnungen und der Zeitpfeil unterschiedlicher und unumkehrbarer Ereignisse, können gewichtet und aufeinander bezogen werden. Dabei läßt sich ebenso das Wiederkehrende als eine Ausnahme in der Abfolge von Einmaligkeiten betrachten, wie umgekehrt das Regelmäßige als fundamental und die einmaligen Vorkommnisse als beiläufig.

Die europäische Naturauffassung begreift das Regelhafte, Wiederkehrende, die Gesetzmäßigkeit als das Eigentliche der

Natur, versucht es mathematisch zu erfassen und organisiert im Experiment eine wiederholbare Erfahrung. Als Leitbild wirkten hier die, nicht von Menschenhand geschaffenen, Wiederholungen der Gestirnsbewegungen - wenigstens vor Newton. Als nämlich der Prozeßgedanke einzog und auch die langfristigen Regelhaftigkeiten durch den immer ausgedehnteren Zeitbegriff als nur scheinbare begreifbar wurden, da trat das Vergehen auch der Gestirne ins Bewußtsein, noch bewegender jedoch das Vergehen lebender Arten. Vorher, solange die Natur als ewiger Gesetzeszusammenhang verstanden war, galten die wertenden menschlichen Affekte, welche das Auftauchen von Neuem ("Frühling") ebenso wie das das Verschwinden ("Herbst") begleiten, noch als bloße Illusion. Hampe verweist hier auf Analogien zur menschlichen Selbstwahrnehmung: Der Glaube an eine unantastbare menschliche Seele verschafft dieser eine Art innerer Transzendenz gegenüber dem aktuell Begegnenden. Im andern Fall ist der Mensch die Summe seiner Erfahrungen, welche im Tod wieder mit ihm verschwinden. Und so gibt es Naturauffassungen, die mit unzerstörbaren Elementarteilchen und ewigen Gesetzen operieren.

Gerade von solcherart Wesenslehre jedoch hat sich die moderne Naturwissenschaft eigentlich entfernt. Dennoch versteht sie sich weiterhin als Gesetzeswissenschaft. Mithin haben wir hier ein Spannungsfeld vor uns, das Hampe im folgenden daraufhin abfragt, was der Gesetzesbegriff denn genauer bedeutet. Werden zum Beispiel die Naturgesetze als etwas gesehen, dass nicht den einzelnen Dingen einwohnt, sondern sie gemeinsam bestimmt, so korrespondiert diese Vorstellung wohl einer gesellschaftlichen Ordnung, die die innere Privatsphäre ihrer Individuen nicht bis ins Innere bestimmt, sondern durch Gesetze nur äußerlich regelt. Im christlichen Kontext war das Übernatürliche eine zentrale Vorstellung, bei der Gott zwar der Geber der Naturgesetze ist, selbst aber übernatürlich bleibt. Kant ersetzte Gott durch den menschlichen Verstand. Er ist nun der Gesetzgeber, der das Chaos der sinnlichen

Eindrücke zu einer regelhaften Erfahrungswelt gestaltet. Daneben gibt es auch Konzeptionen immanenter Gesetzmäßigkeit. Im Sinne der Kantischen Moralphilosophie wären sie durch Autonomie gekennzeichnet, während bei auferlegter Gesetzmäßigkeit Heteronomie herrscht. Der Hobbessche Staat bürgerlicher Selbstkonstitution zum Beispiel wäre also autonom; heteronom hingegen ein Land, dem ein Herrscher die Gesetze auferlegt hat.

Die Evolutionstheorie Darwins ist ein Beispiel immanenter Gesetzmäßigkeit, die zudem enorm erfolgreich war. Auch schon vor Darwin war das Organische häufig mit dem Gedanken immanenter Regularität verbunden worden. Schelling entwickelte unter diesem Blickwinkel die Vorstellung, wonach in der Gesetzeserkenntnis des Menschen die Natur die Prinzipien ihres eigenen Handelns erkennt, mithin so etwas wie bewußte oder unbewußte Selbsterkenntnis betreibt. Hegel versuchte dann, zwischen Kantischem Konstruktivismus und Schellingscher Naturbewußtwerdung so zu vermitteln, dass weder die eine noch die andere Seite zur Illusion erklärt wird. Damit hat er freilich den Vorwurf nicht stillstellen können, dass die Gesetzesvorstellung anthropomorph sei, mithin, als Projektion menschlicher Auffassung in das Naturgeschehen, eine Metapher sei. Gleichwohl behauptete Peirce in den USA noch zu Beginn des 20. Jahrhunderts, es gebe ein evolutionäres Sollen in der Entwicklung des Kosmos, das sich in der menschlichen Tendenz abbilde, über sprachliche Wiederholungen zu Gewohnheiten und Mustern zu kommen. Ähnlich wie Adler hielt er die Zwecke der Wissenschaft und die Ziele des Naturprozesses für konkordant. Seine Kosmologie nimmt die spätere Theorie der Selbstorganisation (Autopoiese) vorweg.

Die Lehre vom individuellen Gesetz findet sich freilich schon bei Spinoza. Als Immanentist versuchte er zu zeigen, dass vernünftig zu leben bedeute, im Einklang mit dem Weltlogos, dem kosmischen Naturgesetz zu leben. Dieser Denkansatz ist

unvereinbar mit Kants Lehre, nach der die Erkenntnis das
Ding an sich nicht durchdringen kann. Aber auch Goethe ver-
dunkelte Spinozas Konzeption dadurch, dass er zwar das
Werden der Persönlichkeit als ein individuelles Gesetz auslegte, jedoch meinte, dass sie sich der öffentlichen und dadurch vernunftfähigen Legitimation gerade entzieht. - Nachdem Hampe die kantisch-konstruktivistische und die schel-
lingsch-autopoietische Bemühung um den Gesetzesbegriff abgehandelt hat, faßt er zusammen und erklärt, es führe weder
ein gangbarer Weg über eine Theorie des göttlichen Verstandes, der die Auferlegung der Naturgesetze nachvollziehbar
macht, noch auch über eine Theorie der Selbstorganisation
von Gesetzmäßigkeit, weil diese nicht über die Wachstums-
analogie hinausreicht. Eine Theorie der Gesetzmäßigkeit der
Natur müßte zudem von größter Allgemeinheit sein, was aber
nach Kant ausgeschlossen ist, weil wir stets nur Ausschnitte
auf gesetzmäßige Zusammenhänge untersuchen können. Je
allgemeiner, desto empirisch ungesicherter und mithin vager
also alle Aussagen über eine Gesetzmäßigkeit der Natur.

Dennoch sind derlei Anläufe gemacht worden, etwa die Natur
als Spiel zu begreifen, sie über Thermodynamik zu erklären
oder als unendliche Geschichte auszulegen. Der Pragmatismus indessen meint im Sinne Deweys, dass wir Erfahrung in
Experimenten *herstellen*, indem wir Zusammenhänge zwischen unseren Gedanken und Wahrnehmungen stiften. In der
Wissenschaft verfahren wir dabei nicht wesentlich anders als
im alltagspraktischen Erkenntnishandeln, denn überall gilt,
dass wir Menschen Zusammenhangslosigkeit nur schwer ertragen. Wo es nun aber um die Alternative geht, ob wir Menschen freie Wesen sind oder aber in eine durchgehend gesetz-
förmige Natur eingebunden und ergo determiniert, da gilt es
nach Hampe die irrtümliche Meinung zu korrigieren, dass es
die Gesetze seien, die Notwendigkeit und Zwang "ausüben".
Nach Überwindung der Lehre vom göttlichen Willen sind
Gesetze weder Akteure noch durch einen "dahinter" wirken-
den außer- oder übernatürlichen Akteur bestimmt. Auf der

anderen Seite indessen sind Menschen auch kein im Fichte-
schen Sinne absolutes Ich, das durch reine Selbstsetzung
entsteht. Was sie als Naturwesen erreichen, erlangen sie *innerhalb* der Natur. Freiheit ist dort aber auch eine Frage der
Macht, sich im physikalischen und sozialen Kräftespiel zu
behaupten.

* * *

**Wolfgang Kersting & Claus Langbehn (Hrsg.): Kritik der
Lebenskunst.** - Frankf.a.M.: Suhrkamp 2007 (stw 1815).
ISBN 978-3-518-29415-4. 14 €.

Emanzipationspädagogik, Selbstverwirklichungsästhetik,
postmoderne Dekonstruktionsübungen sind als modische Prozesse offenbar genug abgeklungen, um eine Kritik der weiterhin florierenden Ratgeberliteratur zu wagen. Jedenfalls versucht sich der vorliegende Sammelband daran, in dem neben
den Herausgebern als Autoren auftreten: John Sellars, Christoph Horn, Alexander Nehamas, Martin Seel, Dieter Thomä,
Ludger Heidbrink, Michael Pauen, Thomas Rolf, Otfried
Höffe und Dieter Henrich. Nicht alle Artikel mochte ich zu
Ende lesen. Kersting liefert eine kluge Einleitung, verwendet
aber ein Drittel seiner 78 Seiten darauf, die nachfolgenden
Beiträge zusammenzufassen: Wozu eigentlich? Gleich bei
mehreren Autoren gelangen Wilhelm Schmids Schriften zur
Philosophie der Lebenskunst zu breiter Darstellung, was in
der Wiederholung ermüdend wirkt. Unterm Strich und besonders bei Henrich gewann ich immerhin manche Einsicht und
will das andeuten.

Kersting unterscheidet zwischen Schriften zur Moral und zur
Lebenskunst. Jene gehen aufs Allgemeine, sollen für alle ver-
pflichtend sein und heben deshalb oft mahnend den Zeigefin-
ger. Diese wollen freundlich dem Besonderen dienen und weniger der allgemeingültigen Reflexion. In einem Klima der
kulturellen Unverbindlichkeit propagieren sie ästhetische Autonomie und raten, sich aus den kulturellen Sammelsurien ein

stilgeprägtes Leben zusammenzustellen. Wo das aber zu ehr-
geizig gerät, da erzeugt das eigene Gesetz nicht die rechte
Zufriedenheit, das Gestaltete bleibt oft leere Emanzipations-
gebärde, manches sinkt "postmodern" gar auf ein "bastelbio-
graphisches Sperrholzniveau" ab. Auch der Versuch, dem
Heideggerschen "Man" zu entkommen, gerät gern ins Über-
triebene; und so nimmt hier wie dort die Selbsterschaffung
gottförmige Züge an.

Auf den Spuren des romantisch-heroischen Subjekts wandelt
auch die karrierepolitische Beratungsliteratur. Mit ihren Ma-
nagementkursen und Trainingsseminaren überträgt sie das
Herstellungsmodell des Selbst auf das äußere Leben. Jedes
Mißlingen aber schieben der Persönlichkeits-Coach wie der
Selbstmanagementberater dem Selbst als eigenes lebensethi-
sches Versagen in die Schuhe. - Martin Seel zeigt an Kants
Anthropologie, wie er Lebenskunst als Wechsel von Arbeit
und Spiel (Freizeit) auslegt, durchaus auf Linie der von Max
Weber später beschriebenen protestantischen Arbeitsethik, die
dem Müßiggang des Adels den bürgerlichen Broterwerb als
Tugend gegenüberstellte. Seel jedoch hält ein gutes Leben
trotz aller sinnvollen Aktivitäten für ein Ereignis. Um das
Leben zu bejahen, müssen wir den Umständen innerlich zustimmen können, auf die wir uns einlassen müssen.

Solches Stellungnehmen zum eigenen Leben beruht für Claus
Langbehn auf der Fähigkeit des Menschen zur Selbstdistan-
zierung. Plessner, auf dessen Anthropologie der exzentrischen
Positionalität diese Einsicht beruht, kommt denn bei ihm auch
vielfach zur Sprache. Umso auffälliger fehlt Plessners Name
hinten im Namensregister. Leider ermüdet Langbehn den Leser durch längere und arg fachsprachliche Darstellung der
Lebenskunstlehren Hans Krämers sowie - abermals - Wilhelm
Schmids. - Dieter Thomä argumentiert witzig, dass die Selbst-
erschaffungsideologie als "Monarchie meiner selbst" (Herder)
in eine Identitätskrise führt, weil "Ich" hier in der Rolle des
Autors fungiert, der ein Drehbuch vorgibt, zugleich aber auch

in der Rolle des zu formenden Materials. - Für Ludger Heidbrink ist 'der' Kapitalismus an allem schuld und soll rousseauistisch durch "zustimmungsfähige Übereinstimmung" aller überwunden werden.

Durchaus keck nimmt Michael Pauen sich die Neurowissenschaften vor. Dass wir so oft von einem Ich sprechen, sieht er vor allem Freud geschuldet. Die Metapher verführt leicht zu der Meinung, es müsse da so etwas wie einen zentralen Beobachter im Innern unseres Gehirns geben, obwohl doch die Entwicklungspsychologie zureichend herausgearbeitet hat, wie die Personeigenschaften sich nacheinander ausbilden. Wo sie fehlen, wie bei Kindern und psychisch Kranken, schränken wir deren Freiheitsspielräume ein. Müßten diese Einschränkungen auf ALLE ausgedehnt werden, weil die Neurowissenschaften zeigen, dass wir nicht imstande sind, frei und verantwortlich zu handeln, so tauchte die absurde Frage auf, wer diese Einschränkungen verantwortlich vornehmen könnte. Pauen schlägt deshalb vor, neurologische und psychologische Beschreibungen der Ich-Prozesse nebeneinander als wahre Beschreibung gelten zu lassen.

Thomas Rolf befaßt sich, wiederum des längeren, mit Wilhelm Schmid und mit Foucault, während Otfried Höffe fragt, wie erlittenes Unglück und Leid mit lebenskunstvoller Selbstgestaltung zusammengehen können. Darauf gebe die gegenwärtige Ratgeberliteratur kaum Antwort, ja, sie kann diese Tugend nicht einmal benennen. Für ihn gehört zu ihr primär die tapfere Haltung der Toleranz, des Duldens oder Hinnehmens, verwandt mit der Besonnenheit. Darüber rangiert für ihn die kreative Verarbeitung erfahrenen Unglücks. Beide Stufen seien in Psychotherapie und Psychiatrie bekannt, weniger jedoch bisher in der philosophischen Ethik, sieht man von Camus ab und seiner Rede von Sisyphos als einem glücklichen Menschen. Zu dieser Haltung gehört allerdings die Einsicht, dass keine Tugend die Möglichkeit von Schicksalsschlägen beseitigen kann. Wer dies erwartet und das Glück

für eine pure Eigenleistung hält, gibt sich einer Allmachts-
phantasie hin.

Im letzten und für mich ergiebigsten Beitrag des Bändchens
erörtert Dieter Henrich die Alternative von *Sorge um sich
oder Kunst des Lebens?* Der große Kenner des deutschen
Idealismus, Träger etlicher Wissenschaftspreise, geboren
1927, beginnt bei den Griechen, deren Auffassung von Lebenskunst handwerksgebunden blieb, weil ihnen die von je-
dem bestimmten Zweck und von allen Techniken abgelöste
moderne Kunst noch fremd war. Diese baut heute in ihrem jeweiligen Werk, unabhängig vom Medium, ein organisiertes
Gefüge auf, das uns etwas über unser Leben klarwerden läßt
oder durch das sogar das Leben als Ganzes seiner selbst inne
wird. Wo hingegen das Leben selbst zum Medium des künst-
lerischen Gestaltungswillens werden soll, da sieht Henrich es
in eine Verwerfung geraten: Statt dass es als Ganzheit zu
einem Sich-Verstehen gelangt, wird hier ein ästhetischer
Maßstab an es herangetragen. Nicht ohne Grund mischt sich
deshalb in die Bewunderung für manche Lebenskünstler eine
gehörige Prise Abschätzigkeit, weil solche Menschen doch
über viele tiefere Bedeutungen leichtfüßig hinwegtänzeln.

Nachdem er den Überlebenskünstler und den Lebenstüchtigen
von solcher Kritik ausgenommen und Lebenskünste in spezi-
ellen Feldern (Kunst des Verhandelns und Überzeugens; Lie-
beskunst des Kamasutra) aussortiert hat, nimmt Henrich den
einflußreichen Versuch Foucaults in den Blick, die griechische Philosophie so zu interpretieren, dass sie seiner Kritik an
der Moderne dienen kann. Wo aber der gute Arzt der Antike
das platonische Wissen über die Seele benutzte, um das Leben des Menschen zu steigern und zu bereichern, so wendet
Henrich ein, da kann heute kein moderner Seelenarzt mehr im
Ernst meinen, die heilende Wirkung seiner Maßnahmen, zusammengesetzt aus Therapieerfahrung, Medikamentenkennt-
nis, Personwissen, genau zu durchschauen. Und das gilt auch
auf seiten der Patienten für die dynamische Verflechtung ihrer

Lebensdimensionen. Höchstens sind noch allerlei Weisen von
Unglück klar zu erkennen.

Zur Unübersichtlichkeit beigetragen hat seit dem 18. Jahrhundert die Tiefenanalyse des Lebens. Indem sie die untergründi-
gen Antriebe zum Hauptthema machte, schuf sie damit zugleich den Imperativ der bewußten Lebensführung. Mit klu-
gen Ratschlägen ist hier indes nicht allzuviel getan, weil, wie
Henrich sagt, "schon des längeren" nachgewiesen sei, dass die
auf divergenten Theorien aufbauenden Psychotherapieformen
ihre heilsame Wirkung allesamt nicht durch die Wahrheit
ihrer Theorie ausüben, sondern allein durch die Zuwendung,
die der Behandelte erfährt. Auf diesen Effekt komme es vermutlich mehr an als auf das angewandte Lebenskunstwissen,
welches ja immer auch eingebunden blieb in eine Verständigung über die Verfassung des Universums. Schon die griechischen Philosophenschulen gaben hier aber verschiedene Antworten und konnten sich deshalb nur auf gewisse Verhaltens-
maximen einigen.

Nach der Aufklärung aber ist die Verankerung des Menschen-
lebens in gottgeschaffene oder sonstwie universale Sinnzu-
sammenhänge vollends gelockert. Die Vermutung seiner Be-
langlosigkeit nährt deshalb im Einzelnen das Bedürfnis, seinem Leben eine Bewandtnis zu sichern. Für diesen Zweck
wäre jedoch ein anthropologisches Wissen zu allgemein,
dessen praktische Anwendung als Lebenskunst allen in gleicher Weise zuteil würde. In der Sorge um sein Leben kann
aber dem Einzelnen Philosophie nur genügen, wenn ihr Wissen aus seinem Selbstverhältnis hervorgeht und es betrifft. So
hat Hegel mehrfach bekundet, seine gesamte Denkanstren-
gung solcher Beruhigung wegen unternommen zu haben. Und
weil sich auch Platon schon ähnlich äußerte, kann eine Ars
vivendi sich auch auf ihn kaum berufen. Metaphysische Einbettung in ein sinnhaftes Ganzes muß nämlich imstande sein,
dem Einzelnen zur Verständigung über *seinen* individuellen
Lebensgang zu dienen, sie muß das bewegliche Geflecht

seiner Lebensdynamik zugrundelegen und ihren Komplikationen gerecht werden können. Die so erstrebte Beruhigung wird deshalb nicht durch allgemeingültige Theorie erreicht.

* * *

Herbert Will: Über die Position eines Analytikers, der keiner Schule entstammt. Zum Verhältnis von privater und öffentlicher Theorie. - In: Psyche, 62.Jg., 2008, 1-27. 19 €

Der Artikel ist kein Buch, gleichwohl finde ich es nach seiner Lektüre wert, etwas ausführlicher davon zu berichten. Denn der Autor legt anschaulich dar, wie stark Psychotherapeuten in ihrer Alltagspraxis implizites Wissen verwenden, dessen Bezug zu ihrer jeweiligen Theorieschule eher schwach und uneinheitlich ist, das dafür andererseits tief in der Person des Therapeuten wurzelt. Die handlungsleitende Bedeutung dieses persongebundenen Wissens hat Peter Fürstenau schon vor über dreißig Jahren herausgestrichen[5]. Und jüngst hörte ich Dirk Revenstorf im Blick auf die von ihm dargestellten Wirkungsstudien sagen, dass Zugehörigkeit zu einer Theorie- und Methodenschule praktisch keine Rolle spielt, weil die Wirkungen jeder Therapie der individuellen Therapeut-Patient-Beziehung entstammen[6].

Deshalb entwickelt auch Will sein Argument zunächst auf der persönlichen Linie weiter, indem er, sich selbst zur Falldarstellung machend, den eigenen Arbeitsstil beschreibt. Mehr auf innere Bilder achtend als auf Worte, schildert er sein Vorgehen als offen für vielerlei Deutungswege. Wenig Akzent lege er auf die Widerstandsanalyse, weil er erwartet, der Patient habe ihm gegenüber einen unbewußten Mitteilungs-

---

[5] Fürstenau, P. (1972): Probleme der vergleichenden Psychotherapieforschung. - In: C. H. Bachmann (Hg.), Psychoanalyse und Verhaltenstherapie. Frankf.a.M.: Fischer 1973, 18-57.

[6] Symposium "Zukunft der Psychotherapieausbildung" am 9. April 2008 in Berlin.

wunsch und suche ihn als Gegenüber. Zugleich grenzt er seine Praxis ab gegen die wissenschaftliche Erkenntnishaltung, welche ja gegen das Involviertsein gerichtet und auf Distanz bedacht ist oder sein muß. Gesprächsweise stimmten ihm viele Kollegen darin zu, gleichfalls wenig theoriebezogen, vielmehr aufgrund individueller Intuition zu praktizieren. Weil diese persongebundene Arbeitsweise wertend verfährt, sind auch Diskussionen über Falldarstellungen nicht ohne Bewertung zu führen.

Das bedeutet, Kollegen nolens volens zu supervidieren, wenn man ihr Fallmaterial diskutiert. Will unternimmt dies an Fonagys bekanntem Stundenprotokoll und übt daran drastisch Kritik. So scheint ihm die komplexe Deutung äußerst früh in der Stunde zu erfolgen und er fragt, ob Fonagy dem Geschehen dadurch nicht zu sehr seinen eigenen Stempel aufdrückt. Mit Ferro spricht er gar von einer Kolonisierung des analytischen Feldes durch die Tätigkeit des Deutens. Ihm selbst wäre es unvorstellbar, in solcher Geradlinigkeit vorzugehen. Fonagys Arbeitsweise hinterläßt deshalb bei ihm ein äußerst zwiespältiges Bild, sie erscheint ihm forciert, fast gewaltsam. Er verstehe sich als Objekt der Manipulation durch die Patientin, ohne selbst daran beteiligt zu sein. Demzufolge scheint seine Deutung von außen zu kommen, von einem, der begriffen hat. Sie wirkt "objektiv" und Fonagy als eine Autorität, die die Szene nicht als intersubjektive versteht.

Von sich selbst hingegen meint Will, das Deuten mehr als einen gemeinsamen Prozeß zu betreiben und auf den Patienten neugieriger zu sein. Diese markanten Abgrenzungen relativiert er am Ende durch Hinweis auf die lebensgeschichtliche Verwurzelung des impliziten Wissens, mit dem jeder Therapeut auf seine individuelle und das heißt eben auch höchst unterschiedliche Weise arbeitet. Dies erklärt für ihn aber auch, warum dem theoretischen Austausch unter Analytikern affektive Gründe entgegenstehen und so schnell emotionale Dramen, Kränkungen und Bitterkeit aufkommen - und warum früher oder später jeden Analytiker bei der Vorbereitung einer Falldarstellung Verfolgungsangst überkommt. Rückseite der Medaille ist die Bereitschaft, die Arbeit anderer "unmöglich" zu finden. Und gern auch wird die gefühlte Unsicherheit kompensiert durch eifrige schulische Linientreue im Bereich "öffentlicher" Theorie.

Hier nun sieht Will sich selbst dadurch begünstigt, dass er keiner solchen Schule zugehöre, wohingegen Fonagy seine Traditionsverhaftetheit "aus allen Knopflöchern spritzt". Schulen hält Will indes für bloße Projektionsflächen theoretischer Identität, er spricht von "Schulen-Phantasma". Daran will er sich weiter abarbeiten, und das schliesst für ihn auch die Auseinandersetzung mit der Britischen *Middle Group* ein, deren Autoren ihm besonders naheliegen und an die er sich anlehnt.

Über den Autor

Ronald Wiegand, geboren 1937, vertrat als Universitätsprofessor an der FU Berlin während dreißig Jahren, von 1972 bis 2002, das Fach Soziologie. Von 1967 bis 1980 war er wissenschaftlicher Begleiter eines von Josef Rattner verantworteten Berliner Projekts in Großgruppentherapie. Mit dem Anwachsen dieser Gruppe auf 1000 Personen und mehr zeigte sie sektenhafte Züge. In zunehmend kritischer Einstellung dazu trennte sich Wiegand 1980 von dem Vorhaben und wurde Fachmitglied der "traditionelleren" Deutschen Gesellschaft für Individualpsychologie (DGIP). Sie geht auf Alfred Adler zurück, der sich 1911 als erster Dissident von Freud trennte. In der DGIP war Wiegand knapp 20 Jahre Vorsitzender der Fachgruppe Wissenschaft, und er ist seit 1983 Redaktionsmitglied der Zeitschrift für Individualpsychologie. Er ist Dozent am Adler-Institut in Berlin und war 2010 Mitherausgeber der Adler-Studienausgabe ("Religion und Individualpsychologie").

Nachweise

Die Idee der unvollendeten Gesellschaft. Rede zum Alfred Adler-Preis 1988. - In: Beiträge zur Individualpsychologie, 11. München: Reinhardt 1989, 9-12.

Sexuelle Leitlinien. Zu einem Vortrag Günter Heisterkamps über den "Sexuellen Handlungsdialog". - In: Zs. f. Individualpsych., 17.Jg., 1992, 160-164.

Über Fortschritt in der Psychologie. Stellungnahme zu Dieter Tenbrink: Betrachtungen zum Spannungsfeld zwischen individualpsychologischer Identität und psychoanalytischem Selbstverständnis in der Individualpsychologie. - In: Zs. f. Individualpsych., 23.Jg., 1998, 180-184.

Die Nietzsche-Connection. Kommentar zu Ethel Spector Person (1999): Über das Versäumnis, das Machtkonzept in die Theorie zu integrieren. - In: Zs. f. Individualpsych., 26.Jg., 2001, 59-63.

Regressionstheorie und Fortschrittsglaube. - In: Zs. f. Individualpsych., 27.Jg., 2002, 174-195.

Lebensstil. - In: Zs. f. Individualpsych., 29.Jg., 2004, 61-70.

Über Fortschritt. - In: Zs. f. Individualpsych., 29.Jg., 2004, 118-138.

Über das Böse. - In: Beiträge zur Individualpsychologie, 33. Göttingen: Vandenhoeck & Ruprecht 2007, 73-89.

Die Kunst des Lügens. - In: Beiträge zur Individualpsychol., 34. Göttingen: Vandenhoeck & Ruprecht 2008, 242-260.

All-Einheit oder Vielfalt. - In: Zs. f. Individualpsych., 34.Jg., 2009, 172-189.

Einsamkeitsbedürfnis. - In: Beiträge zur Individualpsychol., 36. Göttingen: Vandenhoeck & Ruprecht , 2010, 298-315.

Die im Anhang versammelten Buchbesprechungen erschienen sämtlich in der Zeitschrift für Individualpsychologie.

www.tredition.de

Über tredition

EIN EIGENES BUCH
VERÖFFENTLICHEN

tredition wurde 2006 in Hamburg gegründet. Seitdem hat tredition mehrere tausend Buchtitel veröffentlicht. Autoren veröffentlichen in wenigen leichten Schritten gedruckte Bücher, e-Books und audio-Books. tredition hat das Ziel, die beste und fairste Veröffentlichungsmöglichkeit für Autoren zu bieten.

tredition wurde mit der Erkenntnis gegründet, dass nur etwa jedes 200. bei Verlagen eingereichte Manuskript veröffentlicht wird. Dabei hat jedes Buch seinen Markt, also seine Leser. tredition sorgt dafür, dass für jedes Buch die Leserschaft auch erreicht wird.

Im einzigartigen Literatur-Netzwerk von tredition bieten zahlreiche Literatur-Partner (das sind Lektoren, Übersetzer, Hörbuchsprecher und Illustratoren) ihre Dienstleistung an, um Manuskripte zu verbessern oder die Vielfalt zu erhöhen. Autoren vereinbaren direkt mit den Literatur-Partnern die

Konditionen ihrer Zusammenarbeit und partizipieren gemeinsam am Erfolg des Buches.

Das gesamte Verlagsprogramm von tredition ist bei allen stationären Buchhandlungen und Online-Buchhändlern wie z. B. Amazon erhältlich.
e-Books stehen bei den führenden Online-Portalen (z. B. iBookstore von Apple oder Kindle von Amazon) zum Verkauf.

Jetzt ein Buch veröffentlichen: **www.tredition.de**

EINE BUCHREIHE ODER VERLAG GRÜNDEN

Seit 2009 bietet tredition sein Verlagskonzept auch als sogenanntes "White-Label" an. Das bedeutet, dass andere Personen oder Institutionen risikofrei und unkompliziert selbst zum Herausgeber von Büchern und Buchreihen unter eigener Marke werden können. tredition übernimmt dabei das komplette Herstellungs- und Distributionsrisiko.

Zahlreiche Zeitschriften-, Zeitungs- und Buchverlage, Universitäten, Forschungseinrichtungen, u.v.m. nutzen diese Dienstleistung von tredition, um unter eigener Marke ohne Risiko Bücher zu verlegen.

Alle Informationen im Internet:

www.tredition.de/Buchverlage